As 4 Disciplinas da Execução

Prefácio de
CLAYTON
CHRISTENSEN
autor de *O Futuro da inovação*

5ª tiragem

As 4 Disciplinas da Execução

GARANTA O FOCO NAS METAS CRUCIALMENTE IMPORTANTES

4DX

CHRIS McCHESNEY

SEAN COVEY
AUTOR BEST-SELLER DO NEW YORK TIMES

JIM HULING

BILL MORAES

Cases inéditos da FranklinCovey Brasil:
Faber-Castell e Sicoob, por Bill Moraes

ELSEVIER

CAMPUS

Do original: *The 4 Disciplines of Execution*
Tradução autorizada do idioma inglês da edição publicada por Free Press

Copidesque: Fernanda Bivar de Jesus
Revisão: Casa Editorial BBM Ltda.
Editoração Eletrônica: Estúdio Castellani

Elsevier Editora Ltda.
Conhecimento sem Fronteiras
Rua Sete de Setembro, 111 – 16º andar
20050-006 – Centro – Rio de Janeiro – RJ – Brasil

Rua Quintana, 753 – 8º andar
04569-011 – Brooklin – São Paulo – SP – Brasil

Serviço de Atendimento ao Cliente
0800-0265340
atendimento1@elsevier.com

ISBN: 978-85-352-6396-1
ISBN (versão digital): 978-85-352-6397-8
ISBN (edição original): 978-1-4516-2705-3

Nota: Muito zelo e técnica foram empregados na edição desta obra. No entanto, podem ocorrer erros de digitação, impressão ou dúvida conceitual. Em qualquer das hipóteses, solicitamos a comunicação ao nosso Serviço de Atendimento ao Cliente, para que possamos esclarecer ou encaminhar a questão.
Nem a editora nem o autor assumem qualquer responsabilidade por eventuais danos ou perdas a pessoas ou bens, originados do uso desta publicação.

CIP-Brasil. Catalogação na Publicação
Sindicato Nacional dos Editores de Livros, RJ

M115q McChesney, Chris
As 4 disciplinas da execução: garanta o foco nas metas crucialmente importantes / Chris McChesney, Sean Covey, Jim Huling; tradução Criterium Tradução e Editoração. – 1. ed. – Rio de Janeiro: Elsevier, 2013.
352 p. ; 23 cm.

Tradução de: The 4 disciplines of execution
ISBN 978-85-352-6396-1

1. Liderança. 2. Planejamento estratégico. 3. Negócios. I. Covey, Sean. II. Huling, Jim. III. Título: As quatro disciplinas da execução.

13-03523 CDD: 658.4092
CDU: 65:316.46

“Em vez das técnicas de gestão de cima para baixo da era industrial, orientadas para o controle, este livro oferece uma abordagem da era do trabalhador do conhecimento, orientada para a liberdade, para a execução de objetivos e estratégias, que envolve corações e mentes das pessoas em direção a um objetivo comum, de uma forma como jamais vi. É uma obra verdadeiramente profunda!”

Stephen R. Covey, autor nº 1 na lista de *best-sellers* do *The New York Times*, autor de *Os 7 Hábitos das Pessoas Altamente Eficazes* (Best Seller) e *A Terceira Alternativa: resolvendo os problemas mais difíceis da vida* (Best Seller)

“O Marriott foi fundado com base na filosofia ‘Cuide bem dos seus colaboradores e eles cuidarão bem dos seus clientes’. Por meio dos princípios apresentados neste livro, conseguimos oferecer ao nosso pessoal uma ferramenta poderosa para se manterem focados no mais importante: ‘A Experiência dos Nossos Clientes.’ Recomendo este livro a todos aqueles que desejam produzir resultados revolucionários.”

David Grissen, presidente, The Americas, Marriott International, Inc.

“O estado da Geórgia obteve sucesso sem precedentes como resultado da implementação dos princípios apresentados em *As 4 Disciplinas da Execução*. Certificamos centenas de líderes em cada secretaria, alcançando resultados inigualáveis em atendimento a clientes, melhoria da qualidade e redução de custo. Esses princípios de execução são fundamentais para qualquer órgão governamental que esteja buscando atingir categoria internacional.”

Sonny Perdue, governador da Geórgia, 2003-2011

“As diretrizes práticas deste livro sobre estabelecimento e avaliação de objetivos atinge grupos em todos os níveis da nossa organização. Muitas equipes têm aplicado esta abordagem intuitiva para gerar engajamento e aumentar a execução e a responsabilização.”

Dave Dillon, presidente e CEO, The Kroger Co.

“Acreditamos que *As 4 Disciplinas da Execução* seja a chave para o crescimento e o sucesso. Durante muitos anos, lutamos para criar um foco para o nosso pessoal. Utilizamos planilhas de prioridades, normas para avaliação de desempenho e outros métodos. No entanto, ficamos apaixonados pelos conceitos de 'redemoinho' e 'MCI'! Depois de ler este livro, você nunca mais verá o seu trabalho e a sua vida do mesmo modo!"

Danny Wegman, CEO, Wegmans Food Markets, Inc., nº 1 na lista da *Fortune* 2005 das "100 Best Companies to Work For"

"Você não tem um problema de estratégia, mas sim um problema de execução! Este livro informa tudo que precisa saber para tornar suas metas crucialmente importantes uma realidade. Este modelo simples e eficaz é fácil de entender, de aplicar e produz resultados. Utilizei-o na minha vida pessoal, com a minha família e na empresa. Ele funciona!"

Richard Stocking, presidente e CEO, Swift Transportation

"Já vi muitas grandes iniciativas falharem por causa da inaptidão para fazer a transição da estratégia para a execução. Os autores deste livro desenvolveram um manual prático, com base no mundo real, para superação de obstáculos rumo ao sucesso. Ao lê-lo, repeti várias vezes para mim mesmo: 'Queria ter tido acesso a este recurso 10 anos atrás.'"

Terry D. Scott, 10º suboficial-chefe mestre da Marinha, reformado, abril de 2002 a julho de 2006

"Há poucas coisas mais difíceis na área de negócios do que algumas ações que todo empregado possa adotar para ajudar a empresa a atingir seus objetivos mais importantes. *As 4 Disciplinas da Execução* fornece um modo simples, baseado no senso comum, que ajuda a alcançar resultados reais."

Rob Markey, sócio da Bain & Company e coautor de *A pergunta definitiva 2.0* (Elsevier)

"A metodologia e o processo contidos neste livro têm sido muito úteis para a nossa empresa, permitindo alinhar e difundir metas crucialmente importantes em todas as equipes, o que resultou em aumento no engajamento dos nossos colaboradores e melhorou o serviço de atendimento ao cliente e a execução de projetos. À medida que continuamos a investir nos nossos empregados, esse processo permanece crítico para atingirmos objetivos corporativos em sua totalidade."

Andrew Frawley, presidente, Epsilon

"Inteligência e simplicidade descrevem este livro. Se você quer ser bem-sucedido com o seu plano estratégico, a utilização desse processo e dessa metodologia lhe renderá dividendos. Focar os esforços nas medidas de direção resultará em sucesso. E o processo de frequentes e rápidas prestações de contas estimula a excelência.

Walter Levy, copresidente e coCEO, NCH Corporation

"'Metas crucialmente importantes', 'medidas de direção', 'placar envolvente', 'cadência de responsabilidade' – *As 4 Disciplinas da Execução* dá o grito de guerra essencial necessário a todo líder e a toda organização, além das diretrizes sobre como reagir. As disciplinas propiciam a qualquer líder a capacidade de ultrapassar a visão e realizar uma execução impecável da estratégia. Este livro é uma dádiva para qualquer líder, em qualquer organização."

Frances Hesselbein, presidente e CEO, The Frances Hesselbein Leadership Institute, e fundadora da The Peter F. Drucker Foundation for Nonprofit Management

"Excelente! A alavancagem sistemática deste trabalho ajuda profundamente a aumentar o padrão da excelência de execução em toda e qualquer organização."

Douglas R. Conant, CEO, aposentado, Campbell Soup Company, e autor de *best-seller* do *The New York Times*

"Tenho praticado e abraçado os princípios e processos encontrados neste livro há muitos anos e posso atestar que se constitui numa excelente estrutura que auxilia as organizações a atingirem seus objetivos estratégicos."

Roger Morgan, presidente e CEO, Retail Products Group

"*As 4 disciplinas da execução* é um manual prático para a excelência organizacional. Fornece uma abordagem simples e exequível para o sucesso em todos os níveis de qualquer organização. O processo cria um foco obstinado e leva a resultados incomuns. Embora a palavra 'proativo' seja usada excessivamente e com resultados insatisfatórios nos negócios, o processo das 4DX cria, verdadeiramente, um *momentum* proativo e resultados sustentáveis."

Matt Oldroyd, presidente e CEO, Partsmaster

"Cada pessoa vem para este mundo com uma capacidade ilimitada, podendo realizar maravilhas. Não há nada mais estimulante na vida do que alcançar algo que seja importante para si mesmo e conquistar isto com excelência.

Neste livro os autores reuniram os princípios e os procedimentos que são a chave para a realização humana."

Mohammed Yunus, Prêmio Nobel da Paz, 2006

"Tendo trabalhado na administração de educação superior por 35 anos com crescente responsabilidade gerencial, tanto em universidade pública como em universidade particular, aprendi que o maior obstáculo que qualquer líder de educação superior enfrenta é o desafio da execução, isto é, atingir os objetivos estratégicos fundamentais da instituição com sucesso e consistentemente. Embora *As 4 Disciplinas da Execução* comece da forma correta, com teoria, a maior contribuição deste livro para os administradores educacionais é seu poderoso foco nos fundamentos do *processo* de execução. Por esta razão, este livro é leitura *obrigatória* para todos os administradores de faculdades e universidades com responsabilidade de alcançar objetivos estratégicos."

Angelo Armenti, Jr., PhD, presidente, California University of Pennsylvania

"Os líderes militares reconhecem que as pessoas são centrais e essenciais para o alcance da missão da organização. O valor deste livro está em concentrar a conexão de todos de forma específica, concreta e visível na realização da missão. Cada pessoa tem seu papel claro no jogo, é avaliada e pode celebrar sua contribuição por sua realização. Seja entregando aviões de combate para a marinha, seja melhorando consideravelmente um sistema de educação pública, o foco na execução de poucos objetivos críticos com excelência fará a diferença entre o fracasso e o sucesso."

Capitão John W. Scanlan, Marinha dos Estados Unidos, reformado, CFO, Distrito Escolar do Município de Cleveland

"*As 4 Disciplinas da Execução* é um salto revolucionário na liderança, possibilitando a transformação da estratégia em execução. Com base em pesquisas significativas, o livro desmistifica a passagem de "saber para fazer". Com essa abordagem, todos ganham! O mais importante é que os empregados ficam mais engajados no trabalho. Entendem claramente de que forma seus esforços e resultados contribuem para a execução da estratégia de uma empresa e os vivenciam. O trabalho deles tem um significado – contribui com a equipe – e eles podem se sentir orgulhosos do que realizam."

Tom Halford, gerente geral e de marketing, Whirlpool

"Tendo trabalhado durante anos em organizações cujos objetivos eram alcançar a excelência, recomendo muito a leitura de *As 4 Disciplinas da Execução*! É um verdadeiro manual de instruções para equipes comprometidas em atingir seus sonhos mais fantásticos e indispensável para líderes que optaram por alcançar a excelência!"

Ann Rhoades, presidente, People Ink, ex-vice-presidente executiva, JetBlue, ex-CPO, Southwest Airlines e autora de *Built on Values*

"Este livro oferece não apenas uma clara descrição da relação crítica da execução com a estratégia viável, mas também recomendações específicas para aumentar a probabilidade de sucesso. As abordagens recomendadas asseguram foco, linha de visão das tarefas para os objetivos e produção de placares simples, que dão *feedback* vital e oportuno. Igualmente importantes, contudo, são os inúmeros exemplos, as sugestões e as prescrições."

Joel Peterson, presidente, JetBlue Airways; Robert L. Joss, professor consultor em Administração, Stanford Graduate School of Business; sócio fundador, Peterson Partners

"Este livro é um convite irrecusável para cada empregado que se encontra na linha de frente se comprometer com os objetivos de mais alta prioridade da organização e depois executá-los. Como líder do setor público, revisitei estes princípios seguidamente, numa época em que os recursos estavam diminuindo, enquanto a necessidade de mão de obra aumentava."

B.J. Walker, ex-administradora, Departamento de Serviços Humanos, estado da Georgia

"Minha primeira experiência com este livro foi numa reunião com um grupo de gerentes da linha de frente na qual relatavam os resultados dos seus primeiros seis meses. Vi uma sala repleta de vencedores. Após aplicar estas disciplinas e metodologia em toda a organização, constatamos melhoria no engajamento dos empregados e no trabalho da equipe numa época de cortes, e alcançamos nossos desafiadores objetivos comerciais."

Alex M. Azar II, presidente, Lilly USA, LLC

"*As 4 Disciplinas da Execução* é um sistema baseado em princípios que simplifica as complexidades da execução cotidiana e nos propicia consistente aumento de valor ao longo do tempo. Obrigado, FranklinCovey, por desvendar o código da execução!"

Juan Bonifasi, CEO, Grupo Entero, Guatemala

"Manter o olhar sobre a execução é a tarefa mais importante para um líder. Este livro fornece substancial orientação para líderes que desejam se manter focados em suas metas mais importantes. É um guia prático para criar uma cadência de responsabilidade por toda a organização. O livro é tão relevante na Europa quanto no resto do mundo, uma ótima leitura e um excelente método para atingir resultados consistentes ao longo do tempo."

Sanna Rydberg, chefe de saúde, sub-região Europa Setentrional, AGA Gas AB, membro do Linde Group

"O melhor meio de comprovar a validade e a eficácia de qualquer conceito ou metodologia na área de negócios é aplicá-la a situações reais e observar os resultados obtidos. Na Bladex, tivemos a oportunidade de aplicar os princípios propostos em *As 4 Disciplinas da Execução* como um meio de atingir os objetivos estratégicos da organização com sucesso. A experiência nos leva a afirmar que com consistência, uma vez atingido um grau de maturidade na aplicação destes princípios, os objetivos desejados são alcançados de forma gratificante e justificam os esforços exigidos no processo de adoção. A chave reside na disciplina do processo."

Miguel Moreno, vice-presidente executivo e COO, Bladex, Foreign Trade Bank of Latin America, Inc.

"Após aproximadamente sete meses de trabalho com *As 4 Disciplinas da Execução*, constatamos as seguintes melhorias na minha área: redução de custos de 5,9% para 26,1% e melhoria no resultado financeiro de 3,7% para 43,3%. Contudo, o mais importante foi o salto quântico no engajamento e confiança de cada empregado."

Per Birkemose, gerente regional, Euromaster Denmark

"O mais importante para nós ao usarmos *As 4 Disciplinas da Execução* seria termos um impacto real no alcance de nossas metas, e foi exatamente o que aconteceu. A metodologia foi uma ferramenta extraordinária para alinhar os esforços de todos os 7.168 colaboradores na direção das metas corporativas, cada um conhecendo seu papel e seu impacto na corporação. Também obtivemos benefícios adicionais, tais como um aumento no intercâmbio das melhores práticas, maior integração e trabalho em equipe e até mesmo uma acirrada, mas sadia, competição entre as diferentes áreas, gerando um benefício enorme para a nossa organização."

Ricardo E. Fernández, COO, Corporación BI, Guatemala

"Todos os líderes devem ler este livro, o que os ajudará a alcançar resultados inovadores com consistência. O processo de execução das 4DX oferece uma real vantagem competitiva nos atuais mercados globais e acelerados ambientes empresariais."

Giulio M. Zafferri, consultor gerencial sênior associado, Cegos Italia SPA

"A implementação da metodologia de *As 4 Disciplinas da Execução* na nossa empresa teve influência positiva na cultura corporativa, a ponto de cada membro da organização compreender hoje as prioridades da empresa e saber o caminho certo para materializá-las. Atualmente, temos melhor visão do que esperamos de cada equipe e compartilhamos uma linguagem que torna as pessoas mais engajadas, visto que a valiosa contribuição individual é mais bem reconhecida. A metodologia não apenas nos permite fazer um adequado acompanhamento da concretização das metas crucialmente importantes, mas também influencia na gestão mais eficaz da realização das reuniões, produzindo, assim, melhor foco e priorização. Eu, com efeito, recomendo este livro como um método eficaz de liderar e estabelecer o curso para execução da estratégia."

Luis Fernando Valladares Guillen, CEO, Tigo, Guatemala

"Além das teorias, o processo contido neste livro é um guia verdadeiramente útil para a execução estratégica. Ele manteve nossa organização focada no que era de fato importante para atingirmos os objetivos. É um grande instrumento para nossos dirigentes evitarem as armadilhas mais comuns na execução estratégica das múltiplas áreas de nosso negócio por todo o mundo."

Dr. Pietro Lori, presidente, Georg Fischer Piping Systems

"A implementação de *As 4 Disciplinas da Execução* na Progreso foi uma grande experiência de aprendizado para todos na empresa. Conseguimos trabalhar como equipe – a diretoria e a cúpula da empresa – para estabelecermos o que era crucialmente importante, e ao mesmo tempo definirmos a cadência de responsabilidade das diferentes unidades do negócio, assegurando a compreensão por todos do que esperávamos deles. Todavia, o mais importante foi conseguirmos fazer um acompanhamento semanal daquilo que realmente nos ajudava a atingir os resultados. As 4 Disciplinas também nos ajudou a implementar uma agenda de liderança baseada nos valores essenciais da empresa, com ênfase especial numa cultura de execução por meio da gestão baseada no desempenho. Para mim, aprender sobre *As 4 Disciplinas da Execução* mudou o modo como estabeleço os objetivos para a minha vida. Agora, em cada atividade na qual me envolvo, recomendo ou tento aplicar estes conceitos na definição das metas e na realização do acompanhamento."

José Miguel Torrebiarte, presidente, Grupo Progreso, Guatemala

"Responsável pela área de operações nos últimos 20 anos, tornei a execução de nossas rotinas operacionais essenciais uma prioridade para colaboradores e supervisores. Com este livro nos tornamos muito eficazes na institucionalização da adoção destas rotinas e ganhamos uma visibilidade comum em torno das nossas metas crucialmente importantes. Essas três metas foram compartilhadas com todos os colaboradores das 212 lojas Supercenter localizadas em todo o México. Este esforço aumentou o nível de satisfação e o trabalho em equipe, resultando na melhoria da qualidade da vida profissional de nossos colaboradores."

Guadalupe Morales, vice-presidente de operações, Supercenters, México e América Central

"Por trabalharmos num ambiente empresarial caracterizado por muitas mudanças e informações variadas, este livro proporcionou realmente uma mudança decisiva na eficiência organizacional por meio da priorização e do estabelecimento de metas e ações transparentes em cooperação muito próxima aos empregados."

Jens Erik Pedersen, vice-presidente sênior, Power Production, DONG Energy, Dinamarca

Para Jim Stuart, nosso amigo, colega e iniciador do conteúdo desta obra, por seu brilhantismo, seus *insights* e sua paixão pela execução com excelência. Que Deus o abençoe em suas novas iniciativas!

1946 a 2006

Agradecimentos

Este livro é produto de contribuições de literalmente dezenas e mais dezenas de pessoas da organização FranklinCovey. Nossos nomes estão neste livro, mas reconhecemos que há muitos outros que são igualmente merecedores. Foi verdadeiramente um esforço de toda a empresa e engloba tudo que ensinamos sobre sinergia, onde o todo é maior do que a soma de suas partes. Houve contribuições de muitos modos diferentes. Algumas delas foram instrumentais para o projeto e o desenvolvimento do conteúdo das 4 Disciplinas, outras refinaram a metodologia por intermédio de sua contínua aplicação no campo com nossos clientes. Houve ainda outras que agregaram uma ideia ou *insight*, ou um novo modo de ver um antigo problema. Parecia que a cada momento que sentíamos a falta de uma das peças do quebra-cabeça da execução, alguém nos apresentava a resposta. Passava-se o bastão sequencialmente à medida que diferentes pessoas empenhavam diferentes esforços para a comercialização e propagação deste empreendimento ao redor do globo. Nossa mais profunda gratidão é dirigida a todos aqueles que contribuíram para este sucesso, e particularmente para:

Jim Stuart, por sua extraordinária contribuição para a FranklinCovey por um período de muitos anos como consultor sênior, e por compartilhar os princípios da execução com todos nós. Sem você, não existiriam as 4 Disciplinas. Agradecemos suas citações curtas e por cunhar os termos "crucialmente importante," "aterrissar um de cada vez," e "placar envolvente," entre outros, pelos quais nos sentiremos eternamente gratos.

Bob Whitman, nosso CEO, que há anos reconheceu que a execução era uma grande ideia e então nos orientou nesta direção. Suas digitais, linguagem, ideias e influência estão por toda parte neste livro. Apreciamos imensamente sua liderança visionária e seu apoio.

A equipe original, formada por **Andy Cindrich, Don Tanner, Jim Stuart e Scott Larson**, responsável pelo projeto e desenvolvimento das 4 Disciplinas a partir do zero. Também queremos agradecer as equipes de desenvolvimento subsequentes, que incluíram **Todd Davis, Breck England, Catherine Nelson, Blaine Lee e Lynne Snead**.

Mark Josie, pela construção da prática de execução inicial, que ajudou a desvendar o código da implementação e criou a visão e a estratégia por trás do *software* my4dx.com. Agradecemos sua importante participação no conteúdo e seus esforços pioneiros para viabilizar esta solução.

Breck England, nosso Chief Writing Officer (Diretor de Redação), por sua inestimável contribuição para o desenvolvimento do conteúdo das 4 Disciplinas e pelo seu notável talento para auxiliar os autores a redigirem e editarem este livro. Sua contribuição elevou este livro a um nível diferenciado.

Andy Cindrich, membro importante da equipe de projeto original e de desenvolvimento, por suas contribuições para o conteúdo e para o trabalho verdadeiramente excelente já realizado e que continua fazendo com nossos clientes na área da execução.

Scott Thele, por sua colaboração no capítulo "**Foque a organização no crucialmente importante**" e por sua contribuição para a Prática da Execução.

Doug Puzey, por nos ajudar a desvendar o código da implementação e construir nossa primeira prática por meio das 4DX.

Jeff Wadsworth, por sua liderança conscienciosa e criação de conteúdos.

Michael Simpson, por sua contribuição na aplicação das 4DX na área de gerenciamento de projetos e manufatura.

Michele Condon, por seu constante apoio gerencial, encorajamento apaixonado e por nos manter sãos.

Catherine Nelson, por liderar o esforço das versões iniciais das 4DX, inclusive o desenvolvimento da Certificação Gerencial.

Todd Davis, por liderar a equipe de desenvolvimento da versão 2.0 e por sinalizar que as pessoas "agem de forma diferente quando mantêm um placar".

Sam Bracken, nosso gerente geral na área de livros e mídia na FranklinCovey, pelo restabelecimento de nosso relacionamento com Simon & Schuster, por intermédio das negociações dos direitos deste livro e pelo contínuo apoio durante todo o ciclo de vida do livro.

Nossa equipe editorial na Simon & Schuster, **Carolyn Reidy, Martha Levin**, e nosso editor, **Dominick Anfuso**, pelo entusiasmo e por acreditarem neste trabalho, além de seus contínuos esforços para comercializá-lo para todos sobre a face da Terra.

Jody Karr, Cassidy Back e a equipe de **Serviços Criativos** da FranklinCovey, por nos ajudar nos numerosos gráficos que fazem parte deste livro.

Don Tanner, membro da equipe de projeto original e um dos nossos melhores consultores, por suas contribuições iniciais para o conteúdo do livro.

Richard Garrison, pelo seu trabalho de *coaching* voltado para as 4DX e por melhorar a implementação do processo, assim como a excelência que propicia à nossa consultoria e aos nossos clientes.

Rebecca Hession, por sua liderança para lidar com os clientes e inovações extraordinárias.

David Covey, por seu excepcional apoio e comprometimento com a nossa equipe há muitos anos.

Shawn Moon, por sua liderança e orientações na Prática da Execução.

Scott Larson, pelo seu excelente trabalho como líder do projeto da equipe de desenvolvimento original.

Bill Bennett, nosso antigo presidente, por nos desafiar no começo a "sair em campo para construir a melhor solução no tópico da execução. Não quero saber se vão comprá-la ou criá-la, apenas façam".

Doug Faber, por sua colaboração na ampliação da prática e por suas muitas contribuições inovadoras.

Tom Watson, Jeff Downs, Rick Wooden e **Lance Hilton,** pela liderança na Prática da Execução.

Paul Walker, Marinanne Phillips e **Elise Roma**, pelo apoio organizacional durante muitos anos.

Stephen M.R. Covey, por ajudar nos primeiros dias a identificar que a *Execução* se colocava como a questão da nossa era, e **Greg Link**, que sempre ofereceu diversos conselhos para o lançamento e para a comercialização do livro.

Scott Miller e **Curtis Morley**, pelas orientações e apoio no desenvolvimento e execução do esplêndido plano de lançamento deste livro.

Debra Lund, por seu encorajamento e amizade e pelo inacreditável modo com que, mais uma vez, conseguiu harmonizar tantas declarações oriundas de são diferentes fontes.

Les Kaschner, James Western, Chris Parker, Harvey Young, DeVerl Austin, Coral Rice, Wayne Harrison, Kelly Smith, Craig Wennerholm, Gary Jewkes, Rick Spencer, Bryan Ritchie e **Pepe Miralles,** pela inovação e pela dedicação aos resultados junto aos clientes.

Sobre os autores

Chris McChesney é Global Practice Leader of Execution da FranklinCovey e um dos primeiros desenvolvedores das 4 Disciplinas da Execução. Há mais de uma década lidera o projeto e o desenvolvimento contínuo da FranklinCovey sobre esses princípios, assim como a empresa de consultoria que atingiu extraordinário crescimento em muitos países e provocou impacto em centenas de organizações. Chris tem dirigido pessoalmente muitas das mais notáveis implementações das 4 Disciplinas, dentre elas as realizadas no estado da Geórgia, no Marriott International, na Shaw Industries, no Ritz Carlton, na Kroger, na Coca-Cola, na Comcast, na Frito Lay, na Lockheed Martin e na Gaylor Entertainment. Essa experiência capacitou-o para testar e refinar os princípios contidos nas 4 Disciplinas da Execução das salas de reunião até as linhas de frente destas e de muitas outras organizações.

Chris começou sua carreira na FranklinCovey trabalhando diretamente com o Dr. Stephen R. Covey e continuou por duas décadas, tendo ocupado posições de consultor, diretor administrativo e gerente geral. Chris lançou as 4 Disciplinas da Prática da Execução pela primeira vez na região Sudeste da FranklinCovey e hoje vê sua expansão por todo o mundo. Durante todo este período de crescimento e expansão, Chris manteve um único foco: ajudar as organizações a alcançarem resultados por meio da melhoria na execução.

Conhecido por sua grande energia e engajamento, Chris tornou-se palestrante e consultor sobre execução estratégica altamente procurado, e regularmente ministra importantes palestras e apresentações executivas para líderes em audiências que variam de centenas a diversos milhares de participantes.

Chris e sua esposa, Constance, são os pais orgulhosos de cinco meninas e dois meninos. Seu amor pela família alia-se à paixão por barcos, esportes aquáticos *coaching*, além de sempre tentar estar presente na vida das crianças.

Para informações adicionais sobre Chris, visite www.chrismcchesney.com.

Sean Covey é vice-presidente executivo da Global Solutions and Partnerships da FranklinCovey e supervisiona as operações internacionais da FranklinCovey em 141 países. Também atua como Education Practice Leader da FranklinCovey, dedicando-se a transformar a educação ao redor do mundo por intermédio da implementação da liderança focada em princípios.

Na função de Chief Product Architect da FranklinCovey, Sean organizou e dirigiu as equipes originais que conceberam e criaram *As 4 Disciplinas da Execução* e tem sido praticante e promotor ativo da metodologia desde então. Sean também supervisionou o projeto e o desenvolvimento da maioria das soluções da FranklinCovey, entre elas *Os 7 Hábitos das Pessoas Altamente Eficazes* (Best Seller, 2005), *Leadership Greatness, Focus, The 5 Choices to Extraordinary Productivity* e *The Leader in Me*.

Sean é autor de *best-sellers* do *The New York Times* e já escreveu diversos livros, dentre eles *As 6 Decisões Mais Importantes Que Você Vai Tomar Na Sua Vida* (Best Seller, 2007), *Os 7 Hábitos das Crianças Felizes* (Sem Fronteiras, 2009) e *Os 7 Hábitos dos Adolescentes Altamente Eficazes* (Best Seller, 2009), que foram traduzidos para 20 idiomas e venderam mais de 4 milhões de exemplares no mundo. É versátil palestrante que regularmente fala para crianças e adultos, em escolas e organizações, e já participou de numerosos programas no rádio e na televisão.

Sean é graduado com honras pela Brigham Young University (BYU) como bacharel em inglês e posteriormente obteve seu MBA pela Harvard Business School. Como zagueiro da BYU, levou seu time a dois jogos universitários e por duas vezes foi selecionado o ESPN Most Valuable Player of the Game (melhor jogador pela ESPN).

Nascido em Belfast, Irlanda, as atividades favoritas de Sean são cinema, exercícios físicos, passear com os filhos, dirigir sua motocicleta e escrever livros. Sean e a esposa, Rebecca, vivem com os filhos nas Montanhas Rochosas.

Para informações adicionais sobre Sean, consulte www.seancovey.com.

Jim Huling é consultor executivo da FranklinCovey para as 4 Disciplinas da Execução. Na sua posição, Jim é responsável pela metodologia das 4 Disciplinas e pela qualidade de sua distribuição ao redor do mundo. Jim também lidera regularmente eventos em larga escala, tendo participado, inclusive, da implementação das 4DX no Marriott Hotels, na Kroger, no Ritz-Carlton e em vários grandes hospitais. Jim é palestrante importante, muito procurado para eventos que variam desde sessões com executivos seniores até audiências que atingem os milhares de participantes.

A carreira de Jim já tem três décadas na área de liderança corporativa, englobando de organizações da *Fortune 500* a empresas particulares. Jim foi também CEO de uma empresa reconhecida como uma das "25 Best Companies to Work for in America". Antes de ingressar na FranklinCovey, Jim foi um dos primeiros líderes a adotar as 4 Disciplinas da Execução, utilizando-as para alavancagem de desempenho por quase cinco anos. Essa experiência possibilitou que melhorasse significativamente os métodos pelos quais as 4 Disciplinas são ensinadas e implementadas ao redor do mundo.

As equipes de Jim venceram prêmios nacionais de excelência no atendimento a clientes, de ética empresarial e cultura destacada, assim como numerosos prêmios locais e regionais, como por exemplo o local de trabalho de escolha. Os prêmios pessoais de Jim também incluem o Turknett Leadership Character Award, que reconhece os CEOs que demonstram os mais altos padrões de ética e integridade.

Jim é graduado em ciência da computação pela University of Alabama, diplomado em música pela Birmingham-Southern College e atua na diretoria de diversas organizações locais, assim como no Siegel Institute for Leadership, Ethics and Character.

Jim sente imenso orgulho do maravilhoso casamento de 30 anos com sua querida Donna, é pai de dois adultos fenomenais, Scott e Sarah, e "Papaizinho" de seus três netos. É faixa preta de 3º grau em tae *kwon* do, corredor ágil, mochileiro e praticante de *rafting*.

Para informações adicionais sobre Jim, consulte www.jimhuling.com.

Bill Moraes é o Country Practice Leader das 4 Disciplinas da Execução, na FranklinCovey Brasil. Bill conduz eventos executivos no Brasil, tendo participado da implementação das 4DX no Marriott Hotels Brasil, na Faber-Castell, no Sistema Sicoob e em empresas de tecnologia da informação, comércio eletrônico e de varejo.

A carreira de Bill cobre mais de duas décadas de experiência operando e liderando organizações públicas e privadas, trabalhando em indústrias-chave como Tecnologia da Informação, Professional Services, Supply Chain Management e Vendas Complexas, como Key Account Manager, Gerente Regional e Diretor de Vendas.

É professor titular do MBA em Liderança e Gestão Organizacional na FranklinCovey Business School, ensinando sobre liderança de pessoas e equipes, gestão estratégica de negócios e inteligência da execução da estratégia.

Bill possui Bacharelado em Ciências da Computação pela Universidade Metodista de São Paulo, onde foi aluno bolsista em iniciação à pesquisa científica na área "Multimídia no Treinamento Corporativo", e MBA em Liderança e Gestão Organizacional pela FranklinCovey Business School.

Tem muito orgulho de seu maravilhoso casamento de 18 anos com sua querida esposa, Mirela, sendo pai de um fantástico garoto, Richard.

Bill é um ávido leitor e pratica corrida semanalmente. É palestrante regular em eventos públicos sobre Customer Relationship Management e Liderança.

Para informações adicionais sobre Bill, consulte
br.linkedin.com/in/billmoraes

Aos leitores

Em alguns casos, pessoas ou empresas citadas neste livro são exemplos ilustrativos com base nas experiências dos autores, mas sem a intenção de representar uma pessoa ou organização em particular.

Conteúdo em vídeo disponível via QR Code ou em www.4dxbook.com. Poderão ser aplicadas taxas por mensagens e dados. O conteúdo em vídeo pode não ficar disponível indefinidamente.

Sumário

Agradecimentos xv
Sobre os autores xix
Aos leitores xxiii
Introdução xxvii
Estratégia e execução xxxi
Uma carta xxxiii
O verdadeiro problema da execução 1

Seção 1: As 4 disciplinas da execução

Disciplina 1: Foque no crucialmente importante 21
Disciplina 2: Atue nas medidas de direção 43
Disciplina 3: Mantenha um placar envolvente 63
Disciplina 4: Crie uma cadência de responsabilidade 75

Seção 2: Implementação das 4DX com a sua equipe

O que esperar 103
Implementação da Disciplina 1: Foque no crucialmente importante 115
Implementação da Disciplina 2: Atue nas medidas de direção 133

Implementação da Disciplina 3: Mantenha um placar envolvente 153
Implementação da Disciplina 4: Crie uma cadência de responsabilidade . 169
Automação das 4DX 193

Seção 3: Implementação das 4DX na sua organização

As melhores práticas dos melhores 207
Focando a organização no crucialmente importante 237
Implementação das 4DX em toda a organização 253

Perguntas mais frequentes sobre as 4DX 265
As 4DX em casa 287
O que fazer agora? 295

Glossário 299
Notas 303
Índice Remissivo 307

Introdução

As 4 disciplinas da execução oferece mais do que teorias para fazer mudanças organizacionais estratégicas. Os autores explicam não apenas "o que", mas também "como" fazer para que a execução eficaz seja alcançada. Compartilham numerosos exemplos de empresas que fizeram exatamente isso não uma vez, mas repetidas vezes. Este é um livro que todo líder deve ler!

Clayton Christensen, professor, Harvard Business School, e autor de *The Innovator's Dilemma*

Andy Grove, que ajudou a fundar a Intel e depois liderou a empresa por vários anos como CEO e presidente, me ensinou algumas coisas extraordinárias. Uma delas ocorreu numa reunião na qual ele e diversos dos seus subordinados diretos estavam planejando o lançamento do seu microprocessador Celeron. Eu estava lá como consultor. A teoria da inovação disruptiva identificara uma ameaça para a Intel. Duas empresas – AMD e Cyrix – haviam atacado a extremidade inferior do mercado de microprocessadores vendendo *chips* muito mais baratos para empresas que estavam fazendo computadores básicos. Eles conquistaram uma fatia significativa do mercado e depois começaram a subir. A Intel precisava reagir.

Durante um intervalo da reunião, Grove me perguntou: "Como posso fazer isso?"

Prontamente respondi que ele precisava estabelecer uma unidade de negócio diferente, autônoma, que tivesse uma estrutura de despesas indiretas diferente e sua própria força de vendas.

Andy disse em sua voz tipicamente rouca: "Você é um acadêmico tão ingênuo. Eu lhe perguntei *como* fazer isto e você me disse *o que* fazer." Praguejou e disse: *"Sei o que preciso fazer. Só não sei como fazê-lo."*

Eu me senti como se estivesse frente a uma divindade, sem nenhum lugar para me esconder. Grove estava certo. De fato, eu era um acadêmico ingênuo. Acabara de mostrar para ele que não sabia a diferença entre *o que* e *como*.

Durante o voo de retorno a Boston, me indagava se deveria mudar o foco da minha pesquisa como um acadêmico e tentar desenvolver uma teoria sobre o "como." Descartei a ideia, contudo, porque realmente não conseguia imaginar como poderia desenvolver uma teoria do "como".

Consequentemente, minha pesquisa continuou a focalizar o "*o que*" fazer *no* negócio, que chamamos estratégia, e tem sido bastante produtiva. A maioria dos pesquisadores, consultores e escritores da área de estratégia têm nos fornecido visões estáticas sobre as questões estratégicas, instantâneos de tecnologias, empresas e mercados. As fotos instantâneas descrevem, num ponto específico no tempo, as características e as práticas de empresas bem-sucedidas *versus* aquelas que estão em crise, ou de executivos com melhor desempenho do que outros no momento do instantâneo. Explicita ou implicitamente, afirmam que se você quiser ter um desempenho tão bom quanto o dos melhores, deverá seguir os procedimentos das melhores empresas e dos melhores executivos.

Meus colegas e eu rejeitamos a profissão de fotógrafo. Em vez disso, temos feito "filmes" sobre estratégia. Contudo, não são filmes típicos, que possam ser assistidos no cinema, nos quais você vê a ficção concebida pela mente dos produtores e dos roteiristas. Os filmes incomuns que estamos produzindo em Harvard são "teorias", descrevem *o que* provoca os acontecimentos e o *porquê.* Essas teorias compreendem os "enredos" dos filmes. Em contraste com os filmes exibidos nos cinemas, repletos de suspense e surpresas, o enredo dos nossos filmes é perfeitamente previsível. Você pode substituir os atores nos nossos filmes (diferentes pessoas, empresas e indústrias) e assistir ao filme novamente. Você pode escolher as ações tomadas pelos atores no filme porque o enredo se fundamenta nas teorias da causalidade, mas os resultados dessas ações são perfeitamente previsíveis.

Você pergunta se é entediante? Provavelmente, para aqueles que buscam entretenimento. Todavia, para o gestor que precisa saber se a estratégia (*o que* deve ser feito em seu trabalho) é certa ou errada, a maior certeza possível se torna necessária. Considerando-se que a teoria é o enredo, você pode rebobinar o filme até certo ponto e assistir ao passado repetidamente, se desejar, para compreender o que causou o que, e por quê. Outra característica desse tipo de filme é que você pode assistir ao futuro também, antes que ele realmente ocorra. Pode mudar seus planos com base em diferentes situações nas quais provavelmente se encontrará, e assistir ao filme para verificar no que resultará.

Sem nos vangloriarmos, penso ser justo dizer que nossa pesquisa sobre estratégia, inovação e crescimento tem ajudado gestores que reservaram tempo para ler e compreender as teorias ou os filmes sobre estratégia para tornarem o sucesso mais frequente do que no passado e sustentarem-no.

O que resta é "como" gerenciar a empresa durante os tempos de mudança. Este "como" foi muito pouco estudado, até o surgimento deste livro.

A razão por que uma boa pesquisa sobre o "como" levou tanto tempo para emergir é que exige uma escala de pesquisa diferente. Teorias causais da estratégia, o "o quê", tipicamente advêm de um estudo profundo de uma empresa, como foi o caso com o meu estudo do *disk drive*. O "como" da mudança estratégica, em contraste, surge incessantemente em toda empresa. Desenvolver uma teoria sobre o "como" significa que você não pode estudar este fenômeno uma única vez numa empresa. Não pode bater fotos instantâneas do "como." Ao contrário, precisa estudá-lo detalhadamente inúmeras vezes ao longo dos anos e em muitas empresas. A magnitude desse esforço é o motivo de eu e outros acadêmicos termos ignorado o "como" da mudança estratégica. Simplesmente não podíamos fazê-lo. Demanda perspectiva, *insight* e uma empresa do tamanho da FranklinCovey para levá-lo a termo.

É por esta razão que estou tão entusiasmado com o livro. Não se trata de uma obra repleta de anedotas sobre empresas que um dia foram bem-sucedidas. Ao contrário, o livro realmente contém uma teoria da causalidade sobre "como" alcançar uma execução eficaz. Os autores não nos deram fotos instantâneas de execução, mas filmes que podemos rebobinar e estudar repetidamente, nos quais você como líder pode inserir sua empresa e seu pessoal como atores e assistir ao futuro antes que ele chegue. Este livro provém do estudo profundo sobre muitas empresas ao longo do tempo, à medida que implementaram novos modos de aplicar o "como," em cada loja, em cada hotel, em cada divisão.

Desejo que o apreciem tanto quanto eu.

Clayton Christensen
Harvard Business School

Estratégia e execução

Há dois pontos principais sobre os quais um líder pode exercer influência quando se trata de produzir resultados: a *estratégia* (ou plano) e a capacidade de *executar* a estratégia.

Pare por um momento e faça esta pergunta a si próprio:

Qual desses dois pontos demanda maior empenho por parte dos líderes? A criação de uma estratégia ou sua execução?

Toda vez que apresentamos esta pergunta aos líderes, em qualquer parte do mundo, a resposta é imediata: "A execução!"

Agora, faça uma segunda pergunta a você mesmo:

Se você cursou um MBA ou se estudou administração, o que você estudou mais – execução ou estratégia?

Quando fazemos esta pergunta aos líderes, a resposta, mais uma vez, é imediata: "Estratégia!". Talvez não seja surpreendente que a área na qual os líderes tenham de se esforçar mais também seja aquela na qual tiveram uma formação deficitária.

Após trabalhar com milhares de líderes e equipes em todos os setores, e em universidades e órgãos governamentais no mundo todo, aprendi o seguinte: tendo decidido o que fazer, o maior desafio é fazer com que as pessoas executem com o nível necessário de excelência.

Por que a execução é tão difícil? Afinal de contas, se a estratégia for clara e você como líder estiver dando as orientações, a equipe não se engajará naturalmente para alcançá-la? A resposta é "não," e provavelmente sua própria experiência já lhe comprovou isto mais de uma vez.

O livro que você está lendo reproduz os *insights* mais realistas e impactantes de tudo o que aprendemos. Nele, você descobrirá um conjunto de disciplinas que foram abraçadas por milhares de líderes e centenas de milhares de trabalhadores da linha de frente, capacitando-os para a produção de resultados extraordinários.

Uma carta

Quando vi uma reunião de três horas na minha agenda naquele dia, senti certo ceticismo. Como novo VP da Eli Lilly e da empresa nos Estados Unidos, me encontrava assoberbado. Todavia, como um dos meus líderes presidiria a reunião, decidi comparecer.

Relembrarei sempre com prazer ter tomado aquela decisão, porque após poucos minutos de reunião, presenciava algo especial. Assisti à equipe relatando resultados notáveis alcançados por meio de um novo conjunto de práticas conhecidas como As 4 Disciplinas de Execução. Eram pessoas que não somente atingiram suas metas, mas andavam e falavam como *vencedores*. Seus peitos estavam inflados, e suas cabeças, eretas. Como líder eu queria aqueles resultados, mas o mais importante, queria aquela *atitude* por toda a minha organização.

Lançamos as 4 Disciplinas por todo o nosso negócio de produtos para saúde focalizando duas metas críticas: aumentar surpreendentemente o acesso dos clientes aos nossos medicamentos e simultaneamente melhorar o lucro final. Durante esse mesmo período, houve uma ampla iniciativa por toda a Lilly, de reorganização em busca de operações mais efetivas. Não podíamos ter escolhido um contexto mais difícil para criarmos engajamento. Por fim, excedemos ambos os objetivos com uma margem significativa, mas esses resultados não foram, na verdade, nosso melhor resultado.

Nosso melhor resultado foi o fortalecimento da nossa cultura ao promovermos o engajamento das nossas equipes. Durante um período de alta demanda associada à reorganização que trouxe mudanças significativas, o nível de engajamento dos nossos empregados realmente *aumentou.*

Com frequência relembro a decisão de participar daquela reunião inicial, e o mais importante, do caminho percorrido até produzirmos não apenas excelentes resultados comerciais, mas também uma cultura de alto desempenho. Para mim, foi uma decisão crucial, que mudou meu estilo de liderança para sempre.

Alex Azar
Presidente, Lilly USA, LLC

O verdadeiro problema da execução

B.J. Walker estava enfrentando o maior desafio de sua carreira. Ao ser nomeada administradora do Departamento de Serviços Humanos do estado da Geórgia em 2004, notou que seus 20 mil empregados estavam completamente desmotivados. O departamento passara por seis administradores em cinco anos e estava sob constante escrutínio pela mídia devido ao número de mortes e acidentes envolvendo crianças na assistência promovida pelo estado. Durante meses seus empregados operaram com medo constante de cometerem erros, o que só piorou a baixa produtividade, levando a um dos mais longos atrasos no atendimento do país. B.J. Walker precisava encontrar um modo de focar e direcionar sua equipe, e sabia que os ponteiros do relógio não estavam parados.

Em menos de 18 meses, B.J. e sua equipe haviam reduzido os casos de maus-tratos de crianças em surpreendentes 60%.

• • •

Um dos hotéis próximos à sede do Marriott International, o Bethesda Marriott, queria melhorar as avaliações de desempenho, um esforço ampliado pelo fato de estar tão perto da liderança da empresa. O gerente geral Brian Hilger, sua equipe e os proprietários do hotel trabalharam juntos numa renovação de $20 milhões que incluiu quartos reformados, um saguão deslumbrante e um novo restaurante, melhorias críticas para alcançarem pontuações mais altas pelos hóspedes. Os resultados foram impressionantes. O hotel parecia fantástico, *mas as notas ainda não estavam nos níveis desejados... ainda não.*

ESCANEIE COM O SEU SMART PHONE

Android – Barcode Scanner
iPhone – Red Laser

LINK: http://www.4dxbook.com/qr/CaseStudies

Escaneie a imagem acima para assistir aos vídeos de estudo de casos da Eli Lilly, do estado da Geórgia e do Marriott.

A segunda parte da equação envolveria como os colaboradores interagiam com os hóspedes e trabalhavam no hotel, uma estratégia que dependia de novos comportamentos.

Após um ano, Brian e sua equipe orgulhosamente celebravam por terem alcançado a mais alta Pontuação de Satisfação dos Hóspedes na história de 30 anos do hotel. Nas palavras de Brian: "Eu costumava temer a chegada de cada nova Pontuação de Satisfação dos Hóspedes toda sexta-feira. Agora, me sinto estimulado a sair da cama nas manhãs de sexta."

• • •

Estes casos da Eli Lilly, do estado da Geórgia e do Marriott soam muito diferentes entre si, mas não são. Para cada um desses líderes, o desafio foi essencialmente o mesmo, assim como a solução.

O desafio comum aos três? Executar uma estratégia que requeria mudança significativa no comportamento humano, o comportamento de muitos ou até mesmo de todas as pessoas na equipe ou na organização.

A solução comum? Implementação profunda de As 4 Disciplinas da Execução (4DX).

Todos os líderes enfrentam este desafio, até mesmo sem perceber. Se você lidera pessoas, neste exato momento você provavelmente está tentando fazer com que façam algo diferente. Independentemente de você liderar uma pequena equipe ou uma empresa inteira, uma família ou uma fábrica, nenhum resultado significativo será alcançado se as pessoas não mudarem seus comportamentos. Além disso, para ter sucesso, você precisará de mais do que apenas a obediência deles. Precisará que se comprometam. Como todo líder sabe, obter o comprometimento de corações e mentes, o tipo que resistirá à rotina diária, não é fácil.

Completamos mais de 1.500 implementações das 4 Disciplinas antes de estarmos prontos para escrever este livro. Por quê? Porque queríamos testar e refinar as 4 Disciplinas tomando por base centenas de desafios do mundo real, como as enfrentadas por Alex Azar, B. J. Walker e Brian Hilger.

Quando você executar uma estratégia que exija mudança duradoura no comportamento de outras pessoas, enfrentará um dos maiores desafios de liderança com o qual jamais terá se deparado. Com as 4 Disciplinas da Execução, não estará experimentando uma teoria interessante, mas implementando um conjunto de práticas comprovadas que atendem àqueles desafios com sucesso o tempo todo.

O DESAFIO REAL

Quer você denomine uma estratégia, uma meta ou um esforço de melhoria, qualquer iniciativa que no papel de um líder você acione a fim de impulsionar significativamente a sua equipe ou organização se enquadrará em uma de duas categorias: a primeira requer principalmente uma "canetada". A segunda, uma mudança comportamental.

Estratégias que dependem de uma "canetada" são aquelas que você executa apenas ordenando ou autorizando que sejam feitas. Em poucas palavras, se você tiver dinheiro e autoridade, pode fazê-las acontecer. Pode ser um importante investimento de capital, uma mudança no sistema de compensação, um realinhamento de papéis e responsabilidades, aumento da equipe ou uma nova campanha publicitária. Embora a execução dessas estratégias exijam planejamento, consenso, coragem, inteligência e dinheiro, você sabe que acabarão por acontecer.

Mudanças comportamentais são muito diferentes das estratégias do tipo "canetada". Você não pode apenas ordenar que aconteçam porque a execução delas requer que pessoas, em geral muitas pessoas, façam algo diferente. Se alguma vez você já tentou fazer com que outras pessoas mudassem suas ações, sabe como é difícil. Mudar a si mesmo já é suficientemente complicado.

Por exemplo, você pode ter de fazer com que todos os empregados cumprimentem cada cliente que entre na loja nos próximos 30 segundos, ou levar sua força de vendas a usar o sistema de CRM (Customer Relationship Management – Gestão do Relacionamento com o Cliente), ou fazer com que a sua equipe de desenvolvimento de produtos colabore com a equipe de marketing. Se você for como Alex Azar ou B.J. Walker, talvez precise mudar rotinas consolidadas há décadas. Isto é muito difícil!

Estratégia de "CANETADAS"	Estratégia de MUDANÇA DE COMPORTAMENTO
Investimento de Capital	Melhoria na Experiência do Cliente
Ampliação da Equipe	Melhoria na Qualidade
Mudança de Processo	Menor Tempo de Resposta
Aquisição Estratégica	Consistência Operacional
Compra de Mídia	Abordagem Consultiva de Venda
Mudança no Mix de Produtos	Redução no Excesso de Custos

Exemplos de mudanças estratégicas que requerem que as pessoas mudem seus comportamentos contrastadas com aquelas que podem ser executadas mediante uma "canetada".

Também não é incomum encontrarmos muitas estratégias com base na autoridade que, uma vez aprovadas, evoluem para estratégias que demandam significativa mudança de comportamento.

Nosso colega Jim Stuart resumiu este desafio, assim: "Para atingir uma meta jamais alcançada, você deve começar a fazer coisas que nunca fez anteriormente." Pode ser uma nova abordagem de vendas, um esforço para melhorar a satisfação do paciente, melhorar a área de gestão de projetos ou a adesão a um novo processo. Se a mudança exigir que as pessoas façam algo diferente, você aplicará uma estratégia de mudança comportamental e não será fácil.

Alguma vez você já se viu a caminho do trabalho murmurando algo semelhante a "Pelo amor de Deus, será que não conseguimos fazer isso?".

Em caso afirmativo, então você se lembrará de como se sentiu quando a incapacidade de fazer as pessoas mudarem foi o entrave entre você e os resultados almejados. Você não está sozinho.

Num importante estudo sobre mudança organizacional, a empresa global de consultoria em gestão Bain & Company relata estes achados: "Cerca de 65% das iniciativas exigem mudanças comportamentais significativas por parte dos empregados da linha de frente, algo que os gestores frequentemente deixam de considerar ou de planejar com antecedência."[1]

Apesar da importância deste problema, os líderes raramente o reconhecem. Você não os ouve dizendo: "Gostaria de ser melhor na implementação de estratégias que demandem das pessoas um modo de agir diferente."

Provavelmente, o que você ouvirá com mais frequência é: "Gostaria de não ter que lidar com Antonio, Paulo e Suzana!"

É natural um líder supor que as pessoas sejam o problema. Afinal de contas, são elas que fazem o que precisa ser feito. Todavia, isto é um erro. *As pessoas não são o problema.*

W. Edward Deming, o pai do movimento da qualidade, ensinou que em todas as ocasiões em que a maioria das pessoas se comporta de um modo particular a maior parte do tempo, elas não são o problema. O problema é inerente ao sistema[2] pelo qual você é responsável no papel de líder. Embora uma pessoa específica possa ser um grande problema, se você insiste em culpá-la, reconsidere.

Quando começamos a estudar este desafio há muitos anos, inicialmente queríamos compreender a raiz das causas da execução deficiente. Coordenamos uma pesquisa internacional com trabalhadores e analisamos centenas de empresas e órgãos do governo. Durante os estágios iniciais da nossa pesquisa, encontrávamos problemas por todos os lados.

Uma suspeita importante por trás do entrave na execução era a clareza de metas: as pessoas não compreendiam a meta que deveriam alcançar. Na verdade, em nossas pesquisas iniciais, aprendemos que apenas um empregado em cada sete era capaz de citar pelo menos uma das metas mais importantes da empresa. Isso mesmo – 15% não conseguia mencionar nem mesmo uma das três metas mais importantes identificadas pelos seus líderes. Os outros 85% citavam o que *pensavam* ser a meta, mas em geral nem remotamente se parecia com o que os seus líderes estabeleceram. Quanto mais distante do topo da organização, menor a clareza, e isto foi só o começo dos problemas com que nos defrontamos.

A falta de comprometimento com a meta foi outro ponto. Até mesmo aquelas pessoas que conheciam a meta não estavam suficientemente comprometidas para alcançá-la. Apenas 51% da equipe declarava estar envolvida com sua meta, ou seja, quase metade dela apenas se deixava levar pelos acontecimentos.

A responsabilização também foi um ponto de destaque. Um assombroso percentual de 81% das pessoas pesquisadas disseram que não eram responsabilizados pelo progresso regular das metas da organização. Além disso, as metas não eram traduzidas para ações específicas, fazendo com que 87% não tivessem clara ideia do que deveriam fazer para alcançar as metas. Não é de se admirar tanta inconsistência na execução.

Em resumo, as pessoas não se sentiam seguras sobre qual era a meta, não estavam comprometidas com ela, não sabiam o que deveria ser feito especificamente e não eram responsabilizadas pela meta.

Estas foram apenas as explicações mais óbvias sobre o porquê das falhas na execução. Num nível mais sutil, houve problemas de confiança, de sistemas de compensação desajustados, processos com desenvolvimento deficiente e tomadas de decisão erradas.

Nosso primeiro instinto foi dizer: "Corrijam tudo! Acertem tudo e depois conseguirão implementar suas estratégias." Seria como aconselhá-los a levar o oceano à ebulição.

À medida que nos aprofundávamos, começamos a tocar numa causa muito mais fundamental da falha de execução. Obviamente, todos os problemas que acabamos de citar (falta de clareza, de comprometimento, de colaboração e de responsabilização) exacerbam a dificuldade de execução da estratégia. Todavia, na verdade, eles inicialmente desviaram a nossa atenção de um problema ainda mais complexo. Você já deve ter ouvido o provérbio: "O último a descobrir que a água existe é o peixe." Esse dito popular resume muito bem nossas descobertas. Assim como um peixe que descobre a água na qual nada o tempo todo, finalmente constatamos que o problema fundamental com a execução sempre esteve bem na nossa frente e ainda não o víramos porque permeava tudo e assim se tornara invisível.

O REDEMOINHO

O verdadeiro inimigo da execução é o nosso trabalho diário! Nós o denominamos *redemoinho*. É a quantidade massiva de energia necessária para apenas manter nossa operação em funcionamento numa base diária, que ironicamente é também aquilo que torna tão difícil a execução de qualquer coisa nova. O redemoinho tira de você o foco necessário para impulsionar a sua equipe.

Os líderes raramente diferenciam o redemoinho das metas estratégicas porque ambos são necessários à sobrevivência da organização. Contudo, são claramente diferentes, e o mais importante: competem incansavelmente por tempo, recursos, energia e atenção. Não precisamos dizer qual geralmente vencerá essa luta.

O redemoinho é urgente e todos os dias, a cada minuto, atua sobre você e sobre os que trabalham para você. As metas estabelecidas para o progresso são importantes, mas quando a urgência e a importância entram em conflito, a urgência vence a todo momento. Quando você se conscientiza desta batalha, verá que acontece em todos os lugares, em todas as equipes que estejam tentando implementar algo novo.

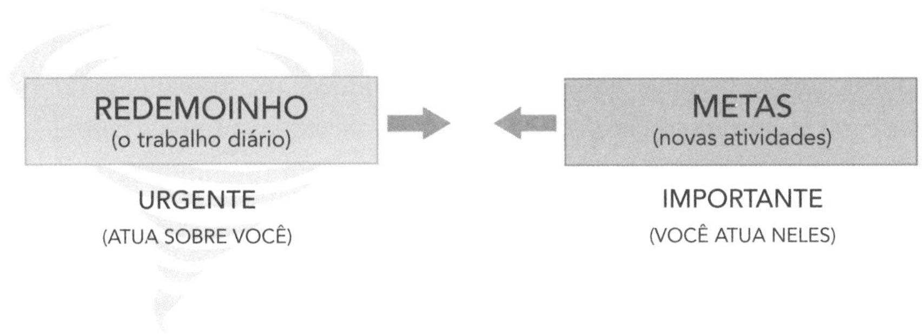

Metas importantes que exigem que você faça coisas novas e diferentes geralmente conflitam com o "redemoinho" do trabalho diário repleto de urgências que consomem seu tempo e sua energia.

Considere sua própria experiência. Você consegue se lembrar de alguma iniciativa importante que tenha sido bem lançada e depois tenha morrido? Como chegou ao fim? Foi com um choque violento, seguido de tremenda explosão? Ou foi se extinguindo lentamente com o passar do tempo, asfixiada pelo redemoinho? Fizemos esta pergunta a milhares de líderes e sempre recebemos a mesma resposta: "Lenta asfixia!". É como encontrar aquela camiseta desbotada no fundo da sua gaveta e dizer: "Ah, sim, *Encontro Anual de Operações*. Eu me pergunto o que terá acontecido com ela." Morreu, e nem sequer teve um funeral.

Executar a despeito do redemoinho significa superar não apenas sua intensa distração, mas também a inércia contida em "o modo como sempre foi feito". Não estamos dizendo que o redemoinho seja nocivo. Não é. Ele mantém a organização viva e não pode ser ignorado. Se você ignorar a urgência, ela pode lhe matar hoje. Contudo, é também verdade que, se você ignorar aquilo que é importante, poderá ser morto amanhã. Em outras palavras, se você e sua equipe operarem somente dentro do redemoinho, não progredirão, toda a energia será gasta apenas tentando se manter em pé na ventania. O desafio é executar suas metas mais importantes em meio às urgências!

Diferentes líderes vivenciam o redemoinho de diferentes modos. Um executivo sênior, de um dos maiores varejistas de materiais de obra e decoração para o lar, descreve-o da seguinte forma: "Não temos dragões atacando e nos arrancando das prioridades. O que temos são mosquitos. Todos os dias eles estão em nossos olhos, e quando olhamos para os seis meses anteriores, constatamos não termos realizado nenhuma das coisas que dissemos que faríamos."

Quase certamente você já se viu enfrentando o redemoinho ao tentar explicar uma nova meta ou estratégia para alguém que trabalha para você. Consegue se lembrar da conversa? Sua mente estava claramente centrada na meta e formulava uma explicação em termos de fácil compreensão. Todavia, enquanto falava, seu interlocutor ia lentamente se retirando da sala, o tempo todo acenando positivamente com a cabeça, reafirmando o que você estava dizendo, mas tentando voltar para o que chamam de *trabalho de verdade*, outra denominação para redemoinho.

Este empregado está totalmente engajado em atingir aquela meta? Nem um pouco. Está tentando sabotar a sua meta ou solapar a sua autoridade? Não. Está apenas tentando sobreviver no redemoinho dele.

Para ilustrar, um dos nossos colegas compartilhou esta história:

"Eu presidia o conselho comunitário da minha escola secundária que estabelecera uma séria meta de melhoria das notas das provas. Minha tarefa era orientar os professores sobre a nova meta. Assim sendo, marquei uma reunião com os professores relevantes para explicar o que estávamos fazendo e dar início ao processo.

Inicialmente fiquei desconcertado, pois eles não pareciam estar prestando atenção ao que eu dizia. Lentamente descobri o porquê: sobre a pequena mesa de uma das professoras havia uma pilha de umas mil folhas de papel. Era a produção de redações em apenas um dia que teria de avaliar e em seguida atribuir notas. Além disso, tinha de comparecer a uma reunião de pais e planejar as aulas do dia seguinte. Denotava sua impotência enquanto eu fazia minha longa exposição. Na verdade, não estava me escutando. Não havia disponibilidade em sua mente para tal, e não a culpo!"

Vamos resumir o que foi dito até aqui. Primeiro, se você quiser criar resultados significativos, eventualmente terá de implementar uma estratégia de mudança de comportamento. Ações com base na autoridade só levarão você até aqui. Em segundo lugar, quando você assumir uma estratégia de mudança de comportamento, lutará em meio a um redemoinho, e este é um adversário de peso, imbatível em muitas organizações.

As 4 Disciplinas da Execução não são planejadas para gerenciamento do seu redemoinho. As 4 Disciplinas são regras para execução da sua estratégia mais crítica *em meio ao seu redemoinho.*

AS 4 DISCIPLINAS DA EXECUÇÃO

Tim Harford, autor de *The Undercover Economist,* comentou: "Mostre-me um sistema complexo bem-sucedido e lhe mostrarei um sistema que evoluiu por meio de tentativa e erro."[3] No caso das 4 Disciplinas da Execução, ele está absolutamente correto. Este sistema se beneficiou de ideias bem pesquisadas, mas *evoluiu* por meio de tentativas e erros.

Na nossa pesquisa inicial com a Harris Interactive, fizemos uma enquete internacional com aproximadamente 1.300 pessoas em 17 diferentes setores do mercado, e completamos avaliações internas com 500 empresas diferentes. Ao longo dos anos, aumentamos essa base, fazendo um levantamento com quase 300 mil líderes e membros de equipes. A pesquisa foi valiosa como fundamento para os princípios e como guia para as nossas primeiras conclusões, mas os *insights* reais não resultaram da pesquisa. Eles se originaram do trabalho com pessoas como você em mais de 1.500 implementações. Foi este esforço que nos capacitou para o desenvolvimento dos princípios e métodos que sabemos que funcionarão, independentemente do setor ou do país no qual sejam implementados.

Neste ponto temos uma boa notícia e uma má notícia. A boa notícia é que existem regras para a execução perante o redemoinho. A má notícia? Existem regras – alguns tipos de regras que produzem consequências imediatas se forem violadas.

Embora as disciplinas possam parecer simples à primeira vista, não são simplistas. Elas mudarão profundamente o modo como você aborda as suas metas. A partir do momento que as adote, nunca mais liderará do mesmo modo novamente, quer você seja um coordenador de projeto, um líder de uma pequena força de vendas ou dirija uma das empresas contidas na lista *Fortune 500*. Acreditamos que essas disciplinas representem um avanço sobre como impulsionar equipes e organizações.

A seguir apresentamos uma visão geral das 4 Disciplinas.

Disciplina 1: Foque no crucialmente importante

Basicamente, quanto mais você tenta fazer menos realiza de fato. Este é um princípio inflexível, inevitável, segundo o qual todos nós convivemos. Em algum momento ao longo do caminho, a maioria dos líderes o esquece. Por quê? Porque líderes inteligentes, ambiciosos, não querem fazer o mínimo, querem fazer o máximo, mesmo os mais experientes. Você não acha difícil dizer *não* para uma boa ideia e mais ainda para uma grande ideia? Ainda assim, sempre haverá melhores ideias do que você e sua equipe têm capacidade de executar. É por isso que o seu primeiro desafio é focalizar o crucialmente importante.

O foco é um princípio natural. Os raios solares são excessivamente fracos para acender o fogo, mas uma vez que os focalize com uma lente de aumento, ignificarão o papel em segundos. O mesmo se aplica aos seres humanos – a partir do momento que a energia coletiva se concentre num desafio, pouca coisa deixará de ser realizada.

Disciplina 1: Foque no crucialmente importante requer que você vá contra os seus vínculos básicos de líder e focalize *menos* de modo que sua equipe consiga alcançar *mais*. Quando você implementa a Disciplina 1, começa selecionando uma (ou no máximo duas) metas crucialmente importantes, em vez de tentar melhorar significativamente tudo de uma só vez. A isto denominamos *meta crucialmente importante (MCI)* para deixarmos claro para a equipe de que esta é a meta de maior importância. O fracasso na conquista dessa meta tornará qualquer outra realização secundária, ou possivelmente até mesmo irrelevante.

Se no momento você estiver tentando executar 5, 10 ou até mesmo 20 metas importantes, na verdade sua equipe não conseguirá ter foco. Essa falta de foco aumentará a intensidade do redemoinho, dispersará os esforços e tornará o sucesso quase impossível. Isto se torna particularmente problemático quando há muitas metas nos níveis altos da organização, todas eventualmente se desdobrando em dezenas e por fim em centenas de metas à medida que se difundem pelos níveis mais baixos criando uma rede de complexidade.

Contudo, quando você delimita o foco da sua equipe a uma ou duas metas crucialmente importantes, a equipe pode com certa facilidade distinguir entre o que é de fato prioridade máxima e o que é redemoinho. Ela passa de uma coleção de metas mal definidas e difíceis de comunicar, para um grupo pequeno, focado, de metas alcançáveis. A Disciplina 1 é a disciplina do foco. Sem ela, você jamais obterá os resultados desejados. É também apenas o começo.

Disciplina 2: Atue nas medidas de direção

Esta é a disciplina das alavancas. Ela se baseia no simples princípio de que as ações não são todas produzidas da mesma forma. Algumas têm mais impacto do que outras quando direcionadas a uma meta, e são estas que você deseja identificar e utilizar se quiser alcançar a sua meta.

Seja qual for a estratégia que estiver seguindo, o seu progresso e o seu sucesso se basearão em dois tipos de métricas: históricas e de direção.

Medidas históricas são as avaliações de seguimento da meta crucialmente importante, e pelas quais você passa a maior parte do tempo rezando. Rendimentos, lucros, participação no mercado e satisfação do cliente são medidas históricas, o que significa que, quando as recebe, o desempenho que os impulsionou já se encontra no passado. É por isso que você está orando: ao obter uma medida histórica não pode ajustá-la, já é história.

Medidas de direção são bastante diferentes no sentido de que são medidas das questões de alto impacto que a sua equipe precisa realizar para atingir a meta. Em essência, avaliam os novos comportamentos que impulsionarão o sucesso das medidas históricas, independentemente de aqueles comportamentos serem tão simples como oferecer uma amostra a cada cliente da padaria ou tão complexo como aderir às normas de projeto de um motor a jato.

Uma boa medida de direção tem duas características básicas: é *preditiva* no alcance da meta e pode ser *influenciada* pelos membros da equipe. Para compreender essas duas características, considere uma simples meta como perder peso. Enquanto a medida histórica é o número de quilos perdidos, duas medidas de direção poderiam ser um limite específico de calorias por dia e um número específico de horas de exercício físico por semana. Estas medidas de direção são preditivas porque ao implementá-las, você pode predizer o que a balança (a medida histórica) lhe dirá na próxima semana. São influenciáveis porque ambos comportamentos estão sob seu controle.

Agir com base nas medidas de direção é um dos segredos pouco conhecidos da execução. A maioria dos líderes, até mesmo alguns dos mais experientes, se concentra tanto nas medidas históricas que a disciplina de foco nas medidas de direção parece ser contraintuitiva.

Não entenda mal. Medidas históricas são, no final das contas, a sua meta de realização mais importante. Todavia, as medidas de direção, que fazem jus ao próprio nome, é que lhe permitirão atingir as medidas históricas. Uma vez identificadas as suas medidas de direção, elas se tornarão as alavancas para o alcance de sua meta.

Disciplina 3: Mantenha um placar envolvente

As pessoas atuam de forma diferente quando elas mantêm um placar. Se duvidar, observe qualquer grupo de adolescentes jogando basquete e veja como a partida se altera no minuto que começa a marcação da pontuação. Contudo, a verdade dessa declaração fica mais evidente por uma mudança na ênfase: as pessoas atuam de forma diferente quando mantêm um placar. Não é você que deverá manter o placar para elas.

A Disciplina 3 é a disciplina do engajamento. Em princípio, o nível mais alto de desempenho sempre se origina nas pessoas que estão emocionalmente engajadas, e o nível mais alto de engajamento decorre do conhecimento do placar, isto é, se as pessoas sabem quando estão ganhando ou perdendo. É simples assim. Jogar boliche com os olhos vendados pode ser engraçado no começo, mas se não puder ver os pinos tombarem, logo se tornará maçante, até mesmo se você gostar muito desse tipo de diversão.

Se tiver restringido o seu foco na Disciplina 1 (sua MCI com uma medida histórica) e determinado as medidas de direção que irão mantê-lo no curso da sua meta na Disciplina 2, terá os elementos de um jogo com possibilidade de ser vencido. O próximo passo será lançar o jogo num placar simples mas envolvente.

O tipo de placar que levará aos níveis mais altos de engajamento da sua equipe será aquele projetado unicamente para os (e geralmente pelos) jogadores. Este placar dos jogadores é bastante diferente do complexo placar de um técnico que os líderes adoram criar. Deve ser simples, tão simples que os membros da equipe possam determinar instantaneamente se estão vencendo ou perdendo. Por que isto é importante? Se o placar não for claro, o jogo que você deseja que as pessoas joguem será abandonado no redemoinho de outras atividades, e se a sua equipe não souber se está ou não vencendo o jogo, provavelmente estará a caminho do fracasso.

Disciplina 4: Crie uma cadência de responsabilidade

A Disciplina 4 é quando a execução realmente acontece. As primeiras três disciplinas montaram o jogo, mas até que você aplique a Disciplina 4, a sua equipe não estará *jogando a partida*. Ela se baseia no princípio da responsabilização: a menos que responsabilizemo-nos consistente e mutuamente, a meta naturalmente se desintegrará no redemoinho.

A cadência de responsabilidade é um ritmo de reuniões regulares e frequentes de toda equipe que possua uma meta crucialmente importante. Essas reuniões acontecem pelo menos uma vez por semana e idealmente não duram mais do que 20 a 30 minutos. Nesse curto tempo, os membros da equipe se responsabilizam mutuamente pela produção de resultados apesar do redemoinho.

Por que a *cadência de responsabilidade* é tão importante?

Considere a experiência de alguém com quem tenha trabalhado. Ele e a filha adolescente dele fizeram um acordo de que ela poderia utilizar o carro da família desde que aos sábados pela manhã lavasse o carro, e ele estaria presente para se assegurar de que o carro estava limpo.

Por várias semanas, os dois se encontraram aos sábados e tudo estava em ordem. No entanto, seu colega precisou sair da cidade por dois sábados seguidos. Quando retornou, constatou que o carro não estava limpo. Perguntou à filha por que não cumprira a tarefa.

"Ah", ela replicou, "vamos continuar fazendo isso?"

Bastaram duas semanas para que o sistema de responsabilização se desfizesse. Se isso aconteceu numa situação bilateral, pense na extensão de sua aplicação num trabalho em equipe ou numa organização como um todo. A mágica é a cadência. Os membros da equipe devem ser capazes de se responsabilizarem mutua e regularmente, com ritmo. Toda semana, um a um, cada membro da equipe responde a uma simples pergunta: "Que uma a duas coisas mais importantes farei na próxima semana (fora do redemoinho) que produzirão o maior impacto no placar?". Em seguida, os participantes relatam se cumpriram seus compromissos da semana anterior, quão bem estão progredindo nas medidas de direção e de medidas históricas do placar, e assumem seus compromissos para a semana seguinte, tudo em poucos minutos.

O segredo da Disciplina 4, além da cadência, é que os membros da equipe criem seus próprios compromissos. É comum encontrarmos equipes nas quais os membros esperam, até mesmo desejam, que lhes seja dito o que deve ser feito. Contudo, ao assumirem seus próprios compromissos, o comprometimento aumenta. Os membros da equipe serão sempre mais comprometidos com as próprias ideias do que com as ordens dos superiores. Ainda mais importante, ao se comprometerem com seus parceiros, e não apenas com o chefe, a ênfase migra do profissional para o pessoal. Simplificando, o comprometimento transcende a realização da tarefa e se torna uma promessa feita à equipe.

Como a equipe se compromete com um novo conjunto de metas toda semana, essa disciplina cria um plano de execução semanal *just-in-time* que se adapta aos desafios e oportunidades que jamais poderão ser previstos num plano estratégico anual. Assim, o plano vai sendo adaptado na mesma velocidade do negócio. O resultado? A equipe pode direcionar enorme energia para a meta crucialmente importante sem ficar bloqueada pelo redemoinho de mudanças em movimento ao seu redor.

Quando a sua equipe começar a ver a medida histórica de uma grande meta avançando como resultado direto de seus esforços, saberá que está vencendo, e nunca encontraremos nada que aumente mais o moral e o engajamento de uma equipe do que a vitória.

Android – Barcode Scanner
iPhone – Red Laser

LINK: http://www.4dxbook.com/qr/17Overview

Escaneie a imagem acima para assistir ao vídeo sobre as 4DX.

Um exemplo notável é o de uma cadeia de hotéis de luxo que estabeleceu uma MCI, como medida histórica a retenção de 97% dos hóspedes. O mantra deles era: "Se você se hospedar aqui uma vez, queremos você de volta!". E executaram essa meta com excelência.

Eles escolheram atingir a meta por meio de medidas de direção de serviço pessoal individualizado.

Então, o que fizeram de forma diferente?

Cada membro da equipe tinha um papel para o alcance da meta. As camareiras, por exemplo, registravam cuidadosamente no computador as preferências individuais de cada hóspede de modo que pudessem oferecer os mesmos serviços cada vez que o hóspede retornasse. Um deles solicitou a uma arrumadeira para deixar o charuto parcialmente fumado no cinzeiro porque voltaria para o quarto. Quando voltou, havia um novo charuto, da mesma marca, no cinzeiro. Ele achou aquilo interessante, mas jamais poderia esperar encontrar um novo charuto daquela marca esperando por ele num outro hotel da rede meses mais tarde! E comentou: "Agora preciso voltar só para ver se o charuto estará lá. Eles conquistaram minha preferência!".

Além do redemoinho de trabalho habitual, as camareiras tinham algumas novas atribuições: anotar as preferências dos hóspedes, dar entrada e remover suas preferências no computador, e atendê-los. É claro que as camareiras não teriam executado todas aquelas novas tarefas se não soubessem, sem dúvida que:

- A meta de retenção do cliente era prioridade máxima.
- Algumas atividades novas eram vitais para o alcance daquela meta.
- Teriam de monitorar aquelas atividades cuidadosamente.
- Responsabilizariam-se pelo comprometimento diário em realizá-las.

Em outras palavras:

- Conheciam a meta (Disciplina 1).
- Sabiam o que fazer para alcançarem a meta (Disciplina 2).
- Sabiam o resultado do placar o tempo todo (Disciplina 3).
- Responsabilizavam-se regular e frequentemente pelos resultados (Disciplina 4).

Estas são as características de organizações que praticam as 4 Disciplinas da Execução.

As pessoas querem vencer. Elas querem dar uma contribuição que seja significativa. Porém, muitas organizações não têm esse tipo de disciplina – um regime consciente e consistente, necessário para implementar metas-chave com excelência. O impacto financeiro de uma falha na execução pode ser enorme, mas este é apenas um dos impactos. Outro é o custo humano para as pessoas que querem dar o melhor de si e serem parte de uma equipe vencedora. Em contraste, não existe nada mais motivador do que pertencer a uma equipe que conheça a meta e esteja determinada a chegar lá.

As 4 Disciplinas funcionam porque se baseiam em princípios, não em práticas. As práticas são situacionais, subjetivas e estão sempre se transformando ao longo do tempo. Os princípios são atemporais e autoevidentes, e se aplicam sempre. São leis naturais, como a gravidade. Se você os entende ou até mesmo concorda com eles não importa, pois ainda assim se aplicam.

Um dos livros da área de negócios campeão de vendas de todos os tempos, *Os 7 Hábitos das Pessoas Altamente Eficazes*, escrito por Stephen R. Covey (Rio de Janeiro, Best Seller, 2005), nesse livro, Stephen identificou alguns dos princípios-chave que governam o comportamento e a eficácia humana, como por exemplo a responsabilidade, a visão, a integridade, a compreensão a colaboração e a renovação.

Assim como existem princípios que governam o comportamento humano, há princípios que governam o modo como as equipes que levam suas missões a termo, ou como elas as executam. Acreditamos que os princípios da execução sempre foram o foco, a alavancagem, o engajamento e a responsabilização. Existem outros princípios em jogo quando se trata de execução? Sim. Todavia, existe algo de especial sobre esses quatro e o sequenciamento deles? Com certeza. Não os inventamos e livremente reconhecemos que entendê-los nunca foi o problema. O desafio para os líderes tem sido encontrar um modo de implementá-los, especialmente em meio à fúria do redemoinho.

COMO ESTE LIVRO ESTÁ ORGANIZADO

As 4 disciplinas da execução está organizado em três partes para fornecer uma compreensão progressivamente mais profunda sobre as disciplinas e sua aplicação a qualquer equipe.

A Seção 1, "As 4 Disciplinas da Execução", fornece uma compreensão abrangente das 4 Disciplinas. Essa seção também explica por que estes conceitos aparentemente simples são, na verdade, tão difíceis de praticar e por que são a chave para ir ao encontro do maior desafio de qualquer líder de forma bem-sucedida.

A Seção 2, "Implementação das 4DX com a sua Equipe", foi projetado como um guia de campo e fornece instruções passo a passo, bastante detalhadas, para a implementação das disciplinas com a sua equipe. Um capítulo separado é dedicado a cada disciplina. O capítulo final dessa seção o apresenta a um sistema *on-line* para gerenciar as 4 Disciplinas na sua equipe.

A Seção 3, "Implementação das 4DX na Sua Organização", fornece algumas regras que evoluíram a partir de centenas de implementações que conduzimos ao longo do início dos anos 2000. Você ganhará percepção a partir de líderes de empresas importantes que estão usando as 4DX com sucesso para impulsionar a estratégia e a produção de resultados inovadores em suas organizações. Essa seção também responde, com base na nossa experiência direta, muitas das perguntas que surgem ao executar estratégias em uma ampla variedade de setores.

Ao longo das três seções, você encontrará *links* para o *site* da execução da FranklinCovey que permitirão assistir aos vídeos dos estudos de casos citados neste livro.

Por fim, incluímos o capítulo "Perguntas mais Frequentes sobre as 4DX" e um curto capítulo que mostra como as 4 Disciplinas podem ajudá-lo a realizar metas pessoais ou orientadas para a família.

Este livro é um pouco diferente da maioria dos outros livros de negócios que você já leu. A maioria deles compartilha muitas ideias úteis e teoria, mas são superficiais na aplicação. Neste livro fomos prolíficos nas aplicações e lhe diremos exatamente o que pode fazer para implementar essas disciplinas: os detalhes, as dicas, os alertas, as práticas aconselháveis. Compartilhamos tudo o que sabemos. A Seção 1 ensinará as 4 Disciplinas da Execução. As Seções 2 e 3 mostrarão como aplicá-las em nítidos detalhes. Esperamos que você ache esta abordagem original.

• • •

Antes de você começar ...

Aprendemos que há de se ter cuidado com três coisas quando se começa a estudar as 4 Disciplinas mais profundamente:

4DX – fáceis de dizer, difíceis de fazer. Em primeiro lugar, as disciplinas parecerão ilusoriamente simples, mas exigem um trabalho contínuo para serem implementadas. Como um dos nossos clientes colocou, "Fácil de dizer, difícil de fazer". Não se engane com essa simplicidade: em parte, as 4 Disciplinas são poderosas porque são fáceis de entender. Todavia, a implementação bem-sucedida demanda esforço significativo ao longo de um período extenso. Exige comprometimento contínuo. Se a meta que você está buscando não é aquela que precisa alcançar, talvez não tenha o comprometimento necessário. A recompensa, contudo, é que você não apenas alcançará essa meta, mas também construirá o músculo organizacional e a capacidade para alcançar a próxima meta e a seguinte.

As 4DX são contrassenso. Segundo, cada uma das 4 Disciplinas é um paradigma de mudança e poderá até mesmo contradizer a sua intuição. Embora instintivamente você talvez ache que deva ter muitas metas, quanto mais as tem, menos realizará com excelência. Se quiser atingir uma determinada meta, não se concentre na meta propriamente dita, mas nas medidas de direção que impulsionam a meta. À medida que implementar cada disciplina, pelo menos inicialmente, tomará ações que à primeira vista parecerão não fazer o menor sentido e que vão contra os seus instintos. Enfatizamos, no entanto, que as 4 Disciplinas são o resultado de experimentação séria, intensa e de verificação de hipóteses ao longo de muitos anos. Tudo que aprenderá aqui foi amplamente checado. A boa notícia é que realmente ganhei alguma experiência com as 4 Disciplinas, o que parecia estranho no início se tornará confortável e mais eficaz.

As 4DX são um sistema operacional. Em terceiro lugar, as 4 Disciplinas são um conjunto harmônico e não um menu de escolhas. Apesar de cada disciplina ter seu valor, o verdadeiro poder delas reside em como funcionam em conjunto e na sequência. Cada disciplina define o cenário para a próxima. Deixe uma de fora e terá um resultado muito menos eficaz. Pense nas 4 Disciplinas como o sistema operacional de um computador – uma vez instalado, poder ser usado para colocar em prática qualquer estratégia que escolher, mas você precisará de todo o sistema para ter resultado. À medida que avançarmos nos próximos capítulos, as razões disso se tornarão mais evidentes.

SEÇÃO 1

As 4 disciplinas da execução

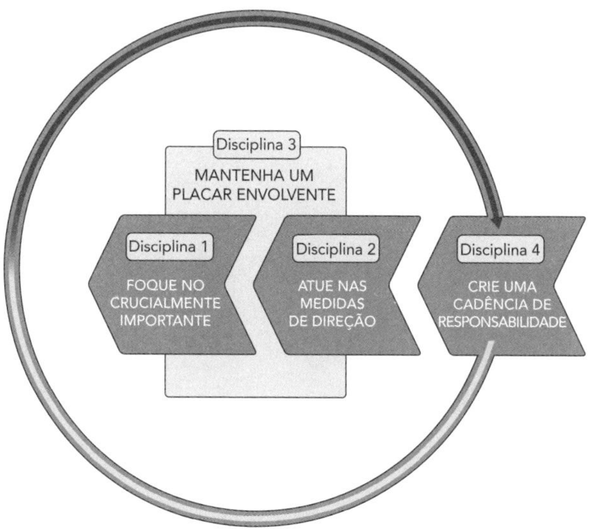

As 4 Disciplinas da Execução estão totalmente associadas à produção de grandes resultados. As disciplinas apontam da direita para a esquerda porque as grandes equipes executam da direita para a esquerda, mantendo-se consistentemente responsáveis pelo desempenho com base nas medidas de direção, que por sua vez levam à realização das metas crucialmente importantes.

O placar envolvente, Disciplina 3, fica no centro, pois exibe a avaliação das medidas em direção à meta, visivelmente para todos.

A cadência de responsabilidade, Disciplina 4, circula as outras disciplinas porque mantém todas unidas e coesas. A seta circular simboliza a prática de responsabilização regular, frequente, pelas medidas do sucesso no placar.

Foque no crucialmente importante

A primeira disciplina consiste em *focar* o seu maior esforço em uma ou duas metas que farão a diferença, em vez de se empenhar de forma medíocre para atingir dúzias de metas.

A execução parte do foco. Sem ele, as outras três disciplinas não conseguirão ajudar.

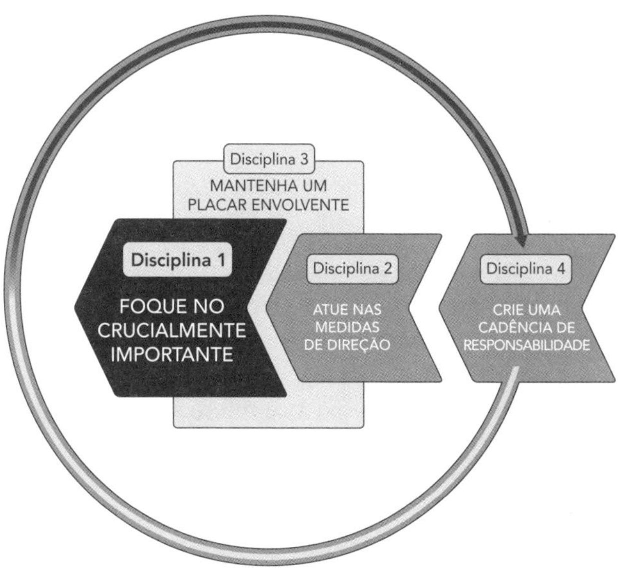

Por que quase todos os líderes lutam para restringir o foco? Não é porque pensam ser desnecessário. Semanalmente, trabalhamos com dezenas de equipes de liderança no mundo todo, que quase sem exceção admitem precisar de maior foco. Apesar desse desejo, continuam a ter um número excessivo de prioridades concorrentes puxando suas equipes em múltiplas direções. Uma das primeiras coisas que desejamos que você saiba é que não está sozinho. A incapacidade de os líderes manterem o foco é um problema de proporções epidêmicas.

Também queremos que você saiba que, quando falamos sobre restringir o foco na Disciplina 1, não estamos falando de diminuir o tamanho e a complexidade do seu redemoinho, embora com o tempo a atenção dedicada às MCIs possa ter esse efeito. O seu redemoinho inclui todas as atividades urgentes necessárias para sustentar o negócio diariamente. Focar o crucialmente importante significa restringir o número de metas que você está tentando realizar além da demanda diária do seu redemoinho.

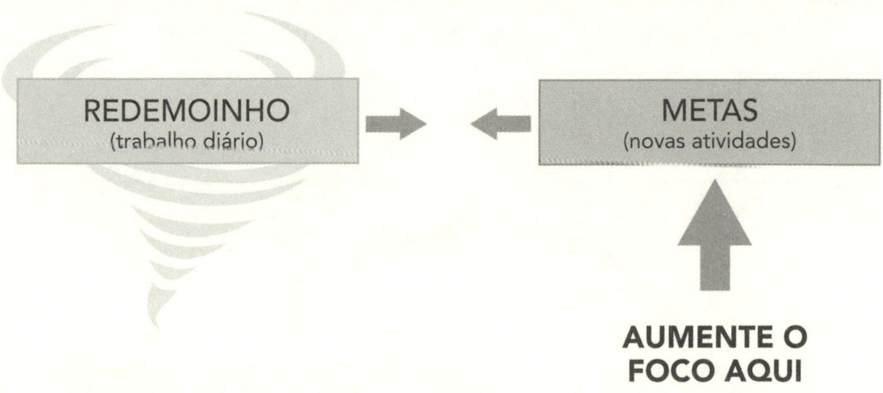

Praticar a Disciplina 1 significa aumentar o seu foco em algumas metas muito importantes, de modo que você possa habilmente alcançá-las no meio do redemoinho do trabalho diário.

Em poucas palavras, a Disciplina 1 se refere à aplicação de uma energia mais intensa num número menor de metas, porque sempre que se tratar de estabelecer metas, a lei dos retornos decrescentes é tão real quanto a lei da gravidade.

NÚMERO DE METAS (Em adição ao redemoinho)	2-3	4-10	11-20
METAS ALCANÇADAS COM EXCELÊNCIA	2-3	1-2	0

Suas chances de alcançar 2 ou 3 metas com excelência são altas, mas quanto maior o número de metas que você tente conciliar de uma só vez, menores serão as probabilidades de alcançá-las.

Se uma equipe se concentra em duas ou três metas além da demanda do redemoinho, geralmente conseguirá alcançá-las. Contudo, se estabelecer de quatro a dez metas, nossa experiência tem demonstrado que só conseguirá atingir uma a duas. A equipe andará para trás! Se tentarem alcançar de onze a vinte metas além do redemoinho, perderão o foco totalmente. Confrontados com tantas metas, os membros de equipe deixarão de prestar a atenção, quanto mais executar.

Por que isso acontece?

O princípio fundamental atuante na Disciplina 1 é que os seres humanos são geneticamente formados para fazer uma coisa de cada vez *com excelência*. Provavelmente, você está pensando, com orgulho, que é eficiente em multitarefas e que consegue fazer muitas coisas ao mesmo tempo. Todavia, para a meta crucialmente importante, você quer devotar seu melhor esforço. Steve Jobs, da Apple, teve uma grande empresa para dirigir, e poderia orgulhosamente ter colocado mais produtos no mercado do que o fez, mas optou por se concentrar em alguns produtos "crucialmente importantes". Seu foco era lendário, assim como seus resultados. A ciência nos mostra que o cérebro humano pode focalizar totalmente apenas um único objeto de cada vez. Você não pode se empenhar em dirigir um carro enquanto fala ao celular e come um sanduíche, quanto mais conciliar simultaneamente múltiplas metas importantes para a empresa.

Earl Miller, neurocientista do MIT, explica: "A tentativa de se concentrar em duas tarefas provoca uma sobrecarga na capacidade de processamento cerebral ... particularmente quando as pessoas tentam realizar tarefas semelhantes simultaneamente, como digitar um e-mail e falar ao telefone, pois desafiam o uso da mesma região do cérebro. No esforço para se superar, o cérebro *desacelera*."[5] Se isto é verdade no caso de tarefas simples como processar e-mails e conversas telefônicas, imagine o impacto de perder o foco nas metas que podem transformar a sua empresa.

O córtex pré-frontal, a porta principal do cérebro, não consegue lidar com a maré diária que avança sobre nós porque foi projetado para lidar com informações em pequenas doses, e não em ondas gigantescas.

Na nossa cultura de multitarefas, de acordo com o professor Clifford Nass, da Stanford University, "os circuitos neurais dedicados ao escrutínio, à captura de informações e às multitarefas se ampliam e fortalecem, enquanto aqueles voltados para a leitura e pensamento profundo, que dependem de concentração contínua, se enfraquecem ou desgastam".

Qual a consequência? "Possivelmente, as pessoas que habitualmente executam multitarefas sacrificam o desempenho da tarefa primária. São viciados em irrelevância." (Outra denominação para *tarefa primária* é MCI.)

"A melhoria da nossa capacidade de executar multitarefas realmente dificulta nossa capacidade de raciocinar profunda e criativamente ... quanto mais você executar multitarefas ... menos reflexivo se tornará, isto é, será menos capaz de pensar e chegar a uma conclusão sobre um problema", diz Jordan Grafman do National Institute of Neurological Disorders and Stroke (Instituto Nacional de Distúrbios Neurológicos e do Acidente Vascular Cerebral) nos Estados Unidos.[6]

Naturalmente, o cérebro não precisa ser sobrecarregado. Você pode amplificar a capacidade cerebral para se concentrar intensamente em uma *meta crucialmente importante* de cada vez, ao mesmo tempo que permanece consciente de outras prioridades. Não há melhor ilustração deste princípio do que uma torre de controle no aeroporto.

Neste exato momento, mais de uma centena de aviões podem estar se aproximando, decolando ou taxiando na pista, e todos são muito importantes, especialmente quando você está a bordo de um deles! Contudo, para o controlador de tráfego aéreo, apenas um avião é crucialmente importante num dado momento – o que está aterrissando.

O controlador está ciente dos outros aviões no radar. Ele os está acompanhando, mas neste exato momento toda sua competência e toda a sua experiência se concentrarão unicamente em um voo. Se não conseguir fazer a aterrissagem com segurança e total excelência, então nada mais que realize terá grande importância. O controlador de voo aterrissa *um avião de cada vez.*

MCIs são assim. São metas que você precisa atingir com total excelência além das prioridades que estão acontecendo no seu cotidiano. Para ser bem-sucedido, você precisa estar disposto a fazer escolhas difíceis, que separam o que é crucialmente importante de todas as muitas outras metas meramente importantes no seu radar. Na sequência, você deve abordar aquela MCI com foco e diligência, até que seja entregue conforme prometido, com excelência.

Isto não significa que deva abandonar todas as suas outras metas importantes. Elas ainda estão no seu radar, mas não exigem a mais rigorosa presteza e dedicação neste *exato momento.* (Apesar disso, algumas destas metas talvez jamais mereçam a sua presteza e dedicação e talvez algumas delas jamais deveriam ter decolado!)

As pessoas que se esforçam para atingir muitas metas simultaneamente, em geral se atrapalham e as executam de forma medíocre. Você pode ignorar o princípio do foco, mas ele não ignorará você. Ou então você pode alavancar este princípio a fim de alcançar suas metas maiores, uma de cada vez, uma após a outra.

PENSAMENTO COMUM	PRINCÍPIO DAS 4DX
Todas as metas são Prioridade 1. Podemos executar múltiplas tarefas e ter sucesso em 5, 10 ou 15 metas importantes. Tudo de que precisamos é trabalhar mais e por mais tempo...	Muitas das nossas metas são importantes, mas apenas uma ou duas são crucialmente importantes. Denominam-se MCIs. São as metas que precisamos alcançar. Nosso maior esforço só poderá ser direcionado para uma ou duas metas crucialmente importantes de cada vez.

O DESAFIO DO LÍDER

Assim, eis a grande pergunta: por que há tanta pressão no sentido de ampliar, ao invés de restringir, o número de metas? Se você compreende a necessidade do foco, por que é tão difícil praticá-lo realmente?

Você poderia se justificar dizendo que como líder sempre consegue ver mais de uma dúzia de itens que precisam ser melhorados e outras dezenas de novas oportunidades que você gostaria de explorar a qualquer momento. Além disso, há outras pessoas (e agendas de outras pessoas) que podem se somar a suas metas, em especial se estiverem em posições hierarquicamente superiores na empresa.

Contudo, antes de qualquer uma dessas forças externas, o culpado real pela maior parte do problema é você. Nas palavras de Pogo, personagem de longa data de história em quadrinhos: "Encontramos o inimigo e ele é a gente."

Embora as tendências que o conduzam para o lado mais alto da escala sejam bem-intencionadas, num sentido muito real, em geral você é o seu pior inimigo. Estar ciente dessas tendências é um bom ponto de partida. Vamos examinar algumas delas imparcialmente.

Uma das razões que pode levá-lo a estimular a sua equipe a assumir metas em excesso é que, como líder, você tende a ser ambicioso e criativo. Você é exatamente o tipo de indivíduo que as empresas gostam de promover. O problema é que pessoas criativas e ambiciosas sempre querem fazer mais, nunca menos. Se esta é a sua descrição, está praticamente programado para violar a primeira disciplina da execução.

Outra razão que poderia levá-lo a estimular a sua equipe a perseguir metas demais é a minimização de riscos. Em outras palavras, se a sua equipe persegue várias metas, então provavelmente alguma coisa deve dar certo. Além disso, se você falhar, ninguém poderá questionar o nível de esforço da sua equipe. Muito embora você saiba que mais não significa melhor, *parece* melhor, especialmente para a pessoa hierarquicamente acima de você. Assim, você pode resistir ao aumento na responsabilização por resultados que seriam produzidos com um número menor de metas, e, em contrapartida, confiar no volume total de esforço empregado para impulsionar o seu sucesso.

Contudo, o maior desafio enfrentado ao restringir as suas metas é que isso exige que você diga não a diversas ideias. As 4DX podem até mesmo dizer não a algumas *grandes* ideias, pelo menos por agora. Nada é mais contraintuitivo para um líder do que dizer não para uma boa ideia, e nada é um destruidor mais potente do foco do que sempre dizer sim.

O que torna tudo ainda mais difícil é que essas boas ideias não se apresentam todas de uma só vez, embrulhadas num charmoso pacotinho, o que simplificaria a escolha. Ao contrário, elas são filtradas uma a uma. Sozinha, cada ideia parece fazer tanto sentido que é quase impossível para você dizer não, e acaba caindo numa armadilha preparada por você mesmo.

Acreditamos que todos os líderes que enfrentam esse desafio deveriam ter esta citação proeminentemente disposta em seus escritórios:

– A QUANTIDADE DE BOAS IDEIAS SEMPRE SERÁ MAIOR DO QUE A CAPACIDADE DE EXECUTÁ-LAS.

Nunca é demais enfatizar a importância de focar em apenas uma ou duas MCIs de cada vez. É um contrassenso, mas tem de ser assim.

Antes de a Apple ser intitulada a empresa da década nos Estados Unidos por diversas fontes,[7] o então COO Tim Cook (agora CEO) disse o seguinte para os acionistas:

"Somos a empresa mais focada que conheço, ou sobre a qual já tenha lido ou tido conhecimento. Dizemos 'não' para boas ideias todos os dias. Dizemos 'não' para grandes ideias a fim de mantermos a quantidade de coisas nas quais nos concentramos num número bem reduzido. Assim, conseguimos dedicar uma imensa quantidade de energia naquelas que escolhemos. Provavelmente todos os produtos que a Apple produz hoje poderiam ser colocados sobre a mesa ao redor da qual os senhores estão sentados. Ainda assim, a receita da Apple no ano passado foi de $40 bilhões."[8]

A determinação da Apple em dizer "não" para boas ideias provocou consequências devastadoras nos seus concorrentes. Certa vez trabalhávamos com um fabricante que competia diretamente com o iPhone da Apple. Quando nos encontramos com o líder, responsável por criar uma nova interface para competir com o iPhone (você gostaria de receber tal incumbência?), ele se mostrou mais do que desencorajado. "Realmente não é justo", disse, balançando a cabeça. "Considerando-se nossas operações doméstica e internacional, fazemos mais de 40 telefones diferentes. Eles fazem apenas um."

Nós não teríamos nos expressado melhor.

Como Stephen R. Covey diz, "você tem de decidir quais são suas prioridades mais altas e ter coragem para, de uma forma agradável, sorridente e sem desculpas, dizer não para as outras coisas. Você faz isto tendo sempre um 'sim' queimando internamente".

Compreendida a importância de dizer 'não' para boas ideias a fim de manter o foco da sua equipe restrito, conseguirá evitar a primeira de duas armadilhas para o foco. Contudo, a segunda armadilha, que é tentar transformar todo o seu redemoinho em MCI, é ainda mais comum. Se cair nela, tentará fazer com que tudo que faz parte do redemoinho se transforme em meta.

Dentro do redemoinho estão todos os atuais indicadores para dirigir a empresa, ilustrados a seguir como mostradores. É perfeitamente apropriado para a sua equipe passar 80% do tempo e energia sustentando ou melhorando gradativamente o redemoinho. Manter o navio flutuando deve ser a tarefa nº 1, mas se eles gastam 100% da energia tentando melhorar significativamente todos aqueles mostradores de uma só vez, você terá perdido o seu foco.

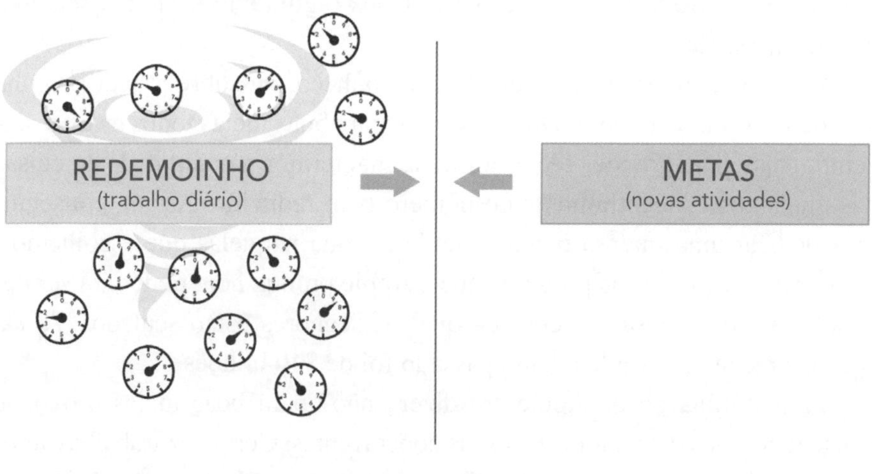

No redemoinho da organização, as pessoas acompanham incontáveis indicadores: financeiros, índices de satisfação do cliente, ciclos de vida do produto e assim por diante. Um meta nova, crucialmente importante, pode se perder nessa tempestade.

Aplicar uma pressão uniforme em todos esses mostradores é como tentar fazer buracos numa folha de papel aplicando uma pressão uniforme com todos os dedos. Você não pode pressionar nenhum desses mostradores com força suficiente para impulsionar uma mudança no comportamento humano. Muitos dos mostradores demandam dezenas de mudanças no comportamento humano para que seus ponteiros se movimentem. Manter o foco em uma MCI é como perfurar o papel com um só dedo, isto é, toda a sua força é direcionada para fazer o buraco.

A menos que você consiga atingir a sua meta usando canetadas, o sucesso exigirá que sua equipe mude de comportamento, e eles não podem mudar vários comportamentos de uma só vez, não importa quanto você queira que isso aconteça. A tentativa de melhorar significativamente cada indicador do redemoinho consumirá todo o seu tempo, e os resultados práticos serão poucos.

Assim sendo, o que devo fazer além de evitar que o foco se perca devido a essas duas armadilhas, recusando-se a dizer não a todas as boas ideias e tentando transformar tudo que está no redemoinho em meta? Restrinja o seu foco a uma ou duas metas crucialmente importantes e invista o tempo e a energia da equipe consistentemente nelas. Em outras palavras, se você deseja ter foco de alta precisão, que os membros de sua equipe tenham alto desempenho, eles precisam ter algo crucialmente importante em que focar.

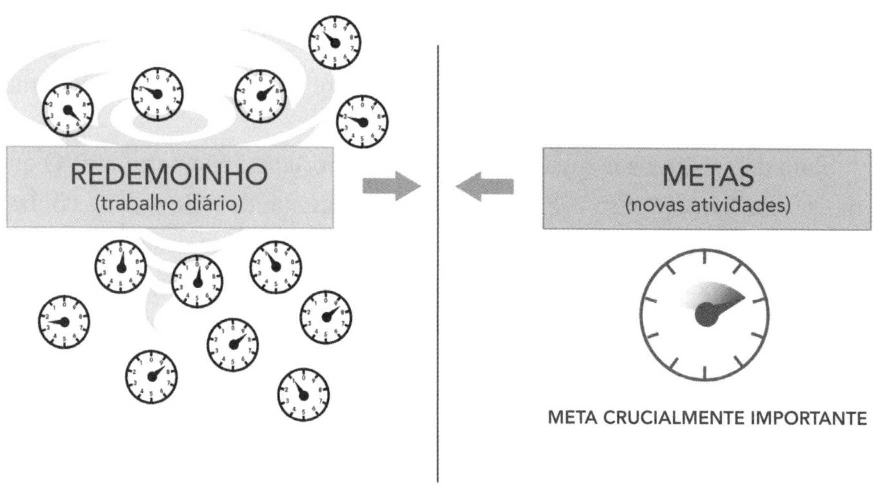

Sem que você perca controle dos indicadores do redemoinho, a Disciplina 1 exige intenso foco em um único indicador – a dimensão do seu sucesso em relação à "meta crucialmente importante".

IDENTIFICAÇÃO DAS SUAS METAS CRUCIALMENTE IMPORTANTES

Uma MCI (meta crucialmente importante) é uma meta que pode fazer toda a diferença. Por ser seu ponto estratégico para a virada, você se comprometerá em aplicar nela uma quantidade exagerada de energia, os 20% não utilizados no redemoinho. Todavia, como você decide qual, das muitas metas possíveis, deve ser a sua MCI?

Algumas vezes, a escolha de uma MCI é óbvia, mas outras vezes, confusa. Caso tente selecionar a sua MCI se perguntando o que é mais importante, talvez a sua mente fique dando voltas. Por quê? Porque as prioridades urgentes do seu redemoinho estão sempre competindo com o mais importante, e um bom argumento pode, usualmente, ser dado para que se escolha um ou outro.

Para ilustrar o problema, imagine a equipe de liderança de um fabricante conduzindo esta conversa: "Estou lhe dizendo, qualidade é o mais importante e deve ser nossa MCI!" diz uma das pessoas. "Bem, não se esqueça, é nossa produção que paga as contas", diz a outra. "Sinto muito, mas discordo de vocês dois", diz uma terceira. "A segurança tem de ser mais importante. Alguma vez algum dos seus funcionários já foi ferido num acidente? Se sim, você deve concordar comigo."

O resultado é frustração e confusão, juntamente com uma inevitável (e paradoxal) perda do foco.

O problema dessa conversa é que os líderes estão fazendo a pergunta errada.

Para determinar sua meta crucialmente importante, não pergunte "O que é mais importante?". Em vez disso, comece perguntando: "Se todas as outras áreas da nossa operação permanecessem no atual nível de desempenho, em qual área a mudança provocaria o maior impacto?". Esta pergunta muda o seu modo de pensar e permite identificar claramente o foco que fará toda a diferença.

Lembre-se, 80% da energia da sua equipe ainda estará direcionada para a sustentação do redemoinho. Portanto, ignore a tentação de achar que, ao tornar uma ou duas metas mais importantes, sua equipe ignorará todo o resto, e uma vez que você pare de se preocupar que todo o resto esteja sendo deixado para trás, começará a avançar na sua MCI. Usando os termos da Disciplina 1, você pode focar no crucialmente importante.

Sua meta crucialmente importante se originará de uma dentre duas categorias: de dentro do redemoinho ou de fora dele.

De dentro do redemoinho pode ser algo tão comprometido que precise ser reparado, ou poderia ser um elemento-chave da sua proposta de valor que não está sendo atendido. Uma deficiência no tempo de conclusão de projeto, custos fora de controle ou baixos níveis no serviço de atendimento ao cliente são todos bons exemplos. Contudo, também pode ser uma área na qual a sua equipe já esteja se desempenhando bem e na qual a intensificação deste ponto forte poderia resultar num impacto significativo. Por exemplo, aumentar a satisfação do cliente num hospital de 85% para 95% poderia aumentar consideravelmente a receita.

De fora do redemoinho, as opções tendem a ser o reposicionamento estratégico. Lançar um novo produto ou serviço, quer seja para contra-atacar uma ameaça competitiva ou agarrar uma magnífica oportunidade, pode ser uma MCI que faria toda a diferença. Lembre-se de que este tipo de MCI demandará uma alteração ainda maior no comportamento, visto que será completamente novo para a sua equipe.

Quer a sua MCI venha de dentro ou de fora do redemoinho, sua meta real é não apenas alcançá-la, mas também tornar o novo nível de desempenho uma parte natural da operação da sua equipe. Em essência, uma vez atingida uma MCI, ela é reabsorvida pelo redemoinho. Toda vez que isso acontecer, o redemoinho se alterará. Só não acontece de forma caótica. Os problemas crônicos são resolvidos e novos níveis de desempenho são mantidos. Basicamente, torna-se um redemoinho num nível muito mais alto de desempenho. No final das contas, é isto que possibilita que a sua equipe persiga a próxima MCI a partir de uma base muito mais sólida.

Algumas vezes, a questão de escolher a sua MCI é mais do que selecionar o aspecto do seu negócio no qual os melhores resultados são esperados. A questão é ter uma MCI tão fundamental para o cerne da sua missão que o ato de alcançá-la definirá a existência da organização.

Trabalhamos com o novo presidente de uma grande cadeia de lojas de produtos de segunda mão na ocasião em que se fazia alguns questionamentos. Seu antecessor posicionara a empresa num patamar financeiro firme e operacional, atualizara as áreas de comercialização e publicidade, a aparência das lojas e os procedimentos contábeis. Quando entramos na discussão sobre MCI, alguns dos seus subordinados achavam que esta ênfase deveria ser mantida. Outros queriam dar maior ênfase à contratação de um número maior de trabalhadores com necessidades especiais. Havia ainda outros que argumentavam que a MCI mais importante para eles deveria ser o crescimento. A variedade de opções era desconcertante.

Para ajudar a equipe a chegar a um consenso, o novo líder pediu que todos ponderassem sobre a missão da organização: "Promover autoconfiança entre as pessoas portadoras de necessidades especiais e os refugiados." Com a empresa numa posição financeira e operacional sólida, a área na qual desejassem ter os melhores resultados não seria aquela mais diretamente relacionada com sua missão?

Aos poucos, uma MCI jamais considerada anteriormente emergiu dessa experiência: "Assistir trabalhadores com necessidades especiais a encontrar colocações que os sustentassem fora da organização." Ao passo que não poderiam contratar todas as pessoas com necessidades especiais da região, tinham capacidade operacional para treinar milhares delas no comércio varejista e encontrar empregos melhores para eles, de modo a se libertarem da dependência. O novo indicador de sucesso da organização? "Aumentar do número de pessoas com necessidades especiais em empregos sustentáveis."

Esta MCI transformou a organização. Ajudou milhares de pessoas a se tornarem autoconfiantes e a encontrarem um novo sentido do valor próprio, ao mesmo tempo que mantiveram os resultados financeiros e operacionais que viabilizavam a sua missão.

FOCO DA ORGANIZAÇÃO

Até aqui falamos muito sobre restringir o foco no que se relaciona com você e sua equipe. Só isso já é um desafio enorme. Restringir o foco para toda uma organização ou até mesmo uma grande parcela da organização, contudo, é um desafio muito maior. Embora este assunto venha a ser abordado com detalhes na Seção 3, "Implementação das 4DX na sua organização – Focando a organização no crucialmente importante", queremos que você adquira uma compreensão de alto nível sobre as regras para aplicação da Disciplina 1 na dimensão organizacional antes de passarmos para a Disciplina 2.

Regra Nº 1: nenhuma equipe se concentra em mais de duas MCIs ao mesmo tempo. Esta regra atua como um condutor de uma máquina. Quando você mergulha fundo nas 4 Disciplinas da Execução podem ocorrer dezenas ou até mesmo centenas de MCIs por toda a organização, mas a chave é não sobrecarregar uma única equipe, um único líder ou colaborador individual. Lembre-se: estão todos lidando com demandas incessantes do redemoinho. Mantenha esta regra em mente enquanto examina atentamente as outras três. Se violar esta, terá perdido o foco sob a ótica da organização.

Regra Nº 2: os jogos que você escolher têm de vencer a copa do mundo. Seja um conflito militar ou a guerra contra a fome, o câncer ou a pobreza, existe uma relação entre batalhas e guerras. A única razão de você lutar uma batalha é vencer a guerra, assim como a única razão de jogar um jogo é vencer a copa do mundo. O único propósito das MCIs nos níveis mais baixos da organização é ajudar a alcançar as MCIs dos níveis superiores. Não basta que as MCIs de nível mais baixo apoiem ou se alinhem com as MCIs dos níveis mais altos. As MCIs de níveis mais baixos têm de *assegurar* o sucesso das MCIs de níveis mais altos.

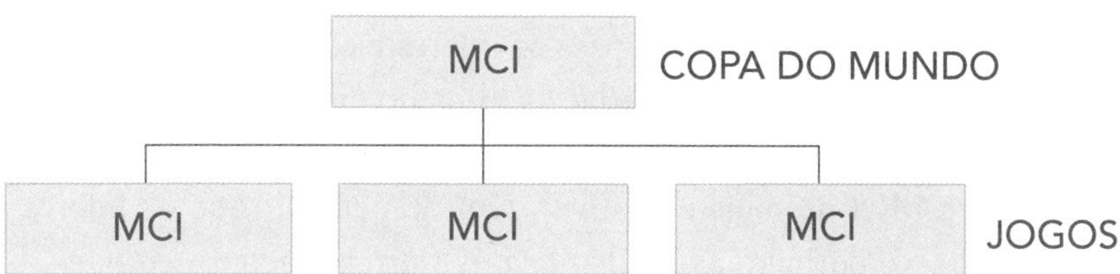

Por exemplo, um provedor de serviços financeiros pela internet com o qual trabalhamos sabia que precisava aumentar a receita de $160 milhões para $200 milhões até o final do ano fiscal a fim de satisfazer as expectativas dos seus investidores. Uma nova equipe de vendas externa assumiu o compromisso de fornecer $8 milhões em novas receitas, e a divisão das contas principais se comprometeu com outros $32 milhões.

E quanto à outra grande divisão, a equipe responsável pela tecnologia? Que papel desempenhou nesta MCI relativa à receita? Tiveram alguma participação nela? Inicialmente se sentiram fora da MCI.

Após cuidadosa pesquisa, determinaram que a MCI de nível mais baixo mais impactante que poderiam estabelecer seria melhorar o nível de serviço ininterrupto, contínuo. Este era um critério importante, que os novos clientes usariam para escolher um provedor, talvez o critério mais importante. Como acabou ficando demonstrado, esse grupo teve de jogar o jogo-chave para alcançar a MCI, que por sua vez abriu caminho para as outras divisões também. Uma vez escolhida a MCI de nível mais alto, a próxima pergunta é crítica. Em vez de perguntar: "O que podemos fazer para vencer esta copa do mundo?", um erro comum que resulta em uma extensa lista com o que fazer, pergunte: "Qual o menor número de jogos necessários para vencermos esta copa do mundo?". A resposta para esta pergunta determina quais e quantas MCIs de nível mais baixo serão necessárias para alcançar a MCI mais alta. À medida que começar a escolher os jogos para vencer a copa do mundo, você começará tanto a esclarecer como a simplificar a sua estratégia. Esse processo será estudado em detalhes na Seção 1: "As 4 Disciplinas da Execução" – Disciplina 4: Crie uma cadência de responsabilidade.

Regra Nº 3: líderes de nível mais alto podem vetar, mas não podem ditar. Os níveis mais altos de execução nunca são atingidos quando a estratégia é planejada unicamente pelos líderes mais altos da hierarquia da organização e passada adiante para os líderes e equipes abaixo. Sem envolvimento, você não consegue criar os altos níveis de comprometimento que a execução exige. Ao passo que os líderes mais altos indubitavelmente determinam a MCI de mais alto nível, têm de permitir que os líderes de cada nível abaixo definam as MCIs *para as suas respectivas equipes*. Isto não apenas alavanca o conhecimento desses líderes, como também cria um maior sentido de responsabilidade e envolvimento. Simplificando, se tornam mais engajados numa meta que eles próprios escolheram e que apoia uma meta organizacional de valor. Os líderes seniores exercem o direito que têm de vetar se os jogos escolhidos não tiverem possibilidade de vencer a copa do mundo.

A implementação da Disciplina 1 capacita a organização a transformar com rapidez uma estratégia ampla em MCIs definidas com clareza em todos os níveis. Não é apenas um processo descendente na hierarquia, mas também não é apenas hierarquicamente ascendente. Por meio desse processo, a escolha do líder sênior sobre a MCI global proporciona clareza (de cima para baixo), e ao permitirem que os líderes e as equipes abaixo escolham (de baixo para cima) suas MCIs, promovem o engajamento. Durante o processo, toda a organização se mobiliza em torno do foco mais importante e assume responsabilidade pela produção do resultado.

Regra Nº 4: todas as MCIs precisam ter uma linha de chegada expressa como de *X para Y até quando*. Cada MCI, em cada nível, deve conter um resultado claramente mensurável, assim como a data até quando tal resultado deverá ser atingido. Por exemplo, uma MCI focada na receita poderia ser: "Aumentar o percentual de receita anual oriunda de novos produtos de 15% para 21% até 31 de dezembro." Esse formato *de X para Y até quando* identifica onde você está hoje, para onde deseja ir e o prazo para alcançar a meta. Por mais ilusoriamente simples que essa fórmula possa parecer, muitos líderes lutam com frequência para traduzir seus conceitos estratégicos em uma única linha de chegada do tipo *de X para Y até quando*. Contudo, uma vez definida, tanto eles como as equipes que lideram obtêm uma tremenda clareza.

No entanto, tipicamente, as metas carecem desse tipo de nitidez. Quase sempre nos deparamos com metas como as descritas a seguir que ninguém consegue alcançar porque não existe uma linha de chegada. Não temos como dizer se a meta foi atingida ou não, e onde você se encontra num dado momento:

- De uma empresa varejista global: "Melhorar o processamento do inventário."
- De uma editora inglesa: "Desenvolver novas relações comerciais e fortalecer as atuais."
- De uma autoridade australiana na área de turismo: "Influenciar o desenvolvimento efetivo da força de trabalho na área de turismo em Queensland."
- De uma empresa de investimentos europeia: "Converter, de forma bem-sucedida, nosso portfólio para uma estratégia com base no ciclo de vida."
- De uma empresa multinacional na área de agronegócio: "Identificar, recrutar e reter os melhores empregados."

Estas metas carecem de medidas que mostrem para a equipe quando venceu o jogo. "Melhorar o processamento do inventário?" Quanto? "Fortalecer as relações comerciais?" Como medimos o "fortalecer"? "Converter, de forma bem-sucedida, um portfólio em uma estratégia com base no ciclo de vida?" Como saberemos que fizemos isto?

Medidas históricas efetivas são assim:

- "Melhorar o processamento do inventário aumentando os giros de estoque de 8 para 10 por ano até o dia 31 de dezembro."
- "Aumentar o nosso índice de relacionamento com clientes de 40 para 70 na escala de lealdade no prazo de 2 anos."
- "Passar 40% dos nossos clientes de investimentos de categorias fixas para categorias com ciclo de vida no prazo de 5 anos."
- "Lançar a nova solução CRM numa classificação beta de 85% de qualidade até o fim do nosso ano fiscal."

Se uma meta for crucialmente importante, com certeza você deve ser capaz de dizer se a atingiu ou não. A fórmula *de X para Y até quando* viabiliza isto.

Ao estabelecer uma linha de chegada, sempre ouvimos a pergunta: "Por qual período se deve estender a realização de uma meta?" Nossa resposta é: "Depende." Como as equipes e as organizações frequentemente pensam e se avaliam em termos de um calendário ou ano fiscal, um período de um ano é um ponto de partida conveniente para uma MCI. Dito isto, lembre-se de que uma MCI não é uma estratégia, mas sim uma meta tática com cronograma limitado. Já vimos MCIs com prazo de dois anos e outras de seis meses. A duração de uma MCI baseada num projeto, tal como "Completar o novo *site* da internet dentro do *budget* até 1º de julho", habitualmente corresponderá ao cronograma do projeto propriamente dito. Use seu próprio julgamento. Lembre-se apenas de que uma MCI deve se enquadrar num cronograma que equilibre a necessidade de criar uma visão convincente com a necessidade de criar uma meta alcançável.

NOSSA META É A LUA

Em 1958, a nova NASA (National Aeronautics and Space Administration) tinha muitas metas importantes, como esta: "A expansão do conhecimento humano sobre os fenômenos da atmosfera e do espaço." Soava como muitas das metas que você escuta nas empresas atualmente: "Tornar-se mundialmente ..." ou "Liderar o setor ...". Embora os líderes da NASA tivessem meios de avaliar os vários aspectos desta meta, não tinham a clareza de uma linha de chegada definida. Além disso, não estavam produzindo resultados como os da União Soviética.

No entanto, em 1961, o Presidente John F. Kennedy abalou os alicerces da Nasa ao fazer o pronunciamento "aterrissar o homem na Lua e trazê-lo de volta à Terra antes do término desta década". Repentinamente, a Nasa tinha um desafio formidável, a copa do mundo na qual se envolveria nos 10 anos que se seguiram, e ele foi enunciado exatamente do modo como as MCIs devem ser expressas: "X" estava vinculado à Terra, "Y" à Lua e ao retorno, e o "quando" era até 31 de dezembro de 1969.

Examine rapidamente esta tabela[9] que mostra a diferença entre metas organizacionais convencionais e uma verdadeira MCI.

METAS DA NASA EM 1958	METAS DA NASA A PARTIR DE 1961
1. Expansão do conhecimento humano sobre os fenômenos da atmosfera e do espaço. 2. Melhoria da utilidade, do desempenho, da velocidade, da segurança e da eficiência de veículos aeronáuticos e espaciais. 3. Desenvolvimento e operação de veículos capazes de carregar instrumentos, equipamentos, materiais e organismos vivos através do espaço. 4. Estabelecimento de estudos de longo alcance dos potenciais benefícios a serem ganhos a partir das oportunidades e dos problemas envolvidos na utilização de atividades aeronáuticas e espaciais para fins pacíficos e científicos. 5. Preservação do papel dos Estados Unidos como líder na ciência e na tecnologia aeronáutica e espacial e na aplicação destas na condução de atividades pacíficas dentro e fora da atmosfera. 6. Disponibilizar, para as agências diretamente ligadas à defesa nacional, descobertas que tenham valor ou significado militar e fornecer por intermédio de tais agências, para a agência civil estabelecida para dirigir e controlar atividades aeronáuticas e espaciais não militares, informações relativas a descobertas que tenham valor ou significado para aquela agência. 7. Cooperação dos Estados Unidos com outras nações e grupos de nações no trabalho realizado segundo este Ato e na aplicação pacífica de seus resultados. 8. A utilização mais eficaz dos recursos científicos e de engenharia dos Estados Unidos, em estreita cooperação com todas as agências dos Estados Unidos que estejam interessadas, a fim de evitar desnecessária duplicação de esforços, instalações e equipamentos.	*"Creio que esta nação deva se comprometer em alcançar a meta de, antes do final desta década, aterrissar o homem na Lua, e trazê-lo de volta à Terra em segurança."* – John F. Kennedy.

Considere as metas de 1958:

- São mensuráveis?
- Quantas havia?
- Existia linha de chegada para qualquer uma delas?

Assim sendo, para que tipo de resultados estas metas estavam conduzindo a Nasa? A Rússia chegou ao espaço primeiro, com satélites e cosmonautas, enquanto os Estados Unidos ainda explodiam foguetes nas plataformas de lançamento.

Contraste as metas de 1958 com a de 1961: uma MCI clara, mensurável. Agora, com sua reputação em jogo no palco mundial, a NASA tinha que determinar os poucos jogos importantes para vencer aquela copa do mundo.

Finalmente, três jogos críticos foram escolhidos: navegação, propulsão e suporte à vida. A navegação apresentava o desafio fantástico de deslocar uma nave espacial através do espaço a 18 milhas por segundo até uma localização precisa na Lua, que também se movia rapidamente em sua órbita elíptica ao redor da Terra. A propulsão não era um desafio menor porque um foguete suficientemente pesado para carregar um módulo lunar jamais alcançara antes uma velocidade suficiente para romper a força gravitacional da Terra. O suporte à vida era o mais crítico de todos porque demandava o desenvolvimento de uma cápsula e um módulo de aterrissagem que mantivessem os astronautas vivos, tanto para a viagem em direção a Lua como na viagem de volta e enquanto explorassem a superfície lunar.

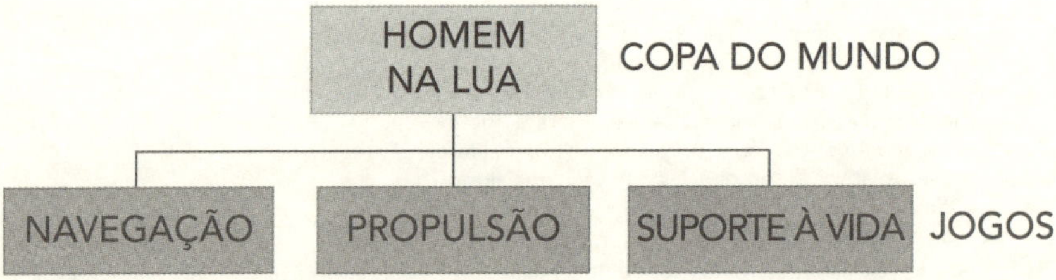

A fala do Presidente Kennedy também incluiu outro aspecto relevante da Disciplina 1, dizer não para boas ideias, reconhecer que havia muitas outras metas de valor que o país não perseguiria a fim de atingir essa meta. Todavia, ele perguntou: “Por que, dizem alguns, a Lua? Por que escolhê-la como nossa meta? ... Esta meta servirá para organizar e avaliar o melhor das nossas energias e competências porque este é um desafio que estamos prontos para aceitar, que não estamos dispostos a postergar e que pretendemos vencer."[10] Assim, ele restringiu o foco da Nasa a uma meta cujo alcance se tornou uma das empreitadas mais importantes da história da humanidade.

O que você acha que aconteceu com a responsabilização dentro da Nasa quando o desafio de colocar o homem na Lua foi publicamente anunciado? Explodiu. Isso ficará particularmente claro quando você se recordar que a nave espacial usada tinha apenas uma minúscula fração do poder computacional do *smartphone* que está no seu bolso. Pior ainda era o fato de que os engenheiros e os cientistas ainda não tinham tecnologia operacional para vencer as três batalhas necessárias. Ao olhar para trás, você poderia dizer que para os seres humanos não fazia o menor sentido os homens irem à Lua em 1969.

Agora, considere uma pergunta diferente: quando a responsabilização se difundiu rapidamente, o que aconteceu com o moral e o engajamento? Eles também explodiram. A maioria dos líderes acha isso surpreendente. Tendemos a achar que, quando a responsabilização atinge um pico, a pressão diminui o moral. A realidade é oposta: ao restringir o foco, tanto a responsabilização como o engajamento da sua equipe aumentam.

Quando as metas de uma equipe passam de uma dezena de metas verdadeiramente esperadas para uma ou duas metas a serem atingidas a qualquer custo, a consequência no moral é enorme. É como se existisse um interruptor do tipo "O jogo começou!" no cérebro de cada membro da equipe. Se você conseguir pressionar esse interruptor, estabelecerá a base para uma execução extraordinária. Quando o Presidente Kennedy disse rumo à Lua e de volta até o final da década, ele pressionou aquele interruptor.

Você consegue se lembrar de como é fazer parte de uma equipe quando o interruptor do jogo é pressionado? É uma experiência notável. Muito embora ainda tenha de lidar com o redemoinho e uma miríade de demandas, também tem uma linha de chegada, algo claro e importante em que pode ser vencedor. Ainda mais significativo é o fato de que todo membro da equipe pode ver que sua contribuição faz a diferença. Todos querem sentir que estão vencendo e que estão contribuindo para algo importante, e em tempos difíceis este desejo é ainda maior.

Quando começamos esta viagem anos atrás, não pretendíamos nos focar na definição nem no refinamento da estratégia. Contudo, rapidamente aprendemos que a linha que separa a estratégia da execução é difusa. A aplicação da primeira disciplina aperfeiçoará a sua estratégia mais do que você imagina. Todavia, o resultado realmente será tornar sua estratégia executável.

Pense do seguinte modo: acima da sua cabeça está uma bolha de pensamentos, e dentro da bolha estão todos os vários aspectos de sua estratégia, inclusive as oportunidades que deseja perseguir, novas ideias e conceitos, problemas que você sabe que precisa resolver, e vários "o quês" e "como" para fazer tudo. Seu balão está complicado e caótico. É também diferente das bolhas sobre cada um dos outros líderes.

Por isso a Disciplina 1 exige que você traduza sua estratégia de conceitos para metas, de uma vaga intenção estratégica para um conjunto de metas específicas. As quatro regras para implementar a Disciplina 1, resumidas anteriormente, fornecem uma estrutura à organização como um todo, para realizar isso de forma bem-sucedida. (Para mais exemplos e etapas do processo, consulte as seções 2 e 3.)

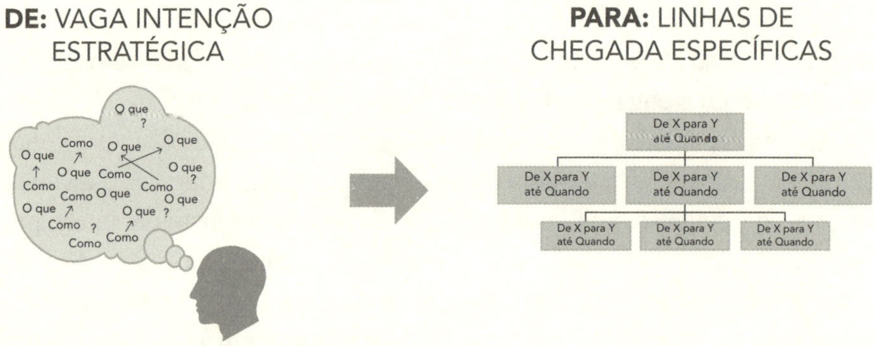

Muitas metas organizacionais são vagas, imprecisas e levam as pessoas a se perguntarem "o que" devem fazer e "como" esperam que o façam. A Disciplina 1 proporciona metas claras, inequívocas, de modo que as pessoas saibam exatamente como é o sucesso.

Finalmente, lembre-se de que as quatro regras do foco são implacáveis. Em algum momento, você vai querer trapaceá-las, nem que seja só ligeiramente. Temos certeza disto. Com frequência desejamos fazer o mesmo na nossa empresa. Contudo, aprendemos que as regras que governam o foco são como as que governam a gravidade: não estão associadas ao que você pensa ou aos detalhes de sua situação em particular. Elas produzem consequências previsíveis.

Quando você pondera sobre essa questão, o princípio de foco nas poucas metas vitais é o senso comum, contudo não é uma prática comum. Em uma das fábulas de Esopo, um menino colocou a mão em um pote cheio de avelãs. Agarrou tantas quantas pôde, mas quando tentou puxar a mão descobriu que o gargalo do pote era estreito demais. Relutante por perder o que agarrara e incapaz de puxar a mão, caiu em lágrimas e amargamente lamentou seu desapontamento.

Assim como o menino, você pode achar difícil se desprender de várias boas metas, até que comece a se dedicar a uma meta maior. Como Steve Jobs dizia frequentemente: "Sinto tanto orgulho do que deixamos de fazer quanto do que fizemos."[11] A Disciplina 1 define esta meta maior, e *é* uma disciplina. Na Seção 2 deste livro, daremos orientações adicionais sobre o processo exato para definir uma MCI organizacional.

Atue nas medidas de direção

A segunda disciplina consiste em aplicar uma imensa quantidade de energia nas atividades que impulsionam as suas medidas de direção, o que promove as alavancas necessárias para alcançar as medidas históricas.

A Disciplina 2 é a disciplina da alavancagem. As medidas de direção são os "medidores" das atividades mais associadas à realização da meta.

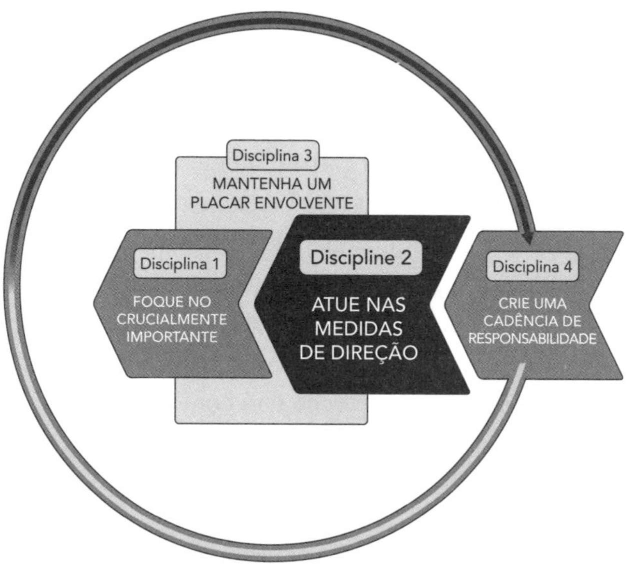

A Disciplina 1 toma a meta crucialmente importante de uma organização e a desmembra em um conjunto de metas específicas, mensuráveis, até que cada equipe tenha sua própria meta crucialmente importante pela qual possa se responsabilizar. A Disciplina 2, então, define as ações poderosas que possibilitarão à equipe alcançar aquela meta. A ilustração a seguir mostra a relação entre as medidas históricas e as medidas de direção no nível da equipe.

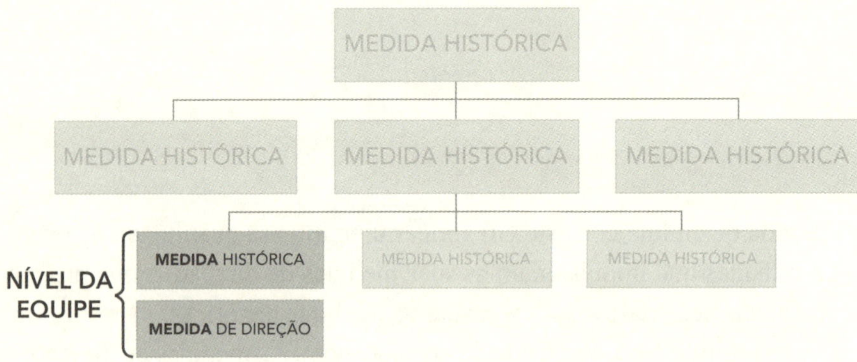

Enquanto uma medida histórica mostra se você atingiu a meta, uma medida de direção informa se você *provavelmente* alcançará a meta. Se por um lado é difícil fazer algo por uma medida histórica, uma medida de direção está praticamente sob seu controle.

Por exemplo, enquanto você não consegue controlar com que frequência seu carro enguiça no meio da rua (medida histórica), você pode, com certeza, controlar com que frequência seu carro é submetido à manutenção de rotina (medida de direção). Quanto mais você atua nas medidas de direção, maior probabilidade terá de evitar aquela parada no acostamento por enguiço.

Tendo definido sua meta crucialmente importante, parece natural, até mesmo intuitivo, criar, então, um plano detalhado contendo uma relação de todas as tarefas e subtarefas exigidas para a realização da meta nos meses seguintes. Todavia, não é isso que você fará com a Disciplina 2.

Os planos de longo prazo criados pela maioria das organizações são excessivamente rígidos na maioria das vezes. Eles são incapazes de se adaptar ao ambiente e às necessidades em constante mudança da empresa. Naturalmente, apenas alguns meses depois, também terminam na prateleira juntando poeira.

Com a Disciplina 2, você fará algo bastante diferente.

A Disciplina 2 exige que você defina as medidas diárias ou semanais cujas realizações levarão à meta. Consequentemente, a cada dia ou semana, sua equipe identificará as ações mais importantes que conduzirão àquelas medidas de direção. Assim, a equipe criará um plano *just-in-time* que possibilitará uma rápida adaptação, ao mesmo tempo que permanecem focados na meta crucialmente importante.

PENSAMENTO COMUM	PRINCÍPIO DAS 4DX
Mantenha os olhos nas medidas **históricas**: resultados trimestrais, números das vendas, dinheiro perdido. Fique tenso. Morda suas unhas enquanto aguarda.	Foco na evolução das medidas de **direção**. Estas são as ações de alto alavancamento que você toma para impulsionar as medidas históricas.

MEDIDAS HISTÓRICAS *VERSUS* MEDIDAS DE DIREÇÃO

Vamos nos aprofundar na distinção entre medidas históricas e medidas de direção. Uma medida histórica é a avaliação de um resultado que você está tentando alcançar. Nós os denominamos *medidas históricas* porque no momento em que você obtém os dados, o resultado já aconteceu. Estão sempre defasados. A fórmula *de X para Y até quando* numa MCI nos fornece uma avaliação defasada, mas as MCIs não são as únicas medidas históricas no nosso mundo. O redemoinho está repleto de medidas históricas tais como receita, contas a pagar, números de inventário, taxas de hospitalização, utilização de ativos, e assim por diante.

As medidas de direção são diferentes, elas prenunciam os resultados, além de possuírem duas características primárias. Em primeiro lugar, uma medida de direção é *preditiva*, o que significa que se a medida de direção mudar, você pode predizer que a medida histórica também mudará. Em segundo lugar, uma medida de direção é *influenciável*, pode ser diretamente influenciada pela equipe, isto é, a equipe pode fazer uma medida de direção acontecer sem dependência significativa de outra equipe.

MEDIDA HISTÓRICA	MEDIDA DE DIREÇÃO
MEDE A META	**PREDITIVO:** mede algo que leva ao alcance da meta **INFLUENCIÁVEL:** algo que podemos influenciar

Na Disciplina 2, você cria medidas de direção cujos movimentos se tornarão a força propulsora para atingir a MCI. Nos meses vindouros, a sua equipe investirá energia substancial na ação destas medidas de direção, e como já vimos acontecer com centenas de equipes, este investimento será a chave do sucesso.

Acreditamos firmemente que a compreensão das medidas de direção será um dos *insights* mais importantes que você terá com este livro.

Exploremos um pouco mais as duas características de uma boa medida de direção supondo que você tenha uma MCI para "aumentar a produção de milho de 200 t para 300 t até 1º de setembro". O *X para Y* da tonelagem de milho é a sua medida histórica. Você sabe que o índice pluviométrico é um fator importante para a produção de milho, então ele pode ser preditivo da colheita de milho. Contudo, será esta uma boa medida de direção? Não, porque você não pode influenciar o tempo para produzir a quantidade certa de chuva. O índice pluviométrico é preditivo, mas não é influenciável, e é reprovado no teste porque ambas as características são igualmente importantes. Outros indicadores tais como qualidade do solo ou taxas de fertilização, no entanto, passam facilmente no teste.

Agora considere outro exemplo, com o qual muitas pessoas estão intimamente familiarizadas: uma MCI para perder peso. Obviamente, a medida histórica será a sua perda de peso revelada pela balança do banheiro. Se você formatar esta MCI corretamente, poderá defini-la como "diminuir o peso corporal total de 86 kg para 79 kg até 30 de maio"(*de X para Y até quando*). Este é um bom começo, mas quais são as medidas de direção que serão preditivas da realização da meta e, igualmente importante, que você possa influenciar? Provavelmente você escolheria tanto a dieta como o exercício físico, e com certeza, estaria certo.

Estas duas medidas satisfazem a primeira característica de ser preditivo: reduzir calorias consumidas e aumentar calorias queimadas indicam que com certeza você perderá peso. Do mesmo modo importante, contudo, estas duas medidas de direção são também diretamente influenciáveis por você. Alcance essas duas medidas de direção no nível especificado, fora do seu redemoinho diário, e verá sua medida histórica avançando quando pisar na balança do banheiro.

AS MEDIDAS DE DIREÇÃO PODEM SER CONTRAINTUITIVAS

Existe um problema com relação às medidas de direção. Em qual das medidas os líderes normalmente se fixam, na medida de direção ou na medida histórica? É isso mesmo. Como líder, você provavelmente passou toda a sua carreira se concentrando nas medidas históricas, muito embora não possa afetá-las diretamente, e não está sozinho. Pense sobre a sua última reunião com outros líderes na empresa. Sobre o que discutiram, analisaram, planejaram e debateram para tomar uma decisão? Medidas históricas e, geralmente, na incapacidade de alterá-las.

Por exemplo, é fácil para os professores avaliarem os níveis de leitura dos alunos com um teste padronizado. Frequentemente, são obsessivos com relação a essas medidas históricas. Contudo, é mais difícil propor medidas de direção que *predizem* como os alunos se sairão no teste. A escola poderia contratar monitores ou reservar mais tempo para leitura ininterrupta. De qualquer modo, provavelmente será melhor que a escola oriente os dados sobre tempo gasto com leitura ou em aulas de acompanhamento (medidas de direção), em vez de ter esperança e rezar para que os índices de leitura (medidas históricas) aumentem por si.

Vemos essa síndrome diariamente, no mundo todo, e em todos os setores da vida. O líder de vendas se fixa no montante das vendas, o líder da área de serviços se detém na satisfação do cliente, pais ficam atentos às notas de seus filhos, e aqueles que estão fazendo dieta ficam obcecados pela balança. Em quase todos os casos, a fixação exclusiva em medidas históricas não leva a nada.

Há duas razões que justificam todos os líderes agirem assim. Primeiro, as medidas históricas são as medidas do sucesso, são os resultados que você precisa alcançar. Em segundo lugar, os dados sobre medidas históricas são quase sempre muito mais fáceis de obter e mais visíveis do que os dados sobre medidas de direção. É fácil pisar na balança e saber exatamente quanto você pesa, mas até que ponto é fácil descobrir quantas calorias você comeu hoje ou quantas você queimou? Geralmente esses dados são de difícil obtenção e podem demandar autêntica disciplina para que a obtenção deles *seja contínua*.

Segue um alerta: neste exato momento você pode ser tentado a simplificar excessivamente o que estamos dizendo.

Se você estiver pensando algo como: "Então, tudo que você está dizendo é que se quiser perder peso deve-se fazer dieta e exercitar-se? O que há de revolucionário nisto?". Neste caso, você não compreendeu a Disciplina 2.

Há uma enorme diferença entre meramente *compreender* a importância da dieta e do exercício e *medir* quantas calorias comeu e queimou. Todo mundo sabe que deveria fazer dieta e se exercitar, mas as pessoas que realmente medem quantas calorias comeram e queimaram todo dia são as que de fato *perdem* peso.

Em última análise, são os *dados* das medidas de direção que fazem a diferença, que lhe permitem preencher o vão entre o que você sabe que a sua equipe deve fazer e o que eles estão realmente fazendo. Sem as medidas de direção, só lhe resta tentar gerenciar as medidas históricas, uma abordagem que raramente produz resultados significativos.

W. Edwards Deming, o guru da gestão e da qualidade, não poderia ter se expressado melhor quando disse aos executivos que gerenciar uma empresa observando os dados financeiros (medidas históricas) é equivalente a "dirigir um carro olhando pelo espelho retrovisor".[12]

As medidas de direção também eliminam o elemento surpresa que apenas um foco sobre as medidas históricas pode propiciar. Imagine este cenário: você e sua equipe têm trabalhado muito em uma meta para melhorar a satisfação do cliente. Este é o seu indicador mais importante e no qual o seu bônus se baseia. Os índices de satisfação do cliente mais recentes acabam de ser entregues. Como um de nossos clientes disse, você está prestes a ter uma dentre duas reações: "Ah, que legal!" ou "Ah, não!". De qualquer modo, não há nada que você possa fazer para alterar os resultados: eles estão no passado.

O mesmo cliente também destacou: "Se a sorte estiver tendo um papel significativo em sua carreira, então você está se detendo nas medidas históricas."

Concordamos plenamente.

Em vez disso, imagine que está acompanhando as duas medidas de direção mais preditivas na satisfação do cliente, e que nas últimas três semanas a sua equipe teve um desempenho muito bom naquelas medidas de direção. Você acha que a sua experiência mudará quando os novos resultados de satisfação do cliente chegarem? Com toda certeza. Será como subir na balança sabendo que atingiu as medidas de dieta e exercício todos os dias. Você já sabe que a medida histórica se modificará.

DEFINIÇÃO DE MEDIDAS DE DIREÇÃO

"Aumentar a produção anual de água de 175 milhões de litros para 185 milhões de litros até 31 de dezembro". Esta foi a MCI da planta fabril engarrafadora de água de uma grande empresa de bebidas quando começamos a trabalhar com o executivo sênior encarregado da cadeia de suprimentos para implementar as 4DX. Há vários anos a planta vinha lutando para atingir seus níveis de produção de água planejados e os líderes estavam ansiosos para identificar as medidas de direção que elevariam a produção de água a novos patamares.

"Produção mensal de água", disseram rapidamente.

Desculpe-nos, respondemos, mas isto não funcionará.

Demonstraram estupefação. "Por que não?", perguntou o gerente da planta. "Se atingirmos nossas metas de produção de água mensal, então atingiremos nossa produção anual, certo?"

"Você está absolutamente correto ao dizer que a produção mensal de água é preditiva da produção de água anual", replicamos, "mas a produção mensal não é mais influenciável pelas suas equipes do que a produção anual. Tudo que você está fazendo é identificar uma medida histórica diferente que possa avaliar mais frequentemente do que a produção anual. Ainda assim é uma medida histórica".

Esse diálogo é muito comum quando as equipes determinam as medidas de direção pela primeira vez, e infelizmente os líderes da planta de água ainda não estavam conseguindo percebê-lo satisfatoriamente.

Para ajudá-los, perguntamos qual seria a medida de direção para a produção mensal de água.

"Produção diária de água!", responderam.

Percebemos que não estávamos avançando. A conversa se tornou mais animada até que o gerente de produção finalmente pediu a atenção de todos.

"Já sei", disse verdadeiramente entusiasmado. "Sei quais devem ser nossas medidas de direção!". Foi até a frente da sala e começou a explicar.

"Constantemente os turnos ocorrem com equipes incompletas e muitas máquinas improdutivas. Estes são os dois pontos principais que nos impedem de produzir mais água."

Agora estávamos chegando a algum lugar.

Todos na sala concordaram com o diagnóstico, mas embora tivessem captado a ideia, ainda não tinham medidas de direção aproveitáveis e precisavam traduzir equipes completas e manutenção preventiva em medidas reais. Rapidamente, identificaram a primeira medida de direção: aumentar o percentual de turnos com equipes completas de 80% para 95%. A segunda medida de direção foi definida ainda mais facilmente: aumentar a conformidade com os programas de manutenção preventiva de 72% para 100%.

A aposta estratégica foi que se a planta garantisse equipes completas e redução nas paradas das máquinas, alcançaria um aumento significativo na produção de água. Nos meses que se seguiram, as equipes dedicaram um imenso esforço àquelas duas medidas de direção, além do redemoinho diário. A produção de água não só aumentou, mas também teve uma taxa de aumento superior à esperada.

MEDIDA HISTÓRICA	MEDIDA DE DIREÇÃO
AVALIA A META	PREDITIVO: Mede algo que leva ao alcance da meta INFLUENCIÁVEL: Algo que podemos influenciar
Produção anual de água	% de turnos com equipes completas % de conformidade com a manutenção preventiva

Esta é uma boa ilustração do processo de definição das medidas de direção, mas também auxilia a ressaltar um ponto importante. Nosso consultor nesse projeto elogiou os resultados da planta, mas fez uma pergunta relevante: "Por que vocês ainda não haviam tomado essas duas atitudes?"

Ele quis evidenciar que as medidas de direção não se originaram na FranklinCovey. Os líderes da planta já sabiam da importância de operarem com equipes completas e da conformidade com as normas de manutenção preventiva, mas apesar disso não estavam agindo adequadamente. Por quê?

Assim como acontece com a maioria das equipes, o problema não era que não *soubessem* que era uma questão de foco; eles não *agiam*. Dezenas de itens precisavam de foco e precisavam ser melhorados, não apenas a questão de pessoal e de manutenção preventiva, e ao tentar melhorar tudo eram arrebatados pelo redemoinho. Passavam o dia todo gastando energia em tantas prioridades urgentes e simultaneamente tentando fazer com que todos os mostradores se mantivessem em funcionamento, que afinal de contas, nada avançava. Assim como no exemplo dado anteriormente, era como se tentassem fazer buracos numa folha de papel aplicando uma pressão uniforme em todos os dedos.

Obviamente, este problema não é exclusividade dos líderes desta planta fabril. Se o acompanhássemos por alguns dias, provavelmente observaríamos duas atividades predominantes. A primeira, na qual seria gasta a maior parte do tempo, seria a batalha contra o redemoinho, e a segunda, no restante do tempo, a preocupação com as medidas históricas. O problema com estas duas atividades é que consomem enorme energia e produzem pouca, se é que produzem alguma, alavancagem além de sustentar o redemoinho, e o que você mais precisa é justamente de alavancas.

O princípio-chave por trás das medidas de direção é: alavancagem. Pense desta forma: a realização da sua meta crucialmente importante é como tentar mover uma gigantesca rocha: apesar de toda a energia exercida pela sua equipe, ela não se desloca. Não se trata de esforço, caso contrário, você e sua equipe já a teriam movido. O problema é que esforço apenas não basta. As medidas de direção atuam como uma alavanca, viabilizando o deslocamento da rocha.

Agora considere as duas características primárias de uma alavanca. Primeiro, ao contrário da rocha, a alavanca é algo que *podemos* movimentar: é influenciável. Segundo, quando a alavanca se move, a rocha se move: é preditiva.

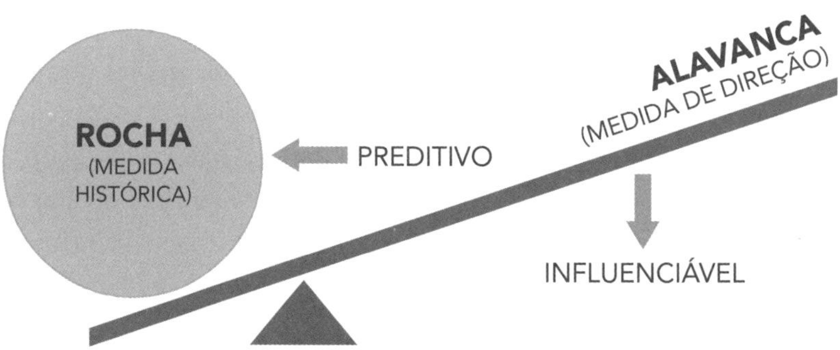

Como você escolhe as alavancas certas?

Para alcançar uma meta que nunca alcançou antes, você deve fazer coisas que jamais fez no passado. Olhe ao seu redor. Quem mais atingiu esta meta ou algo semelhante? O que fizeram de diferente? Analise cuidadosamente quaisquer barreiras previsíveis e decida em equipe como superá-las. Use a sua imaginação. No que você não pensou que poderia fazer toda a diferença?

Em seguida, selecione as atividades que em sua opinião terão o maior impacto no alcance da MCI: as atividades 80/20. Quais os 20% do que você faz que alavancará tanto ou mais da MCI do que os restantes 80%? Nas palavras do consultor e empreendedor Richard Koch, nos negócios "uma grande quantidade de atividade será sempre inútil, deficientemente concebida, mal dirigida, ineficazmente executada e estará, em sua maior parte, fora do contexto. Uma pequena porção de atividade será sempre extremamente eficaz ... provavelmente não é o que você acha que seja. É opaca e estará misturada a outras atividades menos eficazes".[13]

Encontrar a alavanca correta entre muitas possibilidades talvez seja o desafio mais árduo e mais intrigante para líderes que estejam tentando alcançar uma MCI.

Uma famosa loja de departamentos de alto nível, no prestigioso Phipps Plaza Mall, nas proximidades de Atlanta, esteve sob grande pressão provocada por novos concorrentes (lojas de descontos e também duas cadeias de lojas nacionais importantes) que recentemente haviam se instalado na área. A receita caíra 8% em relação ao ano anterior.

O que fazer para estancar o sangramento?

Ao adotarem as 4DX, os gerentes anunciaram apenas uma MCI para o ano, que consistia em alcançar os números da receita do ano anterior por meio do aumento das taxas médias de transações (a quantidade comprada em qualquer transação).

Todos os 11 departamentos apresentaram MCIs de apoio, mas não haviam ainda encontrado medidas de direção que propiciassem alavancas suficientes para alcance da MCI geral. Simplesmente não conseguiam determiná-las. A pressão para alcançar a medida histórica no final do ano era tão forte que os gerentes gritavam para todos: "Vendam mais! Vendam mais!" Toda a energia deles foi canalizada para a elevação das médias das transações (medida histórica), sem nenhuma ideia específica sobre o que fazer de forma diferente.

Certa noite trabalhamos até tarde com o gerente do departamento de calçados, que parecia ter melhores resultados do que os outros departamentos, e nos aprofundamos na busca das alavancas corretas: "Fale-nos sobre o seu pessoal. Como eles vendem?"

Ele nos contou então sobre sua melhor vendedora, uma mulher que vendia três vezes mais sapatos do que a média. Perguntamos: "O que ela faz de diferente?"

O gerente soube imediatamente dizer o que a distinguia. Ela se misturava ao mundo dos consumidores, observava o que estavam usando, perguntava sobre a família e compreendia a necessidade deles. Em seguida, ela trazia seis pares de sapatos em vez de um par para mostrar ao cliente e dizia: "Ah, é primavera, que tal este com os dedos de fora? Já vi que a sua bolsa Gucci combina com estas sandálias. Gosta daqueles sapatos vermelhos? Que acha destes?"

Além do mais, em vez de perguntar aos clientes se queriam fazer um crediário e obter uma recusa como resposta, ela marcava a venda na caixa registradora e dizia: "Você receberá 10% de desconto na compra se abrir um crediário conosco hoje. Só precisa assinar aqui."

As luzes se acenderam para nós. "Dentre o seu pessoal, quantos agem assim? Quantos pares de sapatos seu pessoal mostra em um dia?"

"Não faço a mínima ideia. Como nossos sistemas poderiam monitorar isso?"

"Bem, os sistemas não podem fazer isso, o que não significa que isso não possa ser avaliado."

Estabeleceram, então, uma norma experimental no departamento de calçados: cada colaborador agiria de três maneiras consistentes:

(1) Mostraria pelo menos quatro pares de sapatos para cada cliente.

(2) Escreveria notas de agradecimento.

(3) Convidaria cada cliente para abrir um crediário.

"E como posso ter certeza de que estão fazendo essas coisas?", o gerente perguntou.

"Não terá como fazer isto. Seu pessoal fará o próprio acompanhamento."

Por trás do caixa, eles vão implementar uma planilha simples com três colunas. Cada vez que um vendedor tiver realizado esses três procedimentos com um cliente, assinalará cada coluna.

"Como saberei se as informações são precisas?", o gerente perguntou. "E se mentirem?"

Apostamos que ele poderia confiar neles. Além do mais, uma fraude viria à tona eventualmente. As médias de transação eram rastreadas em cada empregado. Quando as medidas de direção começassem a mover a medida histórica, eles veriam a correlação.

O resultado? A equipe de vendas se tornou obsessivamente focada nas três medidas de direção, e as alavancas deram resultado. Foi emocionante quando as medidas históricas começaram a apresentar um movimento ascendente, pois ficou claro que havia uma correlação direta entre as medidas de direção e o avanço da medida histórica. Essas medidas foram implementadas em todos os departamentos da loja, e ao final do ano haviam atingido não apenas a MCI de alcançar a receita do ano anterior, como ultrapassaram-na em 2%. Foi uma melhoria de 10 pontos em 3 meses.

Para os gerentes da loja, a porta da compreensão se abriu.

Nenhuma das medidas de direção era nova para eles. Venda sugestiva é "venda um a um", mas eles não sabiam se os membros de suas equipes a estavam praticando. Sabíamos que podiam avaliar aquele comportamento. Aprendemos que em geral as medidas de direção já existem no negócio, mas ninguém as acompanha. A gerência estava imersa nos dados, mas não focalizando aqueles que realmente fariam *diferença.* O importante é isolar e acompanhar com consistência as alavancas certas.

Finalmente, em vez de atormentar a equipe para "fazer melhor", os gerentes podiam gerenciar os dados. Podiam ver se Jane estava mostrando uma centena ou três centenas de pares de sapatos por dia. Podiam rastrear o número de crediários que cada vendedor abria. Eles se tornaram professores, observavam as pessoas, demonstravam como fazer uma venda sugestiva e compartilhavam as melhores práticas. A energia aumentou, e os resultados vieram como consequência.

Eles jamais gerenciarão do mesmo modo. Certamente haverá vezes em que será necessário intenso esforço para identificar as medidas de direção que são as melhores alavancas.

Um exemplo interessante surge da surpreendente reviravolta do Oakland Athletics, na década de 1990, um dos times mais pobres da Major League Baseball. O time jogava num estádio dilapidado, a frequência era baixa e a contratação de grandes jogadores parecia mais e mais fora de alcance.

De modo algum poderiam fazer lances bem-sucedidos contra times ricos como o New York Yankees, que podiam se utilizar de um orçamento cinco vezes maior que o do Oakland para contratar jogadores.

Preso entre a pressão financeira dos donos e o clamor dos fãs por jogadores de beisebol melhores, mais caros, a MCI do gerente geral Sandy Alderson era salvar o time e encher o estádio, mas como?

Ele sabia que as pessoas assistem ao jogo de beisebol por muitas razões: algumas para ver astros, algumas se divertem com a atmosfera do estádio de beisebol e outras só querem uma noite fora. Contudo, as pessoas sempre vêm para ver um time vencedor. O mais importante é vencer.

Assim, ele começou a se indagar o que realmente produz vencedores no beisebol. Ninguém fizera esta pergunta seriamente antes. A maioria das pessoas supunha que grandes jogadores eram essenciais a um time vencedor. Se você tivesse astros, venceria. Contudo, pensou Alderson, suponha que houvesse mais alguma coisa.

Ele e seu gerente assistente, Billy Beane, reuniram os melhores pensadores que conseguiram encontrar sobre o assunto: o que produz vitórias? Certamente a resposta é o maior número de corridas, mas exatamente o que contribui para as corridas? Quais as medidas de direção que criam uma corrida?

Foi assim que estatísticos e cientistas da computação entraram em cena. A pesquisa intensa começou fornecendo fatores que sempre estiveram lá, mas ninguém notara antes. Descobriram que, frequentemente, os poderosos rebatedores de força que obtinham as *home runs* não eram tão produtivos. Os jogadores mais produtivos eram os que estavam em base. Se conseguiam estar em uma base, depois em outra e depois em outra, conseguiam marcar as corridas muito mais confiavelmente do que os rebatedores potentes tão valorizados por todo mundo, e que exigem salários astronômicos. Como na velha fábula, as tartarugas acabavam propiciando alavancas muito maiores do que as lebres.

Depois da saída de Alderson, Billy Beane se tornou o novo gerente. Ele fez o inimaginável e saiu recrutando joões-ninguém. Os jogadores que contratava eram alguns dos mais desajeitados e desvalorizados, e pagava relativamente pouco por eles. Oakland se tornou alvo de chacota. O que Beane estava pensando?

Então, uma espécie de mágica aconteceu no campo. Inexplicavelmente, o Oakland começou a vencer os jogos novamente. O time mais pobre da liga, pelo menos financeiramente, conquistou o título da divisão. No ano seguinte a façanha se repetiu. Logo estavam presos numa batalha contra os poderosos, os abastados Yankees pela bandeira da vitória. Embora não a tenham conquistado, Oakland deixou todos atônitos no beisebol ao regularmente vencer times muito mais bem-dotados em termos de dinheiro e talento. Estimulados pelas vitórias, os fãs retornaram, e o pequeno Oakland, com seu estádio em péssimas condições, passou a terminar próximo ao topo das classificações ano após ano.

Durante uma década, os ases dos Oakland mantiveram o quinto melhor recorde na Major League Baseball, apesar de estarem no décimo quarto lugar dos 30 principais times da liga com relação aos salários dos jogadores. Em vez de resvalarem para o fundo, raramente ficavam abaixo da primeira ou segunda posição da divisão a que pertenciam.

O que Billy Beane fez foi acompanhar o recorde na base dos jogadores em toda a liga e a seguir recrutar aqueles que eram muito bons na base. Esses jogadores raramente eram exibidos, não eram atletas de grandes nomes e não demandavam muito dinheiro, mas eram uma mão na roda, e podia-se confiar neles para se chegar à base. Conquistar a base era o melhor prognosticador da produção de corridas, e no beisebol, as corridas é que dão nome ao jogo.

A equipe supervisora do Oakland reestruturou o jogo agindo segundo as medidas de direção que produzem vitórias. Por meio de intensa pesquisa, seleção com base em infindáveis estatísticas, chegaram a fatores-chave que produziam corridas, descobriram medidas de direção capazes de alto estímulo e que ninguém notara antes.[14] Este emocionante caso de reviravolta foi eventualmente narrado no popular filme *Moneyball: O homem que mudou o jogo*.

Na Seção 2, daremos mais orientações sobre como chegar às medidas de direção a partir das lições aprendidas por nossos clientes.

Ao longo dos anos, vimos milhares de líderes aprenderem que uma importante chave para a execução é imprimir uma imensa quantidade de energia nas alavancas, atuando nas medidas de direção. Se você precisa mover uma grande rocha, precisará de uma alavanca altamente preditiva e controlável. Quanto maior a rocha, maior será a alavanca necessária.

ACOMPANHAMENTO DOS DADOS SOBRE MEDIDAS DE DIREÇÃO

Younger Brothers Construction é uma empresa de construções residenciais no Arizona que tinha um grande problema: uma taxa de acidentes e ferimentos crescente. Cada incidente significava não somente que um membro da equipe se ferira, mas também um atraso no término de um projeto de construção com cronograma apertado, maiores taxas de seguro, e potencialmente a perda da classificação de segurança. A redução nos incidentes de segurança se tornara o foco mais importante da empresa, de modo que não foi difícil para eles chegar à meta crucialmente importante: reduzir os incidentes de segurança de 7% para 1% até 31 de dezembro.

Uma vez estabelecida a MCI, tiveram de determinar as medidas de direção que eram tanto preditivas de um número menor de acidentes como influenciáveis pela equipe.

A primeira ideia que consideraram foi realizar treinamento de segurança mais intenso. Isto era algo altamente influenciável, pois poderiam obrigar todos a fazerem mais treinamentos. Contudo, os líderes acabaram rejeitando essa ideia, visto que o pessoal já passara por uma quantidade significativa de treinamento que possibilitaram o alcance dos níveis atuais de segurança. Decidiram que horas adicionais de treinamento não seriam suficientemente preditivas da realização da nova meta.

Os líderes da Younger Brothers examinaram mais cuidadosamente as causas primárias dos acidentes que ocorriam na empresa e desenvolveram uma ideia diferente para sua medida de direção: conformidade com as normas de segurança. Eles decidiram avaliar a conformidade por meio de oito normas de segurança: uso de capacetes, luvas, botas e óculos protetores, assim como uso de andaimes e suportes para telhados a fim de evitar que os trabalhadores escorregassem. Estavam certos de que a exigência de alto nível com relação ao cumprimento destas oito normas seria tanto preditiva como influenciável na redução de acidentes.

MEDIDA HISTÓRICA	MEDIDA DE DIREÇÃO
MEDE A META Ou mede o resultado	**PREDITIVA** Mede algo que leva ao alcance da meta **INFLUENCIÁVEL** Algo que podemos influenciar
Relatório Mensal de Incidentes	Conformidade com 8 Normas de Segurança Relevantes

Dentro de um ano de foco nas medidas de direção de conformidade com as normas de segurança, a Younger Brothers Construction alcançou o melhor recorde de segurança nos 30 anos de história da empresa, mas não foi fácil.

Um dos aspectos mais desafiadores da medida de direção foi a obtenção dos dados. Os dados referentes à medida histórica de acidentes e ferimentos era fornecido automaticamente pelo sistema da empresa toda semana. A medida de direção, em conformidade com as normas de segurança, tinham de ser fisicamente observadas.

Isso significava que os supervisores de construção precisavam circular pelas várias equipes e verificar se as pessoas estavam usando capacetes, luvas e óculos de segurança e se andaimes e suportes para telhados estavam firmemente instalados. E tinham de fazer isso apesar de um infindável fluxo de tarefas que desviavam a atenção: questões com subcontratados, entregas atrasadas, questões com os clientes e atrasos devido ao clima. No meio desse redemoinho, a verificação da conformidade com as normas de segurança talvez não parecesse "crucialmente importante" para os chefes de obras. Contudo, como a redução dos incidentes de segurança era a meta crucialmente importante, e como a conformidade com a segurança era a alavanca primária para sua realização, fizeram isto acontecer semana após semana.

A lição desta história é que os dados de medidas de direção são quase sempre mais difíceis de serem obtidos do que os dados das medidas históricas, mas você tem que pagar o preço para rastrear suas medidas de direção. Frequentemente, vemos equipes lutando nesse sentido, reduzindo a zero uma medida de direção de alta alavancagem ao dizer: "Uau, vamos ter de trabalhar muito para conseguir esses dados! Estamos ocupados demais para fazer isso!" Se suas intenções com relação à MCI forem sérias, então precisará criar um modo de acompanhar suas medidas de direção. Sem dados, você não consegue promover o desempenho com base nos indicadores relevantes, e sem estes não há alavancas.

Finalmente, quando a MCI é de fato crucialmente importante, você precisa ter essa alavancagem.

A MCI para cada voo é uma aterrissagem segura. Na verdade, voar é notavelmente seguro hoje em dia, mas nem sempre isso foi verdade. Na década de 1930, muitos acidentes aéreos sérios foram causados por erros por parte do piloto. Em 1935, o Major Pete Hill, piloto de provas muito experiente do Exército dos Estados Unidos, provocou um acidente com um dos maiores aviões já construídos porque esqueceu de se assegurar de que os elevadores da cauda estavam destravados antes de decolar.

Como resultado, os pilotos se reuniram e adotaram um conjunto claro de medidas de direção chamado *checklist* de pré-voo.[15] Depois disso, ocorreram muito menos acidentes causados por erros cometidos por pilotos. Hoje, o *checklist* de pré-voo é o maior prognosticador para se chegar ao destino com segurança.

O *checklist* de pré-voo é um exemplo perfeito do que chamamos atividade de alta alavancagem. Seguir o checklist leva apenas alguns minutos, mas pode ter um impacto enorme. Cem por cento de conformidade com o *checklist* é também um excelente exemplo de medida de direção, é preditivo de uma aterrissagem segura e influenciável pelos pilotos.

Uma vez que você e sua equipe comecem a desenvolver medidas de direção na Disciplina 2, ganharão um gosto ainda maior pelo trabalho que tiveram de restringir o foco na Disciplina 1. Atuar nas medidas de direção para uma única MCI é um objetivo suficientemente desafiador no meio do seu redemoinho. Líderes que insistem em mais de duas MCIs na Disciplina 1, apesar do nosso aconselhamento, sempre mudam de opinião quando começam a compreender as medidas de direção da Disciplina 2.

MEDIDAS DE DIREÇÃO E ENGAJAMENTO

Quando uma equipe conhece suas medidas de direção com clareza, seu ponto de vista a respeito da meta sofre mudança.

Observemos o que aconteceu quando Bete Wood, gerente de um supermercado, estabeleceu alcançar a meta muito desafiadora de aumentar as vendas a cada ano.

Bete convocou Roberto, gerente da padaria, para obter apoio na melhoria dos números de vendas em queda.

Roberto é um gerente cordial, e num dia típico provavelmente teria dito "Claro, Bete, ficarei feliz em ajudar", até mesmo se não tivesse uma dica do que pudesse fazer para impulsionar as vendas. Contudo, naquele dia, Roberto atingira o limite e não estava disposto a continuar.

"Você quer melhoria nas vendas?", disse com sarcasmo, "Soque a si mesma, Bete".

Apesar de surpresa com a resposta de Roberto, Bete se recuperou rapidamente: "Entenda, Roberto, não posso fazer isso sozinha. Você está mais próximo dos clientes e dos empregados do que eu."

Agora Roberto estava realmente frustrado. "Exatamente o que você gostaria que eu fizesse? Não posso socar a cabeça das pessoas e arrastá-las para dentro da loja. Eu supervisiono a padaria. Se quiser uma rosca doce, falou com a pessoa certa."

Quem não conhece bem Bete e Roberto, poderia pensar que Roberto tem más atitudes continuamente ou que não respeita Bete, ou o que é ainda pior, ele é preguiçoso.

Mas nenhuma dessas alternativas é verdadeira.

Na realidade, Roberto gosta da Bete e também gostaria de ajudar a loja a melhorar as vendas, mas duas coisas o detêm: em primeiro lugar, não sabe como proceder; em segundo, acha que não conseguirá. Nesse momento, o que está se passando de fato na mente de Roberto é: "Somos um velho mercado de 30 anos e um Walmart Supercenter acaba de se mudar para esta rua. Além disso, estamos do lado errado do cruzamento e todo o tráfego é obrigado a dobrar à esquerda para chegar até aqui, mesmo sem avistarem nosso letreiro. Com tudo isto, a Bete quer que eu aumente as vendas da loja?"

Bob continua: "Se soubesse como melhorar as vendas, você não acha que já estaria fazendo isso? Estou sendo franco com você!"

Analisando a perspectiva de Roberto, você pode compreender melhor a reação dele a essa situação frustrante. Roberto é um representante de muitas pessoas que enxergam a rocha muito bem. O problema é que não encontram a alavanca.

Agora, vamos rever o mesmo cenário, mas dessa vez com a Bete usando uma medida de direção visando a sua meta. Ela reúne seus gerentes e coloca a questão: "Além de sustentar nossa operação diária, o que as suas equipes poderiam fazer exatamente para melhorar o máximo possível as vendas no final do ano?" Na verdade, ela está perguntando a eles qual comportamento ou resultado influenciável é mais preditivo na mudança da medida histórica das vendas, mas está se limitando a um foco bastante restrito.

Eles começam a discutir várias possibilidades, tais como incrementar o atendimento ao cliente, melhorar as condições da loja, distribuir amostras grátis. Após debaterem muitos prós e contras, finalmente acordaram que o melhor que tinham a fazer para melhorar as vendas na loja *deles* seria reduzir o número de itens em falta.

Esta medida de direção de redução de itens do estoque em falta é altamente preditiva de melhores vendas, como se sabe muito bem no setor varejista, e, igualmente importante, é uma medida bastante influenciável. Agora, Roberto enxerga o que pode fazer na padaria para impulsionar as vendas.

Redução dos itens fora do estoque é algo sobre o que ele e sua equipe têm influência realmente. Podem fazer inspeções extras para verificar os itens esgotados, organizar o estoque de modo que os produtos de maior saída possam ser repostos mais facilmente ou podem alterar a frequência e o volume dos pedidos de reabastecimento. Em outras palavras, é um jogo que ele e sua equipe podem vencer, e agora se sente *engajado*.

MEDIDA HISTÓRICA	MEDIDA DE DIREÇÃO
MEDE A META Ou mede um resultado	**PREDITIVO** Mede algo que leva ao alcance da meta **INFLUENCIÁVEL** Algo que podemos influenciar
Relatório Mensal de Vendas	Número de Itens em Falta

Quando uma equipe define suas medidas de direção, está fazendo uma aposta estratégica. De certa forma, está dizendo: "Apostamos que ao atuarmos nessas medidas de direção vamos atingir nossa meta crucialmente importante." A equipe acredita que a alavanca moverá a rocha, e por causa dessa crença se tornam engajados.

As Disciplinas 3 e 4 visam ajudar a equipe a colocar energia na mudança das medidas de direção. Contudo, o verdadeiro impacto e a beleza das boas medidas de direção na Disciplina 2 são que de fato conectam a sua equipe à realização da MCI, e essencialmente é a linha de frente de uma organização que gera o resultado financeiro que você está buscando.

Chegar às medidas de direção certas é realmente ajudar cada colaborador a se sentir um parceiro estratégico para o negócio e engajá-lo no diálogo sobre o que pode ser feito melhor, ou de forma diferente, para que as MCIs sejam alcançadas.

Um bom exemplo é o departamento de publicidade do *Savannah Morning News*, um respeitado jornal do Sul dos Estados Unidos. Quando nos reunimos com eles, tinham como MCI remediar um sério déficit na receita. Haviam caído na armadilha de tentar focar em tudo simultaneamente, inclusive o lançamento de novos produtos, suplementos especiais diários e outros acessórios, na expectativa de, aos poucos, melhorar a receita. O foco estava disperso por tantas iniciativas que desviaram a atenção do produto principal. Em consequência, partiram da Disciplina 1, estabelecendo uma meta crucialmente importante para aumentar a receita com publicidade reajustando o foco sobre o produto principal.

Tudo mudou quando começaram a praticar a Disciplina 2: Atue nas medidas de direção. Todos na equipe foram envolvidos no diálogo. Após ponderarem sobre as possibilidades de aumentar os lucros com publicidade, acordaram três ações-chave: aumentar o número de contatos com novos clientes (anunciantes em potencial que não tinham negócios com o jornal), reativar clientes que não anunciavam no jornal há seis meses ou mais, e incrementar as vendas para os clientes atuais, encontrando modos de agregar valor à mensagem, talvez adicionando cor ao anúncio, dando maior destaque, ou aumentando o formato.

Na prática, o plano foi desmembrado em medidas de direção simples: nas reuniões semanais sobre a MCI, as pessoas se comprometiam em atingir certo número de contatos com novos clientes, em reativar contatos e oferecer vantagens. Na semana seguinte, relatavam os resultados. Os vendedores não estavam apenas gerindo seu próprio negócio com mais eficiência, mas também regularmente comunicando uns aos outros melhores práticas, aperfeiçoamentos nas abordagens e modos de superar barreiras.

A diretora de publicidade disse: "Estou neste negócio há 20 anos, passei toda a minha vida profissional rezando pelas medidas históricas e apagando incêndios." Pela primeira vez, ela se sentia capaz de ajudar seu pessoal a alcançar as metas de um modo tangível. O jornal resolveu o déficit financeiro e ainda ultrapassou as metas daquele ano. Atuar consistentemente nas medidas de direção corretas tornou isso possível. Com base em seu sucesso, Morris Communications, a empresa-mãe do *Savannah Morning News* partiu para a implementação das 4DX em seus 45 outros jornais.

Falaremos mais sobre a seleção das medidas de direção corretas na Seção 2.

Mantenha um placar envolvente

A terceira disciplina tem por objetivo assegurar que cada pessoa conheça o placar em todos os momentos, de modo que saibam se estão vencendo ou não.

Esta é a disciplina do engajamento.

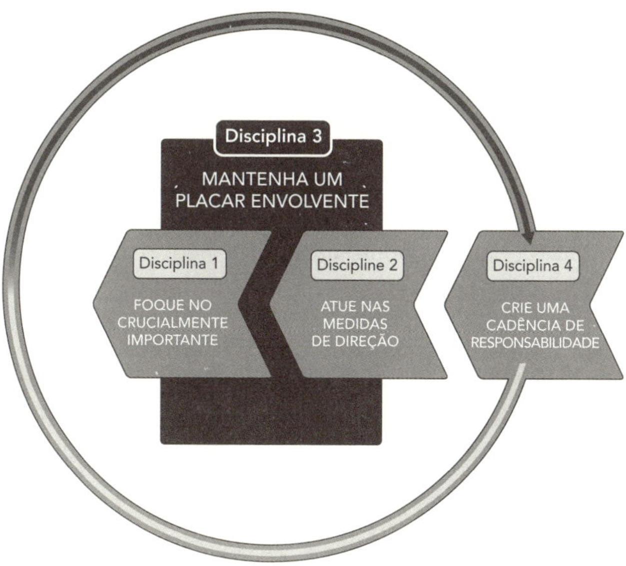

Lembre-se de que as pessoas atuam de forma diferente quando mantêm um placar. A diferença no desempenho entre uma equipe que apenas compreende as suas medidas históricas e de direção *conceitualmente* e uma equipe que saiba com precisão o seu placar é notável. Se as medidas históricas e as medidas de direção não forem visualizadas num placar e atualizadas regularmente, desaparecerão em meio ao redemoinho. Em poucas palavras, as pessoas perdem o engajamento quando desconhecem o placar, e quando constatam, por meio de uma rápida consulta, se estão ou não tendo êxito, se tornam profundamente engajadas.

Na Disciplina 3, a aposta estratégica da sua equipe, suas medidas históricas e medidas de direção são traduzidas em um placar envolvente e visível.

Há muitos anos, estávamos trabalhando com um grupo de líderes da Northrop Grumman para aplicar as 4DX ao projeto de construção dos barcos da guarda costeira. Nosso projeto começou apenas alguns meses depois do furacão Katrina ter danificado significativamente as instalações da empresa, e como estávamos apresentando a Disciplina 3, nos ofereceram um exemplo que ilustrou perfeitamente a importância de um placar envolvente.

Na noite da sexta-feira anterior, a equipe da escola secundária local participara de um importante jogo de futebol. Como era esperado, as arquibancadas estavam cheias e houve a emoção habitual que leva ao chute inicial. Todavia, à medida que o jogo prosseguia, percebia-se que alguma coisa estava faltando. Não havia torcida. Na verdade, ninguém parecia estar prestando atenção ao jogo. O único som das arquibancadas era o monótono burburinho de conversas. O que estava acontecendo?

A ventania derrubara o placar durante o furacão e não fora ainda reparado. Os fãs não podiam ver os números. "Ninguém sabia dizer a quantas andava a pontuação, em que ponto estavam e nem mesmo quanto tempo de jogo restava. Uma partida estava acontecendo, mas era como se ninguém soubesse."

Esse caso realmente chamou nossa atenção. Se alguma vez a frustração já fez com que você quisesse gritar para o seu time: "Se manca, gente, tem um jogo importante acontecendo aqui!", é provável que o seu time tenha perdido o mesmo elemento crítico que afetou os fãs naquela partida: um placar claro e envolvente.

Grandes equipes sabem, a cada momento, se estão vencendo ou não. Elas *têm* de saber, do contrário não saberão o que fazer para vencer o jogo. Um placar envolvente informa à equipe onde ela se encontra e onde deveria estar, informação essencial para solução de problemas e tomadas de decisão em equipe.

É por isso que uma equipe excepcional não pode funcionar sem um placar que *induza* ação. Sem ele, a energia se dissipa, a intensidade decai e a equipe retorna ao dia a dia da empresa.

Precisamos ser muito claros neste ponto. A divulgação visual dos dados não é algo novo para você ou sua equipe. Na verdade, você pode estar lembrando que já tem um placar, ou até mesmo muitos placares, todos incluídos em complexas planilhas dentro do seu computador, e os dados continuam sendo recebidos. A maioria desses dados está sob a forma de medidas históricas acompanhadas por tendências históricas, projeções e análises financeiras detalhadas. Os dados são importantes e servem ao seu propósito como líder. Suas planilhas são o que chamamos placar do técnico.

Contudo, o que buscamos com a Disciplina 3 é algo bastante diferente. Na implementação da Disciplina 3, você e sua equipe precisam construir um placar de jogadores, idealizado unicamente para engajar os jogadores da sua equipe para vencer.

PENSAMENTO COMUM	PRINCÍPIO 4DX
Os placares são para os líderes. São placares de controle do técnico que compreendem planilhas complexas, com milhares de números. A visão geral está em algum lugar no meio disso tudo, mas poucas pessoas são capazes de enxergá-la facilmente (se é que alguém consegue).	*O placar é para toda a equipe.* Para impulsionar a execução, você precisa de um placar dos jogadores que tenha poucos gráficos simples que indiquem: precisamos estar aqui e nos encontramos aqui neste exato momento. Qualquer um pode dizer em até cinco segundos se estamos vencendo ou perdendo?

Para compreender o impacto desse tipo de placar, imagine que você se encontre num parque onde um grupo de adolescentes esteja jogando basquete. Você não está perto o suficiente para escutá-los, mas pode vê-los e pode afirmar, pela simples observação, se estão controlando os pontos? Sim, pode, e os indicadores são óbvios.

Primeiro, você observa um nível de intensidade no jogo que não veria se não estivessem mantendo uma marcação de pontos. Verá também trabalho em equipe, melhor seleção dos arremessos, defesa agressiva e celebração cada vez que fazem a cesta. Estes são comportamentos de uma equipe totalmente engajada, e eles só jogam nesse nível quando o jogo tem importância. Em outras palavras, quando é suficientemente importante que mantenham o controle da marcação dos pontos.

Se o seu placar incluir dados complicados, que só você, o líder, entende, representará o jogo do líder. No entanto, para obter o máximo de engajamento e desempenho, precisará de um placar para os jogadores, de modo que seja um jogo da equipe. Jim Stuart (um dos criadores das 4DX) resumiu bem: "O propósito fundamental de um placar dos jogadores é motivar os jogadores a vencer."

Iniciamos este capítulo com uma declaração muito importante: as pessoas atuam de forma diferente quando mantêm um placar. Agora, precisamos deslocar a ênfase para sermos ainda mais claros: as pessoas atuam de forma diferente quando *elas* mantêm um placar. Isto cria um sentimento muito diferente daquele quando você mantém o placar para eles. Quando os próprios membros da equipe mantêm o controle dos pontos, compreendem verdadeiramente a conexão entre o desempenho e a realização do objetivo, o nível de participação muda.

Quando toda a equipe pode ver o placar, o nível do jogo aumenta, não apenas porque os jogadores podem ver o que está funcionando e quais ajustes são necessários, mas também porque agora querem *vencer*.

Veja aqui o contraste entre o placar do técnico e o placar de um jogador.

RECEITA TOTAL							MARGEM BRUTA							EBITDA						
2/12	Orç	Var	2/8	Var	2007	Var	2/12	Orç	Var	2/8	Var	2007	Var	2/12	Orç	Var	2/8	Var	2007	Var
0	0	0	0	0	0	0	0	0	0	143	(143)	0	0	0	0	0	143	(143)	0	0
(1)	53	(54)	182	(183)	1	(2)	(0)	35	(35)	0	(0)	1	(2)	(86)	(49)	(37)	(84)	(2)	(114)	28
0	0	0	0	0	0	0	0	0	0	0	0	0	0	(61)	(65)	4	(73)	12	(11)	(51)
1.080	1.080	(71)	1.150	(142)	1.146	(137)	699	754	(55)	812	(113)	892	(193)	384	384	1	439	(54)	530	(146)
		–6,6%		–12,3%		–12,0%	69,3%	69,9%	–7,3%	70,6%	–13,9%	77,9%	–21,6%	38,1%	35,5%	0,2%	38,1%	–12,4%	46,3%	–27,5%
699	843	(144)	700	(1)	963	(264)	486	594	(108)	498	(12)	730	(245)	242	297	(56)	218	24	392	(151)
		–17,1%		–0,2%		–27,4%	69,5%	70,4%	–18,2%	71,1%	–2,4%	75,8%	–33,5%	34,6%	35,3%	–18,8%	31,1%	10,8%	40,7%	–38,5%
592	682	(90)	524	68	613	(21)	422	483	(60)	361	62	459	(36)	260	276	(16)	187	73	270	(10)
		–13,1%		13,0%		–3,4%	71,3%	70,8%	–12,5%	68,9%	17,1%	74,8%	–7,9%	43,9%	40,5%	–5,7%	35,8%	38,9%	44,0%	–3,5%
879	937	(58)	840	39	828	51	607	695	(88)	582	25	539	68	354	370	(16)	292	62	235	119

Um placar de um técnico é complexo e rico em dados, mas demanda estudo cuidadoso para se descobrir se a equipe está vencendo.

MCI

Aumentar a receita com eventos corporativos de $22 para $31 milhões de dólares até 31 de dezembro.

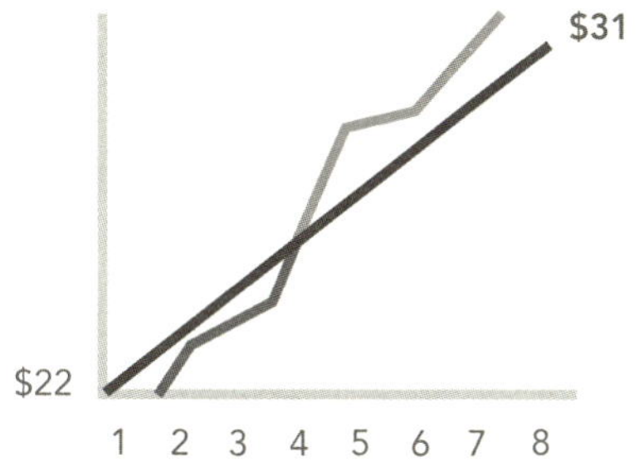

Medida de direção

Completar duas visitas de qualidade ao hotel por colaborador, por semana.

COLABORADOR	1	2	3	4	5	6	7	MÉDIA
JOAQUIM	1	1	2	2	4	X	X	2
ROBERTO	2	2	3	2	X	X	3	2,4
KAREN	1	3	2	X	X	2	2	2
JOÃO	0	0	X	X	1	1	1	6
EMÍLIA	3	X	X	4	3	2	4	2,8
RICARDO	X	X	2	2	2	4	4	2,8
BETE	X	1	2	5	2	4	X	2,8
TOTAL	7	7	11	15	12	13	14	2,3

Medida de direção

Vender nosso pacote de bar *premium* em 90% de todos os eventos.

Neste placar do jogador, o objetivo (representado pela linha preta) é aumentar a receita. A linha cinza é o desempenho real. A qualquer momento, os membros da equipe podem ver se estão vencendo.

O placar dos jogadores é essencial para motivá-los a vencer.

CARACTERÍSTICAS DE UM PLACAR DE JOGADORES ENVOLVENTE

Há quatro perguntas que sempre fazemos para determinarmos se um placar será presumivelmente envolvente para os jogadores:

1. É simples? Ele tem de ser simples. Lembre-se do placar num jogo de futebol americano. Habitualmente, apenas seis tipos distintos de dados são mostrados: placar, hora, *quarter*, *downs*, distância e *time-outs*. Agora, pense sobre quantas informações o técnico rastreia paralelamente: metros a percorrer, percentual de alcance, *third down conversions*, e até mesmo *hang time* e distância para *punts*.* A lista cresce indefinidamente. Os técnicos precisam desses dados para gerirem o jogo, mas o placar no campo só mostra os dados necessários ao jogo.
2. Posso vê-lo facilmente? O placar precisa ficar visível para a equipe. O placar de um jogo de futebol americano é enorme e os números gigantescos, de modo que todos podem dizer, numa rápida olhada, quem está vencendo. O seu placar fica no computador ou pendurado atrás da porta do escritório, longe dos olhos, longe do coração da equipe? Lembre-se de que você compete sempre com o redemoinho, e este é um adversário difícil. Sem um placar visível, a MCI e as medidas de direção poderão ser esquecidas em poucas semanas, se não em poucos dias, em meio às urgências das suas responsabilidades diárias.

   A visibilidade também impulsiona a responsabilização. Os resultados se tornam pessoalmente importantes para a equipe quando o placar fica em local que possa ser visto por todos. Já observamos isto inúmeras vezes, inclusive por parte de um grupo de trabalhadores

---

* *N. T.*: *Quarter* – tempos de 15 minutos em que se divide a partida; *down* – cada uma das 4 tentativas que o time atacante tem para conquistar 9 metros no campo e atingir a *endzone* para pontuação. O sucesso numa série de 4 downs resulta no ganho de outra série de 4 downs; *time-outs* – paradas no jogo; *third down conversions* (conversões no terceiro down) – quando a equipe não conquista as 10 jardas nas duas primeiras tentativas, mas tem êxito na terceira; *hang-time* – tempo que a bola fica "pendurada" no ar devido ao chute de devolução e que permite aos jogadores atingirem o retornador adversário; *punt* (chute de devolução) – quando um jogador (punter) recebe a bola de outro jogador (long snapper) e a chuta para o alto e para a frente a longa distância.

de uma planta de engarrafamento de sucos de grande porte optarem por não pararem durante o horário de almoço, a fim de aumentar o número de caminhões carregados de modo que o placar avançasse. Por quê? Eles queriam passar à frente das outras equipes no placar. Em outro caso, observamos o turno da noite começar à meia-noite e a primeira coisa que faziam era olhar para o placar para ver como a equipe estava se saindo em comparação com o turno do dia. Se a sua equipe estiver geograficamente dispersa, o placar deve ficar visível no *desktop* do computador ou no telefone celular (informações adicionais sobre placares eletrônicos na Seção 2: Implementação das 4DX com a sua equipe – Automação das 4DX).

3. As medidas históricas e as medidas de direção estão visíveis? O placar deve mostrar tanto as medidas históricas, como as medidas de direção, o que realmente dá vida a ele. A medida de direção é o que a equipe pode afetar. A medida histórica é o que desejam realizar. A equipe precisa ver ambos, ou rapidamente perderão interesse. Quando veem tanto as medidas históricas como as medidas de direção, assistem à evolução da aposta. Conseguem acompanhar o que estão fazendo (medidas de direção) e o que estão conquistando (medidas históricas). Constatada a evolução das medidas históricas em função dos esforços despendidos nas medidas de direção, o efeito no engajamento é enorme porque sabem que estão provocando um impacto direto nos resultados.
4. Consigo saber instantaneamente se estou vencendo? Ele tem de mostrar de imediato se você está ganhando ou perdendo. Se a equipe não consegue determinar com rapidez se está tendo êxito ou sendo derrotada ao olhar para o placar, então não é uma partida, são apenas dados. Verifique o seu próximo relatório, gráfico, *scorecard* ou placar antes de descartar este quesito como óbvio. Dê uma olhada nas planilhas que mostram os dados financeiros semanais. Você consegue dizer *instantaneamente* se está vencendo ou perdendo? E as outras pessoas? Denominamos isto *regra dos cinco segundos*. Se dentro de cinco segundos você não conseguir dizer se está ganhando ou perdendo, não passou no teste.

Esta ilustração simples surgiu com um de nossos clientes, uma empresa que gerencia eventos, responsável pela reserva em feiras para lojistas.

A MCI era fazer reservas para certo número de expositores até uma data determinada.

No placar à esquerda, você pode ver o *status* do progresso da equipe por data, mas não tem ideia se estão vencendo ou perdendo. Ganhar ou perder engloba duas coisas: onde você está agora e onde *deveria* estar neste momento.

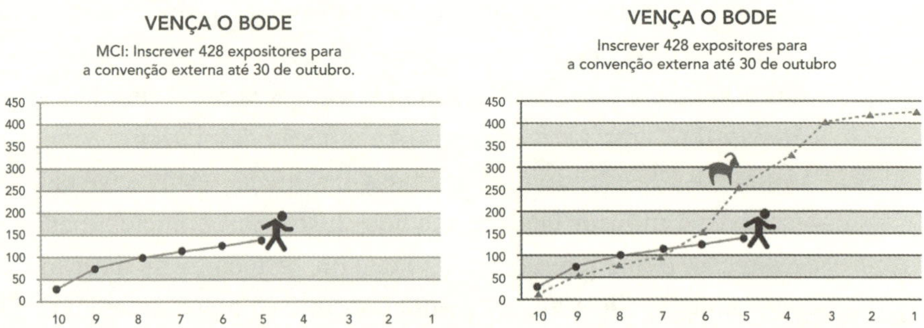

A diferença no placar da direita é a adição de onde a equipe deveria estar, ilustrada pelo bode. Como muitos dos seus clientes eram alpinistas, usaram um bode montanhês para representar o desempenho necessário para alcançar o objetivo. Agora você pode ver com clareza que estão perdendo, e vários outros aspectos importantes do desempenho da equipe também ficam imediatamente aparentes: você sabe há quanto tempo estão perdendo (duas semanas), sabe que o desempenho da equipe está começando a diminuir em vez de aumentar, e que a equipe está mais próxima do fim da corrida do que do começo.

Por mais básico que isso possa parecer, durante os nossos programas, quando pedimos aos líderes para relatarem dados dessa natureza naquele exato momento, frequentemente dizem: "Acho que posso obter a maior parte, mas precisarei de alguns minutos para reunir tudo." Tenha em mente que estamos falando de líderes capacitados. O problema deles não é a falta de dados, mas sim uma quantidade excessiva de dados e pouca noção sobre quais dados são mais importantes.

Imagine se não apenas você, mas cada membro da sua equipe compreendesse o desempenho da equipe claramente. Haveria mudança no modo como se comprometem com o jogo? Após implementar as 4DX em milhares de equipes, podemos assegurar que sim.

Assim como as Disciplinas 1 e 2, a Disciplina 3 não é intuitiva para a maioria dos líderes. Naturalmente você não vai criar o placar para jogadores. Seu instinto será criar um placar para um técnico: complexo, com grande quantidade de dados, análises e projeções idealizadas para técnicos, e não para jogadores. E você não está sozinho. É raro encontrarmos um placar sequer, na maioria das organizações, que satisfaça os quatro critérios listados aqui.

ESCANEIE COM O SEU SMART PHONE

Android – Barcode Scanner
iPhone – Red Laser

LINK: http://www.4dxbook.com/qr/Scoreboards

Escaneie a imagem acima para ver exemplos em cores de "Placares para Jogadores".

No final, não é de fato o placar que é envolvente. Embora as equipes apreciem criar seus próprios placares, o que essencialmente impulsiona o engajamento é o jogo que o placar representa. Você nunca ouvirá um fã de um esporte dizendo: "Você viu o jogo da noite passada? Que placar maravilhoso!" O placar foi completamente necessário, mas foi o jogo o motivo do interesse.

Um dos aspectos mais desestimulantes da vida no redemoinho é que você não sente a possibilidade de vencer. Se a sua equipe estiver operando exclusivamente no redemoinho, estarão dando o melhor de si para manter o trabalho diário e sobreviver. Não estão jogando *para vencer*, estarão jogando *para não perder*, e o resultado representará uma grande diferença no desempenho.

Contudo, com as 4DX você não apenas cria um jogo para a sua equipe, cria um jogo *que é possível ganhar*, e o segredo do êxito é a relação entre as medidas históricas e as medidas de direção que evoluem no placar a cada dia.

Essencialmente, você e sua equipe fazem uma aposta de que podem colocar as medidas de direção em prática e de que elas impulsionarão as medidas históricas. Quando isso começa a funcionar, até mesmo as pessoas que mostraram pouco interesse se tornam engajadas quando a equipe começa a perceber que está vencendo, em geral logo da primeira vez. Lembre-se sempre de que o engajamento não é porque a *organização* está vencendo ou mesmo porque *você*, como líder deles, está vencendo: é porque *eles* estão ganhando.

Há alguns anos, fomos convidados para ajudar uma fábrica de baixa produtividade, dirigida por uma indústria global, a atingir os padrões de qualidade do resto da empresa. A planta era antiga, tinha problemas relacionados com tecnologia obsoleta e ficava numa localidade remota. Para chegarmos lá, tivemos de tomar voos que duraram o dia todo e percorrer, até o final, uma longa rodovia florestal no Canadá.

Em 25 anos, essa fábrica jamais alcançara os seus números de produção planejados. Além disso, tinham inúmeros problemas de qualidade no produto, particularmente com relação aos turnos da noite, que empregavam os trabalhadores menos experientes. O índice de qualidade era de setenta e poucos, enquanto o do restante da empresa era de oitenta e tantos.

Só depois que os placares foram implantados é que as coisas começaram a mudar radicalmente. Estavam jogando no escuro, e os novos placares "acenderam as luzes". Os dados são como a luz: o melhor agente de crescimento conhecido. Quando os vencedores recebem informações de que estão perdendo, encontram algum modo de vencer. Com as luzes acesas, conseguem ver o que precisam fazer para melhorar.

Um turno entra à meia-noite, compara o placar deles com os dos turnos que trabalharam durante todo o dia, e se energizam para irem além seja lá do que for que os turnos anteriores fizeram.

O hóquei fazia parte da cultura local. Naquela localidade remota, dispunham de dois campos para se divertirem, e praticamente mais nada. Os trabalhadores sabiam que estariam jogando hóquei e bebendo com os companheiros do outro turno nos fins de semana, e queriam ser o turno com direito a se gabar dos placares mais altos.

À medida que as 4DX alavancaram o desejo natural de competir, o índice de qualidade subiu rapidamente de 74 para 94, do pior nas empresas do grupo para o melhor e muito acima do que a média do setor. Ao fim de um ano, essa planta que jamais alcançara suas previsões de produção excedeu-se em 4.000 toneladas métricas, adicionando pelo menos $5 milhões ao resultado financeiro.

O placar dos jogadores é um instrumento poderoso para mudar o comportamento humano em qualquer lugar, até mesmo nas entranhas da floresta.

Na Seção 2, daremos orientações exatas sobre como criar e manter um placar envolvente.

AS 4 DISCIPLINAS E O ENGAJAMENTO DA EQUIPE

Gostaríamos de poder dizer que compreendemos a conexão entre a implementação das 4DX e o engajamento da equipe desde o começo, mas não é verdade. Aprendemos pela experiência. À medida que implementávamos as 4DX nas equipes ao redor do mundo, constatamos aumentos significativos no moral e no engajamento, embora suas MCIs não tivessem a ver com o moral e o engajamento. Tal desfecho talvez não seja surpresa para você com base no modo como descrevemos as 4DX até aqui, mas, naquela época, foi surpresa para nós.

A FranklinCovey construíra uma reputação mundial de ajudar no aumento da eficácia pessoal dos indivíduos e das equipes, e consequentemente, do moral e do engajamento. As 4DX foram idealizadas para ocupar a extremidade oposta do *continuum* de ofertas da FranklinCovery, com foco exclusivo sobre os resultados da empresa. Contudo, nas nossas primeiras implementações, o aumento de engajamento que observamos à medida que as equipes começavam a sentir que estavam vencendo não foi sutil. Foi notório. Na verdade, só não perceberíamos se estivéssemos cegos.

Nossas implementações envolviam, habitualmente, diversos dias de trabalho intenso com líderes e equipes, e estas equipes tinham sua quota de opositores e rebeldes. Para nossa surpresa, quando retornávamos dois meses mais tarde, descobríamos que tanto os opositores iniciais quanto todos os outros membros da equipe estavam entusiasmados por nos mostrar o que estavam realizando.

Muitos acreditam que engajamento produz resultados, e nós também. Contudo, hoje sabemos, e consistentemente presenciamos ao longo dos anos, que resultados produzem engajamento. Isto é verdadeiro em particular quando a equipe consegue ver o impacto direto que suas ações têm nos resultados. A experiência nos mostra que nada afeta de modo mais conciso o moral e o engajamento do que o sentimento de uma pessoa por estar vencendo. Em muitos casos, ter êxito é um estímulo mais poderoso de engajamento do que dinheiro, pacotes de benefícios, condições de trabalho, se você tem um melhor amigo no trabalho ou até mesmo se você gosta do seu chefe, que são, todos, indicadores típicos de comprometimento. Com certeza, as pessoas trabalham, e deixam de trabalhar, por dinheiro. Todavia, muitas equipes estão repletas de pessoas bem pagas e que se sentem infelizes em suas ocupações.

Em 1968, o autor Frederick Herzberg publicou um artigo na *Harvard Business Review* adequadamente intitulado "One More Time: How Do You Motivate Employees?" (Mais uma Vez: Como Você Motiva os Empregados?), no qual enfatiza a poderosa conexão entre resultados e engajamento: "As pessoas ficam mais satisfeitas com seus trababalhos (e portanto mais motivadas) quando lhes é propiciada a oportunidade de sentir a realização."

Quarenta e três anos mais tarde, em outro artigo da *Harvard Business Review,* "The Power of Small Wins" (O Poder das Pequenas Vitórias), os autores Teresa Amabile e Steven Kramer ressaltam a importância da realização para os membros de uma equipe: "O poder do progresso é fundamental para a natureza humana, mas poucos gestores compreendem isto ou sabem como alavancar o progresso para estimular a motivação."[16]

Aprendemos que os placares podem ser uma maneira poderosa de obter o comprometimento dos empregados. Um placar envolvente para jogadores não apenas orienta para os resultados, mas também usa o poder visível do progresso para instilar a atitude *para vencer.*

Se você ainda duvida sobre o impacto da vitória no engajamento da equipe, relembre uma época da sua carreira quando esteve mais entusiasmado e engajado no que fazia, uma época em que você não podia esperar para se levantar da cama pela manhã, quando era consumido pelo que estava fazendo profissionalmente. Agora faça esta pergunta a si mesmo: "Naquele tempo eu me sentia vencedor?". Se você é como a maioria das pessoas, sua resposta será "sim".

As 4DX possibilitam que você estabeleça um jogo que pode ser vencido. A Disciplina 1 restringe o seu foco a uma meta crucialmente importante e define uma nítida linha de chegada. A Disciplina 2 cria as medidas de direção que propiciarão a alavancagem para a sua equipe realizar o objetivo. É isso que faz o jogo: a equipe aposta nas suas medidas de direção, mas sem a Disciplina 3, sem o placar envolvente para os jogadores, não apenas o jogo seria perdido no redemoinho, como ninguém se importaria.

Uma equipe vencedora não precisa de estímulo artificial para o moral. Todos os exercícios que as empresas fazem para influenciação psicológica e dinamização com o objetivo de elevar o moral não são tão eficazes no engajamento das pessoas quanto a satisfação advinda da realização com excelência de uma meta que seja verdadeiramente importante.

As Disciplinas 1, 2 e 3 são poderosos estímulos para a execução, e com tudo isso, são apenas o começo da história. As primeiras três disciplinas estabelecem o jogo, mas talvez a sua equipe ainda não esteja *no* jogo, como você está prestes a aprender.

Crie uma cadência de responsabilidade

A quarta disciplina consiste em criar uma cadência de responsabilidade, um ciclo ao qual se recorre frequentemente para informação sobre desempenho passado e planejamento para que o placar evolua.

A Disciplina 4 é aquela na qual a execução realmente acontece. Como dissemos, as Disciplinas 1, 2 e 3 estabelecem o jogo, mas até que a Disciplina 4 seja aplicada, a sua esquipe ainda não está *no* jogo.

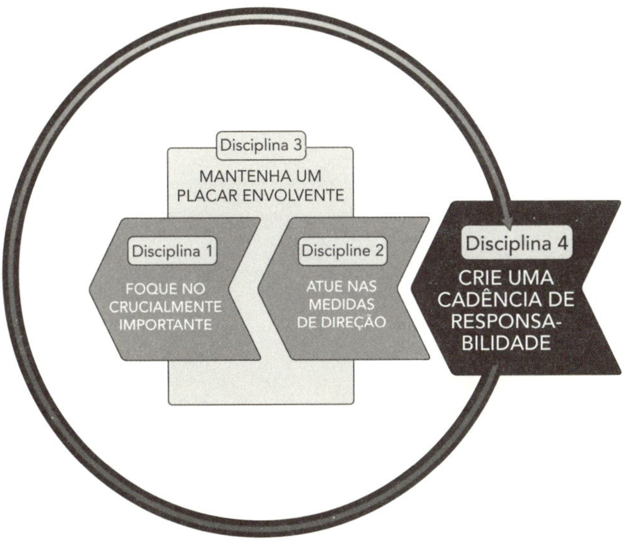

Esta é a disciplina que reúne todos os membros da equipe e é por isso que engloba as outras disciplinas.

Muitos líderes definem *execução* como a capacidade de estabelecer uma meta e alcançá-la. Após anos ensinando esses princípios, podemos afirmar que esta definição é insuficiente. Contudo, como expusemos anteriormente, o que é difícil, e raro, é a capacidade de alcançar uma meta crítica enquanto se vive *em meio à fúria de um redemoinho*, o que é ainda mais difícil quando a realização da meta exige mudanças de comportamentos de muitas pessoas.

Grandes equipes operam num nível elevado de responsabilização. Sem ela, os membros da equipe se dispersam em todas as direções, cada um fazendo o que pensa ser mais importante. Sob essas condições, o redemoinho rapidamente arrebata tudo.

As Disciplinas 1, 2 e 3 propiciam foco, clareza e engajamento, elementos poderosos e necessários ao seu sucesso. Todavia, com a Disciplina 4, você e sua equipe asseguram que a meta seja alcançada, o que quer que aconteça ao seu redor.

Na maioria das organizações, responsabilização significa análise de desempenho anual, uma experiência dificilmente engajadora, quer você esteja fazendo ou recebendo a avaliação. Além disso, pode também significar uma chamada de atenção ou dar explicações sobre algo que deixou de realizar.

Por outro lado, numa organização que aplique as 4DX, *responsabilização* significa assumir compromissos pessoais perante a equipe para impulsionar o placar e depois prestar contas de um modo disciplinado.

PENSAMENTO COMUM	PRINCÍPIO DAS 4DX
A responsabilização na nossa equipe é sempre de cima para baixo. Nós nos reunimos com o chefe periodicamente e ele nos informa como estamos nos saindo e no que devemos nos focar a partir daquele momento.	Na nossa equipe, a responsabilização é compartilhada. Nós nos comprometemos e a partir daí somos responsáveis perante nosso chefe, e o mais importante, perante nossos pares, pelo cumprimento do compromisso assumido.

A REUNIÃO DE MCI

Com base na Disciplina 4, a sua equipe deve se reunir em uma reunião de MCI pelo menos uma vez por semana. Essa reunião, que não dura mais do que 20 a 30 minutos, tem uma agenda definida e acontece de modo rápido, estabelecendo sua cadência semanal de responsabilidade para avançar em direção à MCI.

Essa disciplina literalmente faz a diferença entre a execução bem-sucedida e a execução falha.

Em maio de 1996, o célebre autor Jon Krakauer tentou escalar o Monte Everest com um grupo de alpinistas pagantes. À medida que encontravam obstáculos tais como nevascas, ventos de quase 100km/h e sentiam a tontura de grandes altitudes, o grupo começou a se desfazer. Alguns dos alpinistas mais obstinados decidiram tentar alcançar o pico e continuaram por conta própria. A disciplina da equipe foi abandonada. Todos tinham a mesma meta, mas a perda da disciplina e o senso de responsabilidade de cada um em um ambiente extremamente implacável se mostrou letal. Resultado: oito pessoas morreram.[17]

Cinco anos mais tarde, outro grupo se preparou para escalar o Monte Everest. A meta era ajudar um alpinista cego, Erik Weihenmayer, a alcançar o topo. A equipe planejou cuidadosamente o trajeto, assim com o grupo de Krakauer fizera. A grande diferença, porém, foi que ao final de cada dia, o grupo de Weihenmayer se reunia no que chamavam "reunião da tenda" para conversar sobre o que haviam realizado e aprendido, o que os ajudava a planejar e a fazer ajustes para o próximo dia. Os alpinistas mais ágeis da equipe "abriam caminho", fixavam cordas e depois voltavam para se encontrarem com Erik ao longo da trilha. Erik disse: "Nossa equipe permaneceu unida e cada um tomava conta do outro, o que me deu coragem suficiente para ir até o fim."

Num ponto crítico, foram necessárias 13 horas para que o líder cego cruzasse as escadas telescópicas que se estendiam por cima da fenda extremamente perigosa e sem fundo da cascata de gelo Khumbu. A equipe sabia que no dia do pico teriam que fazer a passagem em duas horas. Nas reuniões noturnas na tenda (uma forma de Reunião de MCI), eles compartilhavam as lições aprendidas e se comprometiam com a estratégia do dia seguinte. Foram dias e dias de prática, e noites e noites de reuniões na tenda.

O resultado? No dia do pico, realmente passaram equipes avistadas à medida que se esforçavam para fazer com que toda a equipe passasse para o outro lado da cascata de gelo em tempo recorde.

Essa cadência de responsabilidade foi a chave para a execução bem-sucedida da meta. Em 25 de maio de 2001, Erik Weihenmayer se tornou a primeira pessoa cega a pisar no topo do Monte Everest. Outra façanha notável da sua equipe: o maior número de pessoas a atingir o topo do Everest num único dia, 18 ao todo. Afinal, Erik e quase todos da sua equipe atingiram o pico mais alto do planeta e retornaram em segurança.[18]

O foco da reunião de MCI é simples: manter a prestação de contas mútua pela tomada de ações que impulsionarão as medidas de direção, resultando na realização da MCI apesar do redemoinho. Fácil de dizer, porém difícil de fazer. Para se certificar de que esse foco seja mantido toda semana, duas regras das reuniões de MCI devem ser seguidas na íntegra.

Primeiro, a reunião de MCI deve ser realizada sempre no mesmo dia da semana e no mesmo horário (algumas vezes até com mais frequência, como por exemplo diariamente, mas nunca com frequência maior que uma semana). Essa consistência é crítica. Sem ela, sua equipe jamais será capaz de sustentar um ritmo de desempenho. Até mesmo a perda de uma única semana causará uma perda de *momentum* e impactará os seus resultados. Em outras palavras, a reunião de MCI é sagrada, ocorre semanalmente, mesmo que o líder não possa comparecer e tenha de delegar.

É de fato surpreendente o que você consegue realizar pela simples disciplina na reunião em torno de uma meta, numa base semanal. Nada se compara. Francamente, ficamos perplexos com o fato de que essa disciplina não seja praticada com mais frequência. Pedimos a centenas de milhares de empregados de vários setores, ao redor do mundo, que se manifestassem sobre a frase: "Eu me reúno pelo menos uma vez por mês com meu gerente para discutirmos meu progresso em relação às metas." Para nossa surpresa, apenas 34% responde positivamente, até mesmo quando a avaliação é apenas uma vez ao mês, quanto mais semanalmente, conforme as melhores práticas das equipes de alto desempenho. Não é de se admirar que a intensa prestação de contas esteja ausente em tantas organizações.

"O que há de tão especial em se manter uma reunião de MCI toda semana?", você talvez se pergunte. Descobrimos que, no caso da maioria das organizações, a semana se constitui numa perfeita fatia da "vida". É um período curto o bastante para manter as pessoas focadas e a relevância das questões, mas suficientemente longo para permitir que compromissos assumidos nessas reuniões sejam cumpridos de fato. Em muitos ambientes operacionais, as semanas representam um ritmo natural da vida organizacional. Pensamos em semanas, falamos em semanas. Elas são o alimento básico da condição humana e possibilitam uma perfeita cadência de responsabilidade.

Segundo, o redemoinho nunca é permitido numa reunião de MCI. Não importa quão urgente uma questão possa parecer, a discussão na reunião de MCI se limita exclusivamente a ações e resultados que movam o placar. Se você precisar discutir outros assuntos, realize uma reunião com o pessoal após a reunião de MCI, mantendo assim a reunião de MCI isolada. Esse elevado nível de foco torna a reunião de MCI não apenas rápida, mas extremamente eficaz na produção dos resultados desejados. Ocorre também a reafirmação da importância da MCI para cada membro de equipe. É enviada uma mensagem clara de que, com relação ao alcance da MCI, nenhum sucesso no redemoinho poderá compensar uma falha no compromisso assumido na reunião de MCI da semana anterior. Muitas das organizações que são nossas clientes fazem exatamente isto: mantêm uma reunião de MCI com 20 a 30 minutos de duração e logo após uma reunião na qual podem discutir as questões do redemoinho.

Manter as reuniões de MCI em 20 a 30 minutos é uma norma que exige esforço. Ao iniciá-las, podem levar mais tempo. Todavia, à medida que você foca gradualmente mais no seu tempo e atenção para mover o placar e em nada mais, pouco a pouco as reuniões se tornam mais eficientes e eficazes. Também reconhecemos que, dependendo da sua função em particular ou da natureza da sua equipe, elas podem ser mais longas. No entanto, qualquer equipe de qualquer função pode aprender a realizar sessões rápidas, eficientes, centradas na meta crucialmente importante em vez de reuniões demoradas abrangendo toda espécie de assuntos. Geralmente, para manter suas reuniões de MCI rápidas e focadas, você precisará programar outras reuniões para tratar de problemas que vêm à tona durante as reuniões de MCI. Por exemplo, você pode dizer: “Bill, você está colocando um problema importante que precisa ser resolvido esta semana. Vamos marcar outra reunião na quinta-feira para nos aprofundarmos nessa questão e ver se conseguimos resolvê-la”, e em seguida continuar com a reunião de MCI.

As reuniões de MCI podem variar em conteúdo, mas a agenda é sempre a mesma. Segue, como exemplo uma agenda em três partes, de uma reunião de MCI junto com o tipo de linguagem que você deve escutar na sessão:

1. **Prestar contas: reporte os compromissos assumidos.**
   - *"Eu me comprometi a fazer uma ligação para três clientes que nos deram pontos mais baixos. Fiz a ligação e aqui está o que descobri ...!"*
   - *"Eu me comprometi a fazer pelo menos três reservas para visitas ao hotel e acabei conseguindo fazer quatro!"*
   - *"Tive uma reunião com nosso VP, mas não consegui a aprovação que queria. O motivo foi que..."*

2. **Revisar o placar: aprenda com sucessos e fracassos.**
   - *"Nossa medida histórica está verde, mas temos um desafio com relação a uma das nossas medidas de direção que acaba de ficar amarela. O que aconteceu foi o seguinte..."*
   - *"Nossas medidas de direção seguem uma tendência crescente, mas nossa medida histórica ainda não se alterou. Como equipe, concordamos que dobraríamos nossos esforços esta semana para fazer o placar mudar."*
   - *"Embora estejamos no caminho para alcançar nossa MCI, esta semana implementamos uma grandiosa sugestão por parte de um cliente que melhorou nossa medida de direção ainda mais!"*

3. **Planejar: libere o caminho e assuma novos compromissos.**
   - *"Posso liberar o caminho para você neste problema. Conheço alguém que..."*
   - *"Vou me assegurar que o problema do inventário que está impactando nossa medida de direção estará resolvido até a próxima semana, independentemente do que eu tenha de fazer."*
   - *"Terei uma reunião com o Roberto sobre nossos números e voltarei na semana que vem com pelo menos três ideias para nos ajudar a melhorar."*

Uma reunião de MCI é uma reunião curta e intensa dedicada a essas três, e somente a essas três atividades. O propósito da reunião de MCI é prestar contas dos compromissos anteriores e assumir compromissos que movam o placar da MCI.

Android – Barcode Scanner
iPhone – Red Laser

LINK: http://www.4dxbook.com/qr/WIGSession

Escaneie a imagem acima para assistir a um vídeo de curta duração sobre reuniões de MCI de diferentes organizações.

PERMANECER NO FOCO APESAR DO REDEMOINHO

Numa reunião de MCI, você e cada membro da sua equipe são responsáveis por fazerem a métrica do placar evoluir. Você realiza isso se comprometendo, a cada semana (na reunião de MCI), com uma ou duas ações específicas que afetarão diretamente as suas medidas de direção, e na semana seguinte cada membro da equipe relatará para os demais os resultados.

Para se preparar para a reunião, cada membro pensará sobre a mesma pergunta: "Que uma a duas ações mais importantes eu posso fazer nesta semana para impactar as medidas de direção?"

Precisamos ser cuidadosos neste ponto. Os membros da equipe não estarão se questionando: "Qual a ação mais importante que eu posso tomar esta semana?" Esta pergunta é tão ampla, que quase sempre os levará de volta para algum item do redemoinho. Em vez desta pergunta, deverão formular uma indagação muito mais específica: "Qual ação que posso fazer nesta semana para impactar as medidas de direção?"

Conforme exposto, este foco sobre o impacto provocado nas medidas de direção a cada semana é crítico porque as medidas de direção são o estímulo para alcançar a MCI. Os compromissos representam as coisas que precisam acontecer, além da rotina diária, para que as medidas de direção avancem. É

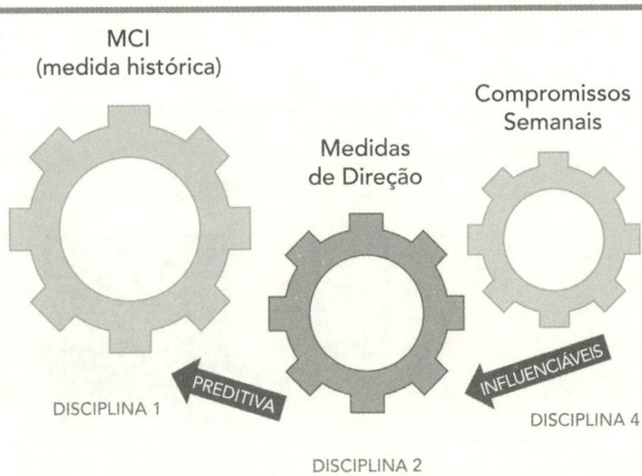

Ao assumir e cumprir seus compromissos semanais, os membros da equipe influenciam a medida de direção, que por sua vez é preditiva do sucesso da medida histórica da MCI.

por isso que na Disciplina 2 se enfatiza tanto a necessidade de as medidas de direção serem influenciáveis de modo que a equipe possa realmente fazê-las progredir por meio do desempenho semanal. Em suma, a manutenção dos compromissos semanais impulsiona as medidas de direção, e estas, a realização da MCI.

Tomemos o exemplo de Susana, uma gerente de enfermagem cuja medida de direção é a redução no tempo de administração de analgésicos aos pacientes. Susana observa em seu placar que dois componentes de suas equipes, um do turno do dia do sétimo andar, e outro da unidade de tratamento intensivo do oitavo andar, estão defasados em relação aos demais. Ela sabe que a equipe do sétimo andar tem um novo supervisor que ainda está sendo treinado nos procedimentos do tratamento contra a dor. Ela também sabe que a equipe do oitavo andar está com um número menor de pessoas. Assim sendo, o compromisso de Susana para mover as medidas de direção ao longo da semana poderiam ser uma análise dos procedimentos do tratamento contra a dor junto com a equipe do sétimo andar e o preenchimento da posição em aberto na equipe do oitavo andar.

Consideremos agora o exemplo de Antônio, membro da equipe de vendas cuja medida de direção é apresentar duas novas propostas a cada semana. Antônio sabe que sua lista de novos clientes está se esgotando. Assim sendo, para esta semana, o seu compromisso poderia ser conseguir novos nomes e informações para contato com novos clientes, assegurando o suficiente para que tenha êxito na mudança de dois deles para o estágio de proposta.

Nesses dois exemplos, tanto os líderes como os membros das equipes assumem compromissos semanais (veja mais sobre este assunto na Seção 2: "Implementação das 4DX com a sua equipe" – Implementação da Disciplina 4: Crie uma cadência de responsabilidade). A natureza dos compromissos pode se alterar toda semana porque tanto a empresa quanto o desempenho da equipe estão sempre se modificando. Apenas o processo é constante.

Observe que, em geral, esses compromissos semanais não são necessariamente urgentes nem mesmo novos. Com frequência são ações que a equipe deveria praticar naturalmente, mas a realidade é que tais ações são as primeiras a serem devoradas pelo redemoinho. Sem o ritmo constante de responsabilização da Disciplina 4, haverá sempre coisas que os membros da equipe sabem que devem fazer, mas que na verdade nunca fazem com regularidade.

A CRIAÇÃO DA CADÊNCIA

Micare, que produz o carvão usado como combustível por muitas usinas elétricas no México, é uma das maiores empresas privadas do país. As 4DX permeiam totalmente a Micare.

Toda segunda-feira pela manhã ocorrem reuniões de MCI em cada departamento dessa grande empresa por videoconferência, que estabelece conexão com localidades remotas, de modo que todos estejam na mesma página ao mesmo tempo. Os resultados de cada gerente são visíveis na tela para conhecimento geral.

Os grupos (produção, expedição, recursos humanos, finanças, operações, e assim por diante) têm seus placares constantemente atualizados e dispostos por toda a empresa. Todos os empregados (engenheiros, mineiros e até mesmo os trabalhadores da manutenção) sabem enumerar as MCIs de suas respectivas equipes. Ao fazer uma vista à Micare, nos lembraram desta observação por Jack Welch, o lendário líder da GE:

"As metas não devem soar nobres nem vagas. O alvo não pode estar tão desfocado que não consigam mirá-lo. Sua direção tem de ser tão vívida que, se aleatoriamente você despertasse um dos seus empregados no meio da noite e perguntasse 'Para onde estamos indo?', ele pudesse responder ainda que no estupor da sonolência."[19]

Este é o nível de clareza estratégica e comprometimento evidente por toda a Micare.

O que o sistema operacional das 4DX significou para a realização das MCIs da Micare ao longo de um período de sete anos?

- Os acidentes com perda de tempo caíram de aproximadamente 700 por ano para menos de 60.
- A água consumida no processamento de carvão, uma importante preocupação ambiental, sofreu uma queda de aproximadamente dois terços.
- A reabilitação anual das áreas das minas subiu de 6 hectares para mais de 200.
- A suspensão de partículas no ar ao redor das minas caiu de 346 unidades por metro cúbico para 84.

- As toneladas de carvão produzidas por trabalhador cresceu de 6 mil para 10 mil por ano.

Em resumo, e de acordo com o CEO da Micare, as 4DX produziram excelentes resultados comerciais para a empresa, viabilizando melhorias importantes na segurança e no meio ambiente.

A Micare crê que a atenção concentrada na cadência de responsabilidade tenha sido o fator mais importante para o seu sucesso. A reunião de MCI, um conceito tão simples, ajusta constantemente o foco de toda a organização para o que é mais importante.

Lembre-se de que a reunião de MCI deve ser rápida. Se cada pessoa abordar os três itens da cadência descritos anteriormente, não será necessária muita conversa. Como um de nossos maiores clientes tem orgulho em dizer: "Quanto mais falarem, menos terão feito."

A reunião de MCI também dá à equipe a chance de processar o que aprenderam sobre o que funciona e o que não funciona. Se as medidas de direção não estiverem movimentando as medidas históricas, a equipe coloca o pensamento criativo em debate e sugere novas hipóteses para serem experimentadas. Se as pessoas encontrarem obstáculos para a realização dos seus compromissos, os membros da equipe podem se comprometer a liberar caminho uns para os outros. O que pode ser difícil para um trabalhador da linha de frente alcançar, talvez signifique apenas uma "canetada" para o líder da equipe. Na verdade, como líder, você deve frequentemente perguntar a cada colaborador: "O que posso fazer esta semana para liberar caminho para você?"

É também importante observar que, a menos que você seja uma pessoa da linha de frente, provavelmente participará de duas reuniões de MCI toda semana: uma conduzida por seu gestor e outra que conduzirá com a sua equipe (mais detalhes sobre este assunto na Seção 2: "Implementação das 4DX com a sua equipe" – Implementação da Disciplina 4: *C*rie uma cadência de responsabilidade).

Por enquanto, vamos aplicar a Disciplina 4 ao exemplo da Younger Brothers Construction sobre a qual discorremos anteriormente. Lembre-se de que a MCI para a Younger Brothers era reduzir os incidentes de segurança de 57 para 12 até 31 de dezembro, e que a medida de direção estava em conformidade com as oito normas de segurança que, acreditavam, eliminariam a grande maioria dos acidentes.

Imagine que você seja um gerente de projetos na Younger Brothers, responsável por certo número de equipes. Na reunião de MCI com o seu gestor, você faria três coisas:

1. **Relataria os compromissos da semana anterior**: “Na semana passada, assumi o compromisso de comprar novas travas para os andaimes de modo que as condições para todas as equipes atendessem ao Código (uma das oito normas de segurança) e consegui fazê-lo.”
2. **Analisaria o placar**: “Minha medida histórica de incidentes de segurança está atualmente na média de cinco por mês, ligeiramente acima de onde deveríamos estar neste trimestre. Minha medida de direção referente à conformidade com as normas de segurança está verde, em 91%, mas as equipes 9, 11 e 13 estão prejudicando a pontuação porque não estão usando consistentemente os óculos de segurança.”
3. **Assumiria compromissos para a próxima semana**: ”Esta semana terei uma reunião com os supervisores das equipes 9, 11 e 13, analisarei seus dados de segurança e assegurarei que haja uma quantidade de óculos de segurança suficiente para todos.”

Cada compromisso deve obedecer duas normas: primeiro, o compromisso deve representar um item específico realizável. Por exemplo, compromisso de se “focar nas” ou “trabalhar com as” equipes 9, 11 e 13 é vago demais. Como esse tipo de compromisso não o torna responsável por um resultado específico, normalmente se perde no redemoinho. Em segundo lugar, o compromisso deve mover a medida de direção. Se o compromisso não estiver orientado diretamente para a medida de direção, não conduzirá a equipe em direção à realização da MCI.

À medida que você começar a compreender a reunião de MCI, também verá mais claramente a importância das duas características das medidas de direção sobre as quais discorremos na Disciplina 2. Se as medidas de direção forem influenciáveis, poderão ser movidas pelos compromissos semanais. Se forem preditivas, seus movimentos conduzirão à realização da MCI.

A reunião de MCI é como uma experiência científica em andamento. Os membros da equipe expõem suas melhores ideias sobre como influenciar o placar, se comprometem a experimentar novas ideias, testam hipóteses e retornam com os resultados.

Por exemplo, no Centro de Fibrose Cística do Centro Médico Fairview da Universidade de Minnesota, a equipe médica realiza uma reunião semanal para avaliar a função pulmonar de seus pacientes vulneráveis, a maioria deles bebês e crianças pequenas. A fibrose cística reduz gradualmente a capacidade de o paciente respirar, de modo que a MCI para este centro de tratamento com padrão internacional de excelência é função pulmonar 100% para todos os pacientes. Eles não se satisfazem com 80% do normal, nem mesmo com 90%, como medida histórica.

Nessas reuniões semanais, os médicos analisam o que observaram durante aquela semana sobre as melhoras na função pulmonar e comprometem-se a fazer o acompanhamento. Por exemplo, como o peso corporal pode ser uma medida de direção na saúde do pulmão, os médicos monitoram-no cuidadosamente e administram suplementos alimentares, realizam experiências com tendas para nebulização e coletes massageadores para limpar os pulmões. Em seguida, retornam à equipe com os resultados.

A cada semana, aprendem mais e compartilham mais conhecimentos.

Poucas pessoas se responsabilizam tão rigorosamente por uma MCI quanto os integrantes da equipe de Fairview, e os resultados evidenciam o valor da cadência de responsabilidade local: há muitos anos não perdem um paciente para a fibrose cística.[20]

Enquanto o líder da reunião de MCI é responsável por assegurar a qualidade dos compromissos, o ponto crítico é que tais compromissos partam dos participantes. Nunca será demais enfatizar isto. Se você disse para a sua equipe o que tem de fazer, aprenderão pouco, mas quando são capazes de consistentemente dizer a *você* o que é necessário para alcançar a MCI, eles terão aprendido muito sobre execução, e você também.

Deixar que os membros da equipe exerçam gerência sobre seus próprios compromissos pode parecer um contrassenso, em especial quando você consegue ver tão claramente o que deve ser feito e quando a própria equipe pode até mesmo esperar ou querer que você apenas diga o que fazer. Contudo, o que você quer, basicamente, é que a sua equipe assuma individualmente a responsabilidade pelos compromissos acordados. Como líder, você ainda poderá atuar como *coach* das pessoas que estão se esforçando para assumir compromissos de alto impacto, mas você deseja se assegurar de que, no final, as ideias sejam deles e não suas.

O PRETO E O CINZA

Finalmente, a reunião de MCI salva as suas metas crucialmente importantes de serem absorvidas pelo redemoinho. Segue o calendário de uma semana típica. Os blocos pretos representam os seus compromissos da reunião de MCI, e os blocos cinzas representam o seu redemoinho. Este diagrama

Compromissos Semanais

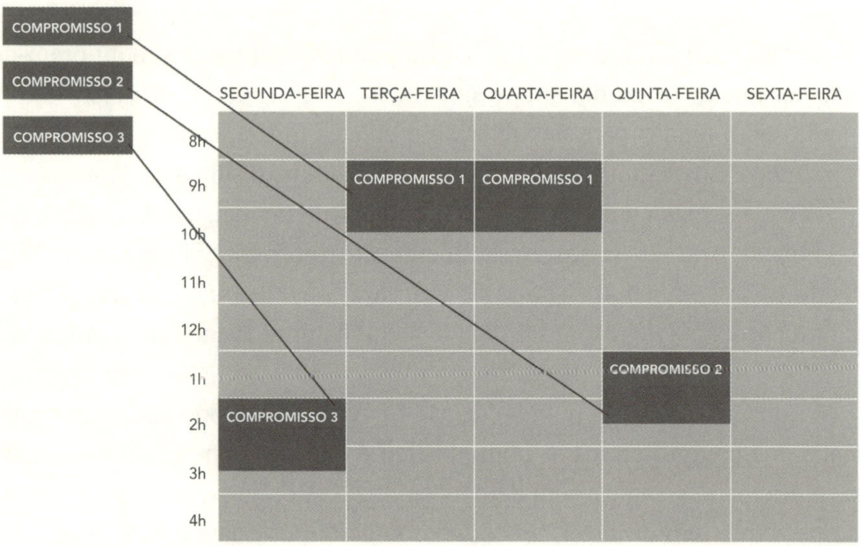

Os blocos cinzas representam o seu redemoinho diário. Os blocos pretos representam seus compromissos semanais para mover o placar da MCI, e se forem incluídos sistematicamente na sua agenda semanal, é menos provável que o redemoinho desloque o foco da sua MCI.

simples é ideal para mostrar como se apresenta o equilíbrio entre o tempo e a energia investidos na execução.

Quando apresentamos a Disciplina 4 no nosso processo, alguns líderes equivocadamente representam uma semana que em sua maior parte é preta, significando que os compromissos são o foco predominante para a semana. É muito raro isso representar a realidade. Grande parte da nossa energia ainda será gasta administrando nossas prioridades do dia a dia, como deve ser. Contudo, o valor crítico das 4 Disciplinas é garantir que o preto, seu investimento acima do cotidiano, fique consistentemente focalizado na sua MCI.

O que aconteceria se você removesse um daqueles blocos pretos da sua semana? Ele permaneceria vazio?

Pense quando foi a última vez que você ficou aliviado por saber que uma reunião fora cancelada, liberando uma hora na sua programação. Quanto tempo durou para que outras três reuniões e cinco solicitações urgentes estivessem competindo por aquele horário livre? Em termos do diagrama, quanto tempo levaria antes que o redemoinho devorasse aquele horário em aberto, tornando-o cinza?

Quando fazemos essa pergunta em nossas sessões, todo líder sabe a resposta: "Imediatamente!" O cinza não quer o preto em sua semana. Em outras palavras, o redemoinho consumirá cada momento e toda energia que puder. A Lei de Parkinson afirma: "O trabalho se expande de modo a preencher o tempo disponível para sua conclusão", e em nenhum caso este princípio de expansão e consumo do tempo e energia é mais verdadeiro do que no caso do redemoinho. A execução da sua MCI tem a ver com forçar o preto no cinza a qualquer preço.

Agora, pense no diagrama como uma representação da energia combinada de toda a equipe, e não apenas sua, por uma semana. Nesse novo contexto, o preto simboliza a energia de cada membro da sua equipe na medida em que cumprem seus compromissos toda semana. Este é o tipo de energia concentrada que produz resultados. Se você mantém a cadência de responsabilidade semana após semana, a sua equipe libera essa energia direcionada às medidas de direção que têm efeito direto sobre a MCI.

Esta disciplina semanal também tem efeito real sobre o estado de espírito. Pense sobre a última vez que você teve uma semana toda cinza, uma semana de longas horas consumidas por infindáveis crises do redemoinho. A pior parte foi o sentimento doentio na boca do estômago de que, apesar de ter se matado durante toda a semana, praticamente não realizou nada.

Se as suas semanas todas na cor cinza se tornarem uma experiência regular, você sentirá que sua vida como líder está se exaurindo. Pior ainda, notará o mesmo sentimento refletido no engajamento e no desempenho da sua equipe.

As reuniões de MCI são o antídoto para as semanas todas na cor cinza. Quando a disciplina de realizar as reuniões de MCI for mantida, quando você e sua equipe forçarem a presença do preto no cinza a cada semana, não apenas perceberá progresso consistente em direção às metas como também começará a sentir que, em vez do redemoinho, você é quem está no comando.

REUNIÕES DE MCI E ENGAJAMENTO

Mark McChesney, o irmão mais velho de um dos nossos autores, só queria fazer uma coisa quando crescesse: projetar carros. Mark trabalhou duro para realizar o seu sonho e por fim foi contratado como projetista de uma das três maiores montadoras de automóveis dos Estados Unidos. Quase todos os projetistas da equipe de Mark tinham o mesmo sonho, isto é, passar os dias fazendo aquilo de que mais gostavam neste mundo: projetar carros.

Você poderia pensar que o nível de engajamento deles ultrapassaria os limites do gráfico. Contudo, aqui está a parte interessante desta história: este departamento de projeto tem os menores índices de engajamento quando comparados com qualquer outra equipe naquela gigantesca organização. É isso mesmo: as pessoas que estão fazendo exatamente aquilo que sempre quiseram fazer têm a menor pontuação. Como pode ser possível que pessoas que fizeram carreira se dedicando ao que mais gostam, tenham baixo engajamento?

No seu livro *The Three Signs of a Miserable Job*, Patrick Lencioni descreve brilhantemente três razões pelas quais os indivíduos deixam de se sentir engajados pelo trabalho:

1. **Anonimato**: quando sentem que seus líderes não sabem ou não se importam com o que fazem.
2. **Irrelevância**: quando não compreendem como seu trabalho possa fazer a diferença.
3. **Impossibilidade de avaliação**: quando não podem medir ou avaliar por si mesmos a contribuição que estão dando.[21]

Todos os três sinais de Lencioni estão presentes no departamento de projetos da indústria automobilística. Primeiro, o trabalho original do projetista é tão alterado até se tornar realmente um produto, que o criador em geral é esquecido (anonimato). Segundo, o produto é liberado muitos anos depois de os projetistas terem trabalhado nele, de modo que talvez não possam ver sua contribuição no produto final (irrelevância). Terceiro, as avaliações de desempenho são extremamente subjetivas (impossibilidade de avaliação).

Os três sinais de Lencioni não apenas explicam o que está acontecendo no departamento de projetos e em muitos outros empregos, mas também descrevem com perfeição a vida no redemoinho, o que denominamos "uma semana toda cinza". A boa notícia é que a Disciplina 4, se implementada corretamente, é a cura para todas as três razões acima.

Numa equipe que mantém a cadência das reuniões de MCI, os membros não são indivíduos anônimos. Ao contrário, estão em foco pelo menos uma vez por semana, e também não são irrelevantes, porque podem ver exatamente como seus compromissos estão movendo as medidas de direção que conduzem a uma meta crucialmente importante. Existe um placar nítido e público que é atualizado a cada semana e que reflete seus desempenhos.

O impacto total da reunião de MCI não será sentido de imediato. Em geral, três a quatro semanas decorrem antes que a equipe possa estabelecer um ritmo eficaz no qual aprendam a se manter focados na MCI e a evitar discussões sobre o redemoinho. Todavia, logo a reunião se torna mais produtiva, e após mais algumas semanas algo importante começa a acontecer. As medidas de direção começam, de fato, a mover as medidas históricas e a equipe começa a sentir que está *vencendo*.

UM TIPO DIFERENTE DE RESPONSABILIZAÇÃO

Nosso sistema *on-line* usado nas reuniões de MCI, my4dx.com (explicado na Seção 2: "Implementação das 4DX com a sua equipe" – Automação das 4DX) armazenou milhões de compromissos de equipes em todo o mundo. Mais de 75% daqueles compromissos foram mantidos apesar do redemoinho. Esses dados oriundos do mundo real mostram que as reuniões de MCI criam responsabilização e acompanhamento genuínos.

Contudo, é o *tipo* específico de responsabilização criada na reunião de MCI que queremos que você entenda.

Com frequência, a palavra *responsabilização* tem uma forte conotação negativa. Se o seu gestor diz: "Venha falar comigo daqui a uma hora. Precisamos ter uma sessão de responsabilização", você pode ter certeza que não é boa coisa.

Contudo, a responsabilização criada numa reunião de MCI é muito diferente. Não é organizacional, é *pessoal*. Em vez de responsabilização por um resultado amplo, que você não possa influenciar, é a responsabilização que você mesmo assumiu e que está dentro do seu poder cumprir. Além disso, você relatará seus resultados um a um, não apenas para o seu gestor, mas para os outros membros da equipe. Basicamente, a pergunta que você responderá numa reunião de MCI é: "Fizemos o que nos comprometemos *mutuamente* a fazer?"

Quando a resposta for "sim", quando os membros de uma equipe veem seus pares cumprindo consistentemente os compromissos assumidos, desenvolvem respeito recíproco, aprendem que as pessoas com quem trabalham são confiáveis na continuidade do processo. Quando isso acontece, o desempenho aumenta fabulosamente.

Tome como exemplo a Nomaco, empresa líder tecnológica na extrusão de espuma de polietileno. Em resumo, produzem itens interessantes com a espuma colorida, desde isolamentos de alta tecnologia até brinquedos para piscina.

Uma das três plantas de fabricação da Nomaco, a de Tarboro, na Carolina do Norte, era uma boa planta. Estavam tendo êxito no orçamento sob todos os ângulos – custo, lucratividade e segurança –, mas ainda não se sentiam uma importante planta porque, embora estivesse melhorando, não tinham um desempenho inovador.

A estrutura organizacional da planta era tradicional, e apesar de um ambiente aberto e amistoso as pessoas ainda dependiam do gerente da planta para supervisionar, monitorar, tomar decisões e essencialmente garantir que todos estavam fazendo o que era esperado.

As 4DX propiciaram a inovação que procuravam. Nos 18 meses após a adoção das 4DX, a planta de Tarboro:

- Cortou mais de $1 milhão nos custos da linha de produção.
- Manteve-se mais de 30% abaixo do orçamento para o ano fiscal.
- Não teve acidentes com perda de tempo e apenas um acidente relatado.
- Alcançaram o orçamento projetado para o ano fiscal seguinte no primeiro trimestre.

O gerente da planta concluiu com relação às 4DX: "É uma ferramenta robusta, que assegura sucesso em qualquer tipo de iniciativa que uma organização decida implementar. Seja Seis Sigma, produção otimizada ou equipes de trabalho autolideradas ... as 4DX produzirão os resultados desejados."

A chave para a mudança foram as reuniões de MCI.

Em Tarboro, cada equipe tinha suas reuniões de MCI semanalmente. Todos os empregados relatavam como estavam fazendo uma diferença significativa, melhorando as medidas e alcançando a MCI. A cada semana, surgiam novas ideias para manter o placar verde. As reuniões de MCI os mantinham focados na realização das metas crucialmente importantes, contudo, mais do que isso, as reuniões permitiam que raciocinassem e tomassem decisões em conjunto, ajudassem uns aos outros e celebrassem suas vitórias.

Como resultado, a planta de Tarboro criou uma cultura de empregados altamente engajados, que se responsabilizam individual *e mutuamente* pelos resultados.

Julian Young, presidente da Nomaco durante a implementação das 4DX, assim resumiu o impacto das reuniões de MCI: "As reuniões de MCI têm muito mais energia do que as reuniões tradicionais, nos antigos moldes das reuniões de produção. Melhoraram a produtividade substancialmente em cada uma das nossas unidades e tornaram a responsabilização incrivelmente simples."

Ao longo dos anos, temos observado milhares de reuniões de MCI como aquelas da planta de Tarboro, e essa experiência evidenciou um aspecto: a responsabilização perante os pares criada na reunião de MCI é um motivador de desempenho ainda maior, para a maioria dos indivíduos, do que a responsabilização perante o gestor. No final, as pessoas trabalharão arduamente para evitar o desapontamento do gestor, mas farão quase de tudo para evitar o desapontamento dos seus pares.

Entretanto, para atingir esse nível, você ainda precisa entender um ponto adicional. Dissemos que as primeiras três disciplinas estabelecem o jogo, mas que até que a Disciplina 4 seja aplicada sua equipe não está *no* jogo. Porém, queremos agora dizer isto ainda com maior clareza: o nível de importância que você atribui à reunião de MCI determinará diretamente os resultados produzidos por sua equipe. Com base na sua consistência, no seu foco e no seu próprio modo de assumir compromissos e fazer o acompanhamento, você estabelecerá a reunião de MCI como um jogo de altas ou de baixas apostas nas mentes da sua equipe.

Pense neste ponto aplicado a uma partida jogada na pré-temporada *versus* partidas finais. Na pré-temporada, você gostaria de vencer, mas perder nas finais significa que a sua equipe voltará para casa. Que tipo de jogo mobiliza o mais alto nível da partida? Em poucas palavras, se o jogo não for crucialmente importante, por que a equipe vai se preocupar? É por isso que a responsabilização real inspira a equipe a se engajar no mais alto nível da partida.

A CRIAÇÃO DE UMA CULTURA INOVADORA

Algumas pessoas não gostam do fato de que as reuniões de MCI sejam estruturadas da forma descrita anteriormente. Na verdade, quando realizadas de modo adequado, as reuniões de MCI são também altamente criativas. Em conjunto, estrutura e criatividade produzem engajamento, como o eminente psicanalista dr. Edward Hallowell descobriu. As situações mais motivantes, diz, são aquelas que são "altamente estruturadas *e* repletas de novidades e estímulos".[22]

A cadência de responsabilidade pode liberar a criatividade da equipe.

Quando você pensa numa equipe que tenha uma cultura de disciplina e execução, não espera ouvir que sejam também criativos e inovadores. Contudo, temos encontrado regularmente todas estas características em equipes que aplicam bem as 4DX.

A reunião de MCI estimula a experimentação de novas ideias, engaja todos na solução de problemas e promove aprendizado compartilhado. É um fórum para *insights* inovadores para o progresso das medidas de direção, e como há muito em jogo, extrai os melhores pensamentos de cada membro da equipe.

Towne Park é um grande exemplo. Towne Park, o maior provedor de estacionamento com serviço de manobristas para hotéis e hospitais de alto padrão, sempre foi extremamente bem dirigido. Quando Gaylord Entertainment (um dos maiores clientes de Towne Park) obteve grande sucesso ao adotar as 4DX, os líderes de Towne Park também se mostraram interessados.

Towne Park já estava avaliando virtualmente todos os aspectos de seu negócio: os atendentes abriam a porta para você e seus convidados na chegada? Diziam a saudação adequada? Ofereciam água? Seus executivos poderiam dizer tudo isto, pois estavam literalmente avaliando tudo que achavam ser importante para os clientes.

Mesmo assim, decidiram aplicar as 4DX à meta crucialmente importante da empresa, aumentar a satisfação do cliente para ver se poderiam melhorar ainda mais. Enquanto desenvolviam as medidas de direção na Disciplina 2, notaram que uma coisa que não estavam avaliando poderia realmente ser o ponto de maior aumento da satisfação do cliente: quanto tempo o cliente espera para ter o seu carro de volta?

Assim, escolheram reduzir o tempo de devolução como a medida de direção mais preditiva para melhoria adicional da satisfação do cliente. Embora já soubessem que este é um importante aspecto do negócio, jamais fizeram uma avaliação porque não é um resultado fácil de ser obtido, nem mesmo para uma empresa que acredita na avaliação. Eles sabiam que, para coletar os dados de devolução, teriam de registrar o horário em que o cliente solicitou o carro e quando o manobrista o devolveu. O intervalo entre os dois momentos, o tempo de devolução, teria então de ser consistentemente registrado em todas as equipes e todas as localidades.

Você pode imaginar o quão difícil seria reunir esses dados no redemoinho de entrada e saída de carros. Tão difícil, que alguns líderes argumentaram que não poderia ser feito. Contudo, como estavam comprometidos com a MCI de incomparável satisfação do cliente, e como acreditavam que o tempo de devolução do carro era o mais preditivo e influenciável para alcançá-lo, assumiram o compromisso de rastreá-lo. Como em toda equipe de grande liderança, uma vez tomada a decisão, encontraram um jeito de realizá-la.

Inicialmente, se perguntaram se o tempo de devolução era de fato influenciável por causa dos fatores externos que causam impacto na atividade, tais como a localização da área de estacionamento e a distância até o carro. Apesar dessas preocupações, conseguiram reduzir de modo bem significativo o tempo de devolução.

Como? As equipes descobriram por que estavam altamente engajadas no jogo. Uma vez que a medida de direção melhorou no placar, os manobristas começaram a encontrar novos meios de vencer. Por exemplo, começaram a avisar aos visitantes que chegavam para ligar antes de fazerem o *check-out* de modo que o carro estivesse disponível ao chegarem. Toda vez que os clientes ligavam antecipadamente, o manobrista sabia que o tempo de recuperação seria zero.

Os manobristas também começaram a perguntar em qual dia os visitantes planejavam fazer o *check-out*. Se era superior a uma semana, estacionavam o carro no fundo do estacionamento. À medida que o dia da devolução se aproximava, passavam o carro para a frente, de modo que o tempo de devolução fosse reduzido.

Essas e tantas outras inovações não apenas melhoraram a medida de direção de tempo de devolução, mas imediatamente aumentaram a medida histórica de satisfação do cliente. Towne Parke estava vencendo, mas sem o engajamento da equipe no jogo, essas ideias talvez nunca teriam vindo à tona, e muito menos teriam sido implementadas.

Contudo, uma equipe de Towne Park em Miami, Flórida, enfrentou um obstáculo que parecia insuperável: uma parede de concreto com aproximadamente 1 metro de altura se estendia bem no meio da garagem do estacionamento, obrigando os manobristas a contorná-la para retirar cada automóvel.

Após diversos meses de tentativas para compensar a parede, uma inovação literal aconteceu durante a reunião de MCI. James McNeil, um dos subgerentes de conta, assumiu com a sua equipe o compromisso de remover a parede. Obtida a autorização do engenheiro do hotel, que confirmou que a parede não era de sustentação de carga, providenciou uma serra para concreto e recrutou diversos outros supervisores para ajudar na manhã do sábado seguinte a cortar e remover diversas toneladas de concreto. No final do dia, a parede não mais existia.

Se você é um líder, deve ficar fascinado com esta história. Se um executivo da Towne Park tivesse ordenado à equipe para fazer alguma coisa fora das suas responsabilidades normais, como remover uma parede de concreto, qual teria sido, em sua opinião, a reação da equipe? Na melhor das hipóteses, resistência, e na pior, revolta, até mesmo no caso de uma boa equipe.

Todavia, como a medida de direção tornara-se um jogo de grandes apostas do tipo que os jogadores não querem perder, o efeito foi oposto. A ideia era retirar a parede e o desejo de vencer era tão alto que não haveria como tentar impedi-los. A necessidade é, realmente, a mãe da invenção. Tendo a diminuição do tempo de devolução se tornado um jogo, a criatividade e a invenção se seguiram.

O entendimento mais crítico é que este nível de engajamento raramente advém de uma abordagem de comando e controle, ou seja, que dependa exclusivamente da autoridade formal do líder. Na melhor das hipóteses, a autoridade isolada produz apenas conformidade por parte da equipe.

Em contraste, as 4DX produzem resultados não a partir do exercício da autoridade, mas do desejo fundamental de cada componente da equipe se sentir significativo, fazer um trabalho que seja realmente importante, e essencialmente vencer.

Este tipo de engajamento produz o verdadeiro comprometimento, o tipo de compromisso que levou a equipe de Towne Park a derrubar uma parede, e é somente esse tipo de comprometimento que produz resultados extraordinários.

Na seção 2, forneceremos orientações precisas sobre como alcançar esse tipo de comprometimento por meio da cadência de responsabilidade.

O PODER DAS 4DX

Agora que examinamos cada uma das 4 Disciplinas da Execução, esperamos que você entenda o poder que elas têm para transformar a cultura e os resultados da sua empresa. Quando apresentamos aos líderes as 4DX, frequentemente acreditam que já estão fazendo a maior parte do que ensinamos. Afinal de contas, metas, medidas, placares e reuniões são tópicos familiares. Contudo, uma vez implementadas as 4DX, esses mesmos líderes relatam uma enorme mudança de paradigma nas suas equipes, que produz resultados previsíveis, geralmente pela primeira vez.

Android – Barcode Scanner
iPhone – Red Laser

LINK: http://www.4dxbook.com/qr/BestMoment

Escaneie a imagem acima para assistir a um vídeo de curta duração sobre o que os líderes enfrentam ao lançar uma estratégia.

Se você contrastar as 4DX com as práticas comuns de planejamento anual, verá quão diferente este paradigma é do pensamento típico a respeito das metas.

O processo anual de estabelecimento de metas começa com a criação de um plano mestre para o ano, focado num grande número de metas. Em seguida, cada meta é subdividida em muitos projetos, objetivos intermediários, tarefas e subtarefas que precisam ser realizadas ao longo dos meses seguintes para que o plano tenha êxito. Quanto mais profundo o processo de planejamento, mais complexo o plano se torna.

Apesar da crescente complexidade, os líderes podem sentir os sintomas do que chamamos “planejar alto”. Trata-se daquela esperança que surge ao dizerem: “Bem que isto poderia funcionar realmente!”.

Finalmente, eles criam um conjunto de *slides* em PowerPoint para explicar o plano, e a seguir fazem uma convincente apresentação formal. Isto lhe soa familiar? Em caso afirmativo, só resta uma etapa após a apresentação do plano: assistir a sua gradativa queda na obscuridade à medida que as necessidades do negócio, em constante mudança que todavia não foram consideradas, tornarem o plano cada vez menos relevante.

Agora, em contraste, pense de novo na experiência da Younger Brothers Construction e sua MCI para reduzir acidentes. Não importa quão detalhado ou estrategicamente brilhante tenha sido o seu plano anual, não se poderia prever, em nenhuma hipótese, que na 32ª semana um líder precisaria se reunir com as equipes 9, 11 e 13 para se concentrar em óculos de segurança. Em outras palavras, a única informação necessária para atingirem os resultados de nível mais alto naquela semana não estaria no plano, e nunca estará.

Não obstante, na Disciplina 4, a equipe faz planejamentos semanais em função de suas medidas de direção criando, essencialmente, um plano *just-in-time* com base em compromissos que não poderiam ter imaginado no começo do mês, quanto mais no início do ano.

A energia semanal contínua, aplicada em função das medidas de direção, cria uma forma única de responsabilização que conecta a equipe diretamente à meta, repetidamente.

Se a Younger Brothers tivesse atacado sua MCI sem conformidade com a medida de direção de segurança, ainda assim teria sido capaz de assumir compromissos semanais, mas em função de um alvo menos específico. Você consegue imaginar cada membro da equipe assumindo o compromisso de reduzir acidentes nesta semana? Pareceria tão amplo quanto inexequível, algo como tentar ferver o oceano.

Pior ainda, imagine a perspectiva dos líderes. Consegue perceber a frustração deles dizendo: "São todos adultos que trabalham há anos na construção civil. Se não se importam com a própria segurança, o esperam que eu faça?".

Uma vez que as pessoas desistam de uma meta que pareça inatingível, independentemente do quão estratégico seja, só há uma direção para a qual se pode correr: voltar para o redemoinho. Afinal, é o que conhecem e onde se sentem seguros. Quando isso acontecer, a sua equipe estará jogando para não perder em vez de jogando para vencer, o que é bem diferente. Em suma, as 4DX fazem a organização jogar para vencer!

Pense nas 4DX como o sistema operacional do seu computador. Você precisa de um potente sistema operacional para executar todos os programas que decidir instalar. Se o sistema operacional não se equipara à tarefa, não importa quão magnificamente projetado tenha sido o programa, não funcionará com consistência.

Do mesmo modo, sem um sistema operacional para executar as suas metas, independentemente da bela forma que sua estratégia tenha sido projetada, não funcionará de modo harmônico. Mesmo se atingir os resultados, você não conseguirá sustentá-las ou ultrapassá-las com o passar dos anos. As 4DX asseguram execução precisa e consistente de qualquer objetivo que você escolha implementar com a sua equipe ou na sua organização e cria a base para um sucesso maior no futuro.

Uma das razões-chave para as 4DX funcionarem de forma tão potente é que se baseiam, virtualmente, em princípios atemporais, e já foi demonstrado que funciona com qualquer organização, em qualquer ambiente. Nós não inventamos os princípios das 4DX: apenas os elucidamos e codificamos. Outros já usaram os mesmos princípios para alterar o comportamento humano de maneira eficaz em prol de uma meta.

Em 1961, Jean Nidetch, de Queens, Nova York, estava perdendo a paciência com as dietas. Ela se sentia desconfortavelmente pesada e achava difícil fazer regimes. Não conseguiu atingir seu objetivo em cada uma das tentativas. Assim, quando decidiu experimentar uma dieta que obteve no NYC Board of Health (Secretaria de Saúde da Cidade de Nova York), decidiu tentar uma nova abordagem: convidou alguns amigos que também estavam lutando para emagrecer para reuniões semanais e avaliações recíprocas. Estipularam objetivos razoáveis, adequados para a perda de aproximadamente meio quilo ou um quilo por semana, monitoravam com cuidado a ingestão de calorias e graduavam a intensidade dos exercícios.

Ao longo de um período de cerca de dois anos, atingiram suas metas de perda de peso e o conseguiram em conjunto.

O clube de perda de peso de Jean continuou a reunir membros, e em 1963 se tornou a organização Vigilantes do Peso. Desde então, os Vigilantes do Peso se tornaram uma rede internacional de associações, com uma linha de produtos que inclui bebidas *diet*, substitutos do açúcar e publicações. "Meu pequeno clube particular se tornou uma indústria", disse Jean Nidetch.

Nenhum outro programa atingiu o recorde deles na ajuda a um grande número de pessoas na manutenção de um peso saudável.

O sucesso dos Vigilantes do Peso se deve aos mesmos princípios que sustentam as 4 Disciplinas:

- Disciplina 1 – Foco cuidadoso em uma medida histórica clara: perder certa quantidade de peso dentro de um período predefinido – *de X para Y até quando.*
- Disciplina 2 – Atuar nas medidas de direção que propiciam grande alavancagem na ingestão e gasto energético por meio de exercícios, avaliações que os participantes podem controlar. Essas medidas de direção são expressas em termos de pontos que podem ser facilmente monitorados.
- Disciplina 3 – Manutenção regular do placar e monitoramento das medidas de direção e medida histórica. Um placar envolvente engaja os participantes e os mantém no trilho em direção à meta.
- Disciplina 4 – A cadência de responsabilidade: reunião semanal com outros que tenham a mesma meta. Eles compartilham casos, conferem o placar (balança), celebram sucessos e conversam sobre falhas e o que fazer sobre elas. Muitos participantes dizem que a pesagem semanal é o fator mais motivador do programa.[23]

Os princípios que servem de base para as 4DX são universais e atemporais, conclusão que confirmamos repetidas vezes ao trabalharmos com algumas das melhores empresas do mundo.

SEÇÃO 2

Implementação das 4DX com a sua equipe

Como você aprendeu na Seção 1, as 4DX são um sistema operacional que visa a realização das metas que você não pode deixar de alcançar.

Na Seção 2, você saberá o que esperar quando implementar as 4DX com a sua equipe e as etapas específicas desse processo, e se beneficiará da experiência de milhares de equipes que se comprometeram ao mesmo desafio estimulante.

Tenha sempre em mente que as 4DX não são um conjunto de diretrizes, mas sim um conjunto de disciplinas. A implementação das 4DX exige seu maior esforço, mas a recompensa será uma equipe que se desempenhará consistentemente e com excelência.

Esta seção foi concebida para guiá-lo na implementação das 4DX. Pense nela como um manual de campo, com todas as informações que garantirão seu sucesso. Se você é um executivo sênior que liderará o esforço dos outros na implementação das 4DX, terá aqui um valioso panorama da viagem. Se for um líder que implementará as 4DX com sua própria equipe, encontrará aqui um mapa detalhado para o percurso. Você poderá apreciar o seu valor assim que iniciá-la.

Em ambos os casos, provavelmente recorrerá a esta seção muitas vezes durante a implementação, e outras tantas ao longo dos anos, à medida que sua experiência com as 4DX evoluir.

O que esperar

O famoso mito grego de Sísifo conta sobre um homem punido pelos deuses e foi condenado a empurrar uma rocha montanha acima. Toda vez que chegava ao topo, a rocha rolava montanha abaixo e ele tinha de empurrá-la de volta ao cume, dia após dia, por toda a eternidade!

Esta narrativa se assemelha ao que sentimos quando, ao final de um dia exaustivo, deixamos o trabalho sem sermos capazes de citar uma única realização significativa e sabermos que no dia seguinte começaremos a empurrar aquela grande pedra novamente.

Jim Dixon, gerente geral da Loja 334, uma grande cadeia de supermercados, diariamente sentia-se como Sísifo. A Loja 334 tinha o pior desempenho financeiro das 250 lojas da divisão. As pessoas não queriam fazer suas compras lá e também não queriam trabalhar lá.

Todos os dias, quando Jim chegava ao trabalho, fazia o que chamava de dar "cabeçadas" nos problemas de sempre. Carrinhos de compras e lixo espalhados por todo o estacionamento, garrafas quebradas pelos corredores, produtos em falta nas prateleiras. Naquela loja, nada acontecia enquanto Jim não dissesse para alguém agir, ou ele próprio agisse. À meia-noite, geralmente estava abastecendo as prateleiras ou limpando leite derramado. Ele não só contratara pessoas para fazer essas tarefas, como também contratara pessoas para *contratar* pessoas para fazê-las.

Como Sísifo, Jim sentia que todos os dias empurrava a mesma pedra montanha acima e a pedra rolava morro abaixo novamente. Ele nunca tinha tempo ou energia para tocar a loja para a frente de um modo significativo.

Jim fora considerado um líder de alto potencial quando assumiu a Loja 334. Agora, parecia um microgerente de baixo potencial. Quando nos encontramos com ele, estivera trabalhando por 16 dias ininterruptos e há mais de um ano não tirava férias. As vendas estavam baixas, e o *turnover*, alto. O vice-presidente de recursos humanos nos confidenciou: "Ou Jim pedirá demissão ou teremos que demiti-lo."

Com tudo que tinha para fazer, você pode imaginar quão feliz Jim deve ter ficado por ter ainda de participar de uma sessão de trabalho sobre as 4 Disciplinas e ainda por cima em dezembro, que é a época do ano mais atribulada para os supermercados.

Para Jim e seus chefes de departamentos, a meta crucialmente importante não era nenhum mistério. Se não atingissem os números da receita em base anual, a loja corria o risco de fechar. Nada mais importava realmente. Contudo, o problema mais difícil era determinar a medida de direção: o que poderiam fazer de forma diferente, que já não estivessem fazendo? O que provocaria o maior impacto no aumento da receita?

Jim e sua equipe estavam bastante seguros de que se as condições do supermercado melhorassem, a receita aumentaria. Uma loja limpa, atraente, bem abastecida deveria atrair mais clientes. Assim, cada departamento individualmente sugeriu duas ou três medidas que deveriam ser avaliadas, e decidiram se autoavaliar todo dia numa escala de um a dez.

- No departamento de carnes, cortes frescos em uma vitrine com aparência cristalina.
- Prateleiras no departamento de hortifrutigranjeiros totalmente abastecidas às cinco da manhã.
- Na padaria, pão quente e fresquinho nos cestos a cada duas horas.

Ao final desse processo, Jim e sua equipe tinham um plano! Começariam a executá-lo imediatamente, e o subgerente e os chefes de departamento atualizariam o placar a cada dia. A aposta era que, à medida que as condições da loja melhorassem, o mesmo aconteceria com a receita anual. Parecia que iria funcionar.

Numa certa manhã eles afixaram os placares, e na noite do mesmo dia os empregados os arrancaram. No dia seguinte, afixaram os placares novamente, mas o redemoinho das pressões diárias arrebatou as mentes dos funcionários dos departamentos, levando-as para a condição anterior. Após duas semanas, os cinco departamentos estavam em média com 13 funcionários em 50 pontos, numa escala que eles próprios haviam criado! Jim estava frustrado, e a meta crucialmente importante estava em risco.

Mais adiante, nesta seção, você saberá o porquê e conhecerá o resto desta história.

ESTÁGIOS DA MUDANÇA

Como mudar o comportamento humano é um trabalho de grande porte, muitos líderes enfrentam desafios como estes ao implementarem as 4DX. Na verdade, descobrimos que a maioria das equipes passam por cinco estágios de mudança de comportamento. Neste capítulo, esperamos ajudá-lo a compreender e administrar o caminho ao longo destes estágios.

Estágio 1: Clareza

> **Estágio I:** Clareza
>
> O líder e a equipe se comprometem com um novo nível de desempenho. São orientados sobre as 4DX e desenvolvem MCIs cristalinas, medidas históricas e medidas de direção, e um placar envolvente. Assumem o compromisso de reuniões de MCI regulares. Embora com certeza você possa esperar vários níveis de comprometimento, os membros da equipe se sentirão mais motivados se estiverem intimamente envolvidos na sessão de trabalho das 4DX.

Vamos acompanhar Marilyn, a líder da unidade de enfermagem cirúrgica de um grande hospital no centro da cidade, ao instalar as 4DX com a sua equipe. Marilyn e sua equipe enfrentam um redemoinho como nenhum outro, pois vidas literalmente dependem de quão bem executem dezenas de cirurgias todos os dias.

A equipe de Marilyn notara recentemente um brusco aumento em *incidentes perioperatórios*, quando algo corre mal em uma cirurgia. Apesar do violento redemoinho de uma sala de cirurgia, todos eles compartilhavam uma verdadeira paixão pela redução desses incidentes que colocavam seus pacientes em risco.

Em uma sessão de trabalho das 4DX, esse foco foi traduzido em uma meta crucialmente importante: aumentar o número de cirurgias sem incidentes perioperatórios de 89% para 98% até 31 de dezembro.

A equipe então analisou cuidadosamente os fatores que causavam a maioria dos incidentes, assim como aqueles que criavam os maiores riscos, e isolaram duas medidas de direção capazes de propiciarem maior alavancagem: alcançar 100% de conformidade em todas as inspeções pré-operatórias pelo menos 30 minutos antes da cirurgia, e fazer dupla contagem dos itens cirúrgicos após 100% das cirurgias.

Agora que Marilyn e sua equipe tinham uma meta crucialmente importante (Disciplina 1) e duas medidas de direção (Disciplina 2), projetaram um placar simples (Disciplina 3) para rastrear o desempenho e programaram uma reunião de MCI semanal para se manterem responsabilizadas pelo progresso contínuo (Disciplina 4).

Ao concluírem a reunião, Marilyn estava na expectativa do lançamento do projeto na semana seguinte. Nunca se sentira mais esclarecida sobre uma meta e um plano. O resto, pensou, seria fácil.

Com certeza estava subestimando a tarefa, e isso acontece por causa da inerente dificuldade de se modificar o comportamento humano em meio à violência do redemoinho. O sucesso começa quando se consegue clareza cristalina na MCI e no processo das 4DX. Lembre-se das ações-chave na implementação das 4DX:

- Seja um modelo de foco na(s) meta(s) crucialmente importante(s).
- Identifique medidas de direção que promovam uma grande alavancagem.
- Crie um placar dos jogadores.
- Agende reuniões de MCI pelo menos uma vez por semana e as execute *consistentemente*.

Estágio 2: Lançamento

Marilyn lançou o processo das 4DX na primeira cirurgia da semana: segunda-feira pela manhã às sete horas. Ao meio-dia, a equipe já estava se esforçando contra as dificuldades. A medida de direção exigia que as enfermeiras fizessem auditorias nos equipamentos 20 minutos mais cedo do que o normal, mas a mudança no cronograma e um novo *checklist* confundiu a todos.

Com um cronograma cirúrgico lotado e uma enfermeira em licença domiciliar, as mãos de Marilyn estavam totalmente ocupadas, e sua equipe, atrapalhada. Aquela primeira manhã evidenciou os problemas da execução em meio ao redemoinho.

Marilyn também notou que alguns membros da equipe estavam mais dispostos a mudar do que outros. Seus melhores colaboradores estavam sendo bem-sucedidos, e embora não fosse fácil, estavam satisfeitos com o desafio. Contudo, duas de suas enfermeiras mais graduadas ainda se perguntavam se a mudança na rotina da auditoria era necessária e reclamavam sobre o estresse adicional. Além do mais, Marilyn observou que as enfermeiras mais novas, ainda inseguras em suas funções, estavam, na verdade, reduzindo a velocidade da inspeção.

Estágio 2: Lançamento

Agora a equipe está na linha de partida. Quer você faça uma reunião de *kickoff* formal ou reúna brevemente a equipe para instruções, você a coloca em ação com base na MCI. Todavia, assim como um foguete exige uma tremenda energia altamente concentrada para escapar da gravidade terrestre, a equipe precisa de intenso envolvimento por parte do líder no momento do lançamento.

Naquela semana, Marilyn constatou que o que era simples de planejar era difícil de implementar, e teve de enfrentar não apenas um redemoinho, mas uma equipe com motivações diferenciadas.

Não há garantia de que a fase de lançamento das 4DX ocorra tranquilamente. Você terá os seus modelos (aqueles que sobem a bordo), seus potenciais (aqueles que inicialmente batalham) e os seus resistentes (aqueles que não querem subir a bordo). Eis alguns pontos importantes para um lançamento bem-sucedido:

- Reconhecer que uma fase de lançamento exige foco e energia, especialmente por parte do líder.
- Permanecer focado e implementar o processo das 4DX diligentemente. Você pode confiar no processo.
- Identificar os seus modelos, os seus potenciais e os seus resistentes (mais informações sobre estes grupos a seguir).

ESTÁGIO 3: Adoção

Marilyn trabalhou muito para manter o foco na MCI. A equipe ajustou os cronogramas e refinou os métodos para manter o placar. Ela treinou e aplicou *coaching* aos seus colaboradores com potencial e aconselhou os resistentes sobre a necessidade da mudança.

Toda semana trabalhavam nas medidas de direção e lentamente melhoraram. Quando se reuniam semanalmente nas reuniões de MCI, primeiro

Estágio 3: Adoção

Os membros da equipe adotam o processo 4DX e novos comportamentos orientam a realização da MCI. Você pode esperar que a resistência diminua e o entusiasmo aumente à medida que as 4DX comecem a trabalhar por eles. Cada membro da equipe se torna responsável perante os outros pelo novo nível de desempenho apesar da demanda do redemoinho.

analisavam o placar e depois, individualmente, assumiam compromissos próprios para que o placar se movesse.

Não demorou muito tempo para que Marilyn sentisse que a equipe estava encontrando o seu ritmo, e a taxa de incidentes diminuiu. Quando a equipe percebeu que a medida de direção estava funcionando, a empolgação cresceu. Pela primeira vez em muitos meses, começaram a sentir que estavam vencendo.

Admita que a adoção do novo processo das 4DX levará tempo. A adoção do processo é essencial para o sucesso da MCI: respeite mas seja diligente em seguir o processo de adoção. Do contrário, o redemoinho rapidamente assumirá o controle. Lembre-se destes importantes pontos para a adoção bem-sucedida das 4DX:

- Concentre-se primeiro na adoção ao processo, depois nos resultados.
- Comprometa-se e demande que os outros se responsabilizem mutuamente nas reuniões de MCI semanais.
- Acompanhe os resultados semanalmente num placar visível.
- Faça ajustes quando houver necessidade.
- Invista nos potenciais por meio de treinamento adicional e acompanhamento.
- Responda sem rodeios a quaisquer questões com os resistentes e, se necessário, libere caminho para eles.

Estágio 4: Otimização

Ao longo das oito semanas que se seguiram, Marilyn ficou satisfeita com o progresso da sua equipe e com o firme, embora pequeno, declínio em incidentes cirúrgicos. Contudo, a equipe teria de acelerar o passo para realizar a MCI até o final do ano, e ela não sabia o que mais poderiam fazer.

Mais tarde, na reunião de MCI daquele dia, suas enfermeiras surpreenderam-na ao propor mudanças nas medidas de direção. Primeiro, queriam reposicionar as bandejas dos equipamentos na sala de cirurgia de modo que pudessem conduzir as inspeções mais rapidamente e com maior precisão. Em segundo lugar, se elas inspecionassem as salas de operação tanto para a primeira como para a segunda cirurgia simultaneamente, no início do turno, ficariam adiantadas em relação ao cronograma para o resto do dia. Em terceiro lugar, sugeriram que a equipe de transporte do paciente as notificassem tão logo o paciente estivesse a caminho da cirurgia, o que daria tempo para fazerem uma verificação final na sala de cirurgia.

Estágio 4: Otimização

Neste estágio, a equipe migra para a mentalidade das 4DX. Você pode esperar que sua equipe tenha mais propósito e mais engajamento no trabalho deles, à medida que produzem resultados que fazem a diferença. Eles começarão a buscar meios de otimização do próprio desempenho, pois sabem como é "jogar para vencer".

Marilyn ficou satisfeita e surpresa que sua equipe tivesse identificado esses modos de otimizar o desempenho. Ocorreu a ela que se ela mesma tivesse proposto tais medidas, a equipe provavelmente teria oferecido resistência ao trabalho extra. No entanto, como as ideias partiram deles, estavam não somente dispostos, mas entusiasmados por realizá-las.

Marilyn criara um jogo que era importante, e agora sua equipe estava jogando para vencer.

As enfermeiras assumiram controle do processo, e propuseram métodos adicionais para melhorarem as medidas de direção e o contínuo aumento das medidas históricas. Os compromissos semanais eram precisos, e o acompanhamento, excelente. As reuniões de MCI eram altamente focadas nos resultados.

Entretanto, o que realmente fascinou Marilyn foi o novo nível de engajamento e energia que jamais vira antes.

Se você for consistente com relação às 4DX, poderá esperar que os membros da equipe comecem a otimizá-las por conta própria. Eis alguns pontos-chave para tirar o maior proveito dessa fase:

- Estimule e admita a validade de um grande número de ideias criativas para impulsionar as medidas de direção, até mesmo se algumas funcionarem melhor do que outras.
- Reconheça o acompanhamento benfeito e celebre os sucessos.
- Estimule os membros da equipe a liberarem caminhos de parte a parte e celebre quando isto acontecer.
- Reconheça quando os potenciais começam a agir como modelos.

Estágio 5: Hábito

> **Estágio 5:** Hábito
>
> Quando as 4DX se tornam um hábito, você pode esperar não somente alcançar a meta, mas também ver um aumento permanente no nível de desempenho da sua equipe. O propósito fundamental das 4DX não é apenas obter resultados, mas criar uma cultura de execução excelente.

Marilyn orgulhosamente andou até o pódio em meio a aplausos entusiasmados na reunião anual do hospital. Era difícil acreditar que apenas 11 meses antes ela estivera enfrentando uma crise. A crescente taxa de incidentes poderia ter impactado seu trabalho, e o que é muito mais importante, a vida dos seus pacientes. Agora, ela e sua equipe estavam sendo reconhecidos por terem excedido a meta e pela mais baixa taxa de incidentes na história do hospital.

Marilyn sabia que a mudança em sua equipe fora muito além da realização da meta. Eles tinham mudado fundamentalmente o modo como realizavam o trabalho, e nesse processo desenvolveram hábitos de execução que viriam a assegurar sucesso no futuro. As mudanças de comportamento que tinham sido tão difíceis de implementar eram agora o desempenho-padrão da sua equipe. Em essência, as práticas que reduziram incidentes cirúrgicos eram agora um componente normal do seu redemoinho, mas por causa delas seu redemoinho se tornara muito mais gerenciável.

Como resultado, ela sabia que a equipe poderia sustentar um novo nível de foco e comprometimento, e sempre que se voltavam para uma nova MCI, estavam no caminho da vitória.

Android – Barcode Scanner
iPhone – Red Laser

LINK: http://www.4dxbook.com/qr/HealthCare

Escaneie a imagem acima para assistir aos vídeos de estudo de casos de cuidados com a saúde da 4DX.

As 4DX são formadoras de hábitos: uma vez que os comportamentos se enraízem nas atividades diárias, você consegue estabelecer novas metas e ainda assim executar com excelência repetidas vezes. Listamos a seguir as ações-chave que ajudam a equipe a tornar as 4DX um hábito:

- Celebrar a realização da MCI.
- Partir imediatamente para novas MCIs a fim de formalizar as 4DX como seu sistema operacional.
- Enfatizar que o seu novo padrão operacional é o desempenho superior sustentável, baseado nas medidas de direção relevantes.

- Ajudar cada membro da equipe a se tornar um modelo com alto desempenho, monitorando e movendo o meio.

MOVENDO O MEIO

Como já dissemos, as pessoas geralmente lidam com as mudanças de uma dessas três formas:

Modelos. Os modelos são não apenas os profissionais de alto desempenho, mas também os mais engajados. Abraçam as 4DX com entusiasmo e usam-nas para elevar ainda mais o próprio nível de desempenho. São também aqueles que você adoraria clonar.

Resistentes. Os resistentes são o oposto. Quando você insere as 4DX, alguns imediatamente lhe dirão por que não funcionarão e o quão impossível será implementá-las, dadas as demandas do redemoinho que os envolve. Outros se eximirão de qualquer esforço, esperando não serem notados, mas as 4DX tornam a resistência visível a todos. Assim como um de nossos clientes comentou: "Quando você implementa as 4 Disciplinas, não há lugar para se esconder."

A maioria das pessoas fica no meio, entre os modelos e os resistentes. Elas representam a sua maior alavanca de potencial para melhorar o desempenho.

Potenciais. Potenciais são aqueles com capacidade de serem profissionais de alto desempenho, mas que ainda não chegaram lá. Alguns talvez não tenham foco suficiente nas metas nem conhecimento específico necessário para melhorarem. Outros talvez necessitem de uma pressão de prestação de contas para se sentirem motivados.

O desempenho de qualquer grupo de pessoas geralmente tem o seguinte perfil:

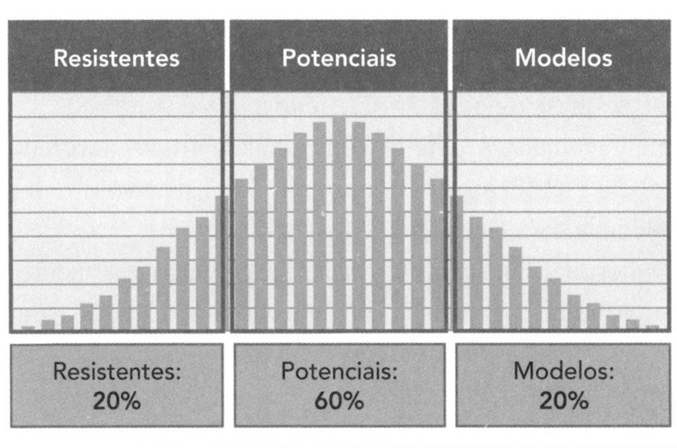

Há uma grande concentração no meio.

A variabilidade natural em qualquer sistema produz este inchaço, denominado *curva normal*. Você terá sempre uns 20% no topo (bolsões de excelência), 20% embaixo (inevitável desempenho fraco) e 60% no meio, a maioria que poderia fazer mais se estivesse motivada.

Os potenciais são as pessoas que poderiam contribuir mais se soubessem como. Com certeza os números variam, mas e se aqueles 60% do meio se desempenhassem mais como os 20% que estão no topo?

O que aconteceria com o seu desempenho, se o gráfico ficasse assim?

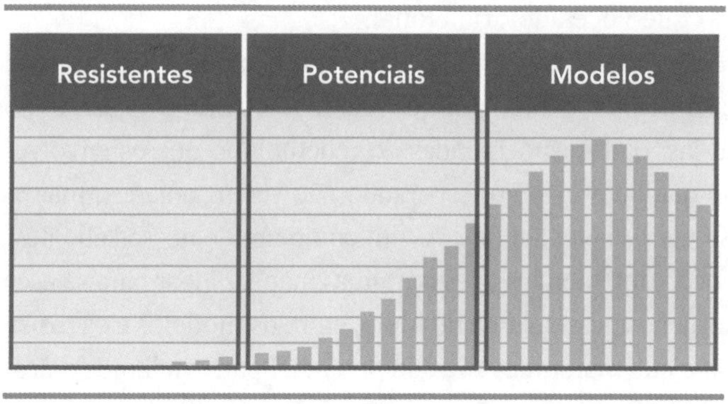

A curva se desloca em direção a um melhor desempenho geral à medida que os colaboradores com desempenho na faixa do meio passam para o nível dos 20% que estão no topo. Em outras palavras, como um número maior de pessoas está passando de forma consistente para o nível dos 20% no topo, a curva se desloca continuamente para o lado direito e se concentra ali. Entretanto, numa equipe comum, o desempenho normal permanece à esquerda e disperso.

- Um hotel satisfeito com pontuações normais de satisfação do cliente tem uma curva deslocada para a esquerda e dispersa. Afinal de contas, quase todos estão satisfeitos, não é verdade?
- Uma faculdade satisfeita com taxas normais de graduação (que também significam taxas normais de desistência) tem uma curva deslocada para a esquerda e dispersa.
- Um hospital cuja administração se contenta em manter infecções dentro das normas aceitas tem uma curva deslocada para a esquerda e dispersa (nessas cincunstâncias, talvez seja o caso de se indagar se as normas aceitas *são* aceitáveis, já que estamos falando de prevenção de sofrimento e morte!)

Nenhuma dessas organizações dará o salto para um grande desempenho, visto que se contentam com a curva normal do tipo "deslocada para a esquerda e dispersa".

Contudo, até mesmo essas organizações têm bolsões de grande desempenho, equipes que estão à direita e unidas.

Um exemplo de ótimo desempenho é o Erasmus Medical Center próximo a Roterdã, na Holanda. Como no resto do mundo, os hospitais europeus enfrentam um perturbador aumento em HAIs (lethal hospital acquired infections – infecções hospitalares letais), que se estima sejam responsáveis por dois terços dos 25 mil óbitos anuais no continente.

No Erasmus Medical Center, as infecções ainda estavam dentro dos limites aceitáveis, mas os administradores estavam decididos a exterminá-las. Para alcançarem esta MCI, adotaram um conjunto de medidas de direção que denominaram *Search and Destroy* (Investigar e Eliminar), que eliminou praticamente todas as HAIs num período de cinco anos, o que levou todo o sistema hospitalar dos Países Baixos a reconhecer o mérito do Erasmus Medical Center e a seguir o seu exemplo.[24]

Por definição, os hospitais estão repletos de pessoas doentes. Os germes proliferam e a maioria dos hospitais parece se contentar com taxas de infecção dentro das normas vigentes. Contudo, para uma equipe de alto desempenho como a dos administradores do Erasmus Medical Center, a única taxa de infecção aceitável é *zero*. Isto implica um considerável deslocamento do meio.

A equipe do Erasmus deslocou a região dispersa à esquerda comprimindo-a à direita em poucos meses, fazendo com que o índice de enfermidade e óbito dos pacientes vulneráveis fosse reduzido a zero. Não é que a maioria dos hospitais careça de *know-how* para atingir os mesmos resultados, mas como um famoso *coach* de basquete da Universidade do Kentucky disse, "sempre que você vir um homem no topo da montanha, pode estar certo de que ele não caiu lá".

Se você conseguir deslocar a faixa do meio na direção da cúpula do desempenho, o impacto nos resultados será significativo, e você faz isso motivando novos e melhores comportamentos, que é a meta das 4DX.

Na nossa experiência em hospitais, cadeias de supermercados, empresas de engenharia, hotéis, empresas de *software*, usinas de energia, prestadores de serviço para o governo, empresas de serviços bancários ou operações varejistas com múltiplas filiais o resultado é quase sempre o mesmo: uma nova cultura de alto desempenho aliada a resultados consistentes.

Não é fácil chegar lá, e isso não acontece da noite para o dia. São necessários foco e disciplina *ao longo do tempo* de implementação das 4DX e para garantir que perdurem. Usualmente, o padrão esperado tem o seguinte perfil:

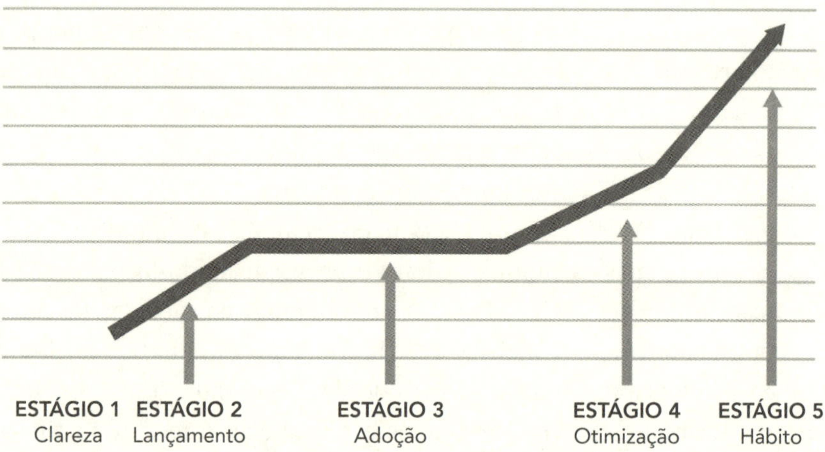

Inicialmente, os resultados melhoram rapidamente, mas observamos um período de estabilização à medida que a equipe trabalha para adotar uma nova mentalidade. Quando os membros da equipe se habituam às 4DX, elas começam a produzir dividendos reais.

Iniciamos este livro sinalizando que, possivelmente, o maior desafio que você enfrentará como líder será executar uma estratégia que dependa de mudança do comportamento humano.

As 4DX constituem um sistema que comprovadamente satisfaz tal desafio, não apenas uma vez, mas repetidas vezes. Nos capítulos a seguir, vamos guiá-lo passo a passo, pelas disciplinas, de modo que possa aplicá-las na sua equipe.

Foque no crucialmente importante

Um ótimo desempenho começa com a seleção de uma ou duas MCIs. O foco nessas poucas metas cruciais é o princípio fundamental das 4DX: sem ele, a sua equipe fica perdida no redemoinho.

Muitas equipes têm múltiplas metas. Algumas vezes, dezenas, todas prioridades "um". Todavia, com certeza, isso significa que nada é prioridade "um".

Um cliente definiu muito bem: "Quando você trabalha com tantas metas, na verdade não trabalha com nenhuma delas, porque a quantidade de energia que consegue alocar em cada uma é tão pequena que se torna insignificante."

A seleção da correta MCI é essencial. Os líderes frequentemente hesitam em restringir o foco porque se preocupam com as consequências de escolher a MCI errada ou de não alcançá-la. Ainda assim, quando você escolhe uma MCI, inicia um jogo que é importante, um jogo no qual as apostas são altas e a equipe pode, de fato, fazer a diferença. A Disciplina 1 é necessária se você quiser jogar para ganhar.

ETAPA 1: CONSIDERE AS POSSIBILIDADES

Comece fazendo um *brainstorming* sobre possíveis MCIs. Embora provavelmente você pense saber quais deverão ser as MCIs, talvez conclua o processo com MCIs bem diferentes. Na nossa experiência, isso acontecerá com frequência.

Dependendo do tipo de empresa à qual você pertença e da posição da sua equipe na empresa, o *brainstorming* será conduzido de formas diferentes:

SE	ENTÃO
A equipe fizer parte de uma organização com muitas metas.	Reúna ideias sobre quais metas organizacionais são mais cruciais do que outras.
A organização já tiver MCI(s) estabelecida(s) no nível mais alto.	Reúna ideias sobre como contribuir para a(s) MCI(s) estabelecidas.
A equipe é a organização (por exemplo, uma pequena empresa ou uma empresa sem fins lucrativos).	Reúna ideias que terão o maior impacto na realização da missão ou no crescimento da empresa.

Obtenção de Ideias

Você tem três opções:

- O *brainstorming* pode ser feito com líderes que sejam seus pares, especialmente se todos estiverem focando a mesma MCI organizacional. Se a sua preocupação for que talvez não compreendam a operação da sua equipe, ainda assim a perspectiva externa deles será valiosa, em particular se você depender deles ou eles dependerem de você.
- *Brainstorming* com os membros da sua equipe ou com um grupo de representantes. Obviamente, se eles estiverem envolvidos na seleção da MCI, se responsabilizarão por ela mais prontamente.
- *Brainstorming* individual. Você ainda poderá validar a MCI com a equipe quando estiver desenvolvendo as medidas de direção.

De cima para baixo ou de baixo para cima?

As MCIs devem vir do líder ou da equipe?

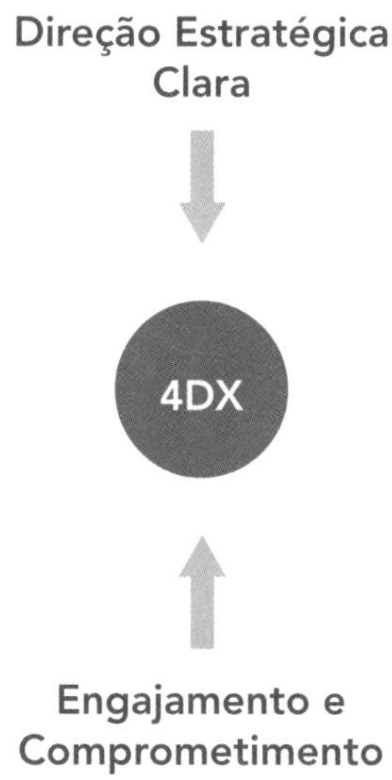

Com as 4 Disciplinas, os líderes propiciam direcionamento estratégico de cima para baixo na definição da MCI, ao passo que os membros da equipe fornecem *inputs* operacionais que aumentam o engajamento e o comprometimento deles com a MCI.

De cima para baixo: um líder que impõe MCIs sem o *input* da equipe pode ter problemas para conseguir a responsabilização. Se a maior parte da responsabilização acontecer por intermédio de sua autoridade, provavelmente não desenvolverá uma equipe de alto desempenho e pagará um preço pela perda de retenção, criatividade e inovação.

De baixo para cima: as MCIs que se originam exclusivamente na equipe talvez careçam de relevância para a MCI global. Sem direcionamento forte, a equipe pode perder tempo e energia valiosos para chegar a um consenso sobre cada deslocamento.

De cima para baixo *e* de baixo para cima: idealmente, tanto o líder como a equipe participam da definição das MCIs. Apenas o líder pode fornecer clareza sobre o que é mais importante. O líder é, basicamente, o responsável pela MCI, mas não deve engajar os membros da equipe apenas por meio do exercício da sua autoridade. Para atingir a meta e transformar a equipe, seus membros devem fornecer *input* operacional para a MCI: "Sem envolvimento não há comprometimento."

Questões Exploratórias

Em nossa opinião, estas três perguntas são úteis para a descoberta da MCI.

- "Que área do desempenho da nossa equipe gostaríamos de melhorar (supondo que tudo mais se mantenha) a fim de atingirmos a MCI global da empresa?" (Essa pergunta é mais útil do que "Qual a coisa mais importante que podemos fazer?")
- "Quais os pontos mais fortes da equipe que podem ser alavancados para assegurarmos que a MCI global seja atingida?" (Essa pergunta gerará ideias em áreas na qual a sua equipe já está tendo sucesso, mas nas quais também podem elevar o desempenho a um patamar superior.)
- "Quais as áreas em que o desempenho fraco da equipe precisa ser melhorado para assegurar a realização da MCI global?" (Essa pergunta gerará ideias em torno das lacunas de desempenho, que se não forem melhoradas representarão realmente uma ameaça para a realização da MCI global.)

Não se contente com apenas algumas ideias sobre a MCI. Reúna tantas quantas conseguir obter. A experiência nos mostra que, quanto maior e mais criativa a lista de possíveis MCIs, maior será a qualidade da escolha final.

Pense "o que", e não "como". Não cometa o erro comum, neste ponto, de deslocar o foco da MCI propriamente dita para como realizá-la. O "como" é o comportamento novo e melhor que levará à MCI. Esta discussão voltará mais tarde na Disciplina 2.

Uma cadeia de hotéis cinco estrelas tinha esta MCI global: aumentar o lucro total de $54 milhões para $62 milhões até 31 de dezembro. Vários departamentos em um dos hotéis fizeram um *brainstorming* voltado para as MCIs de suas equipes:

Limpeza dos Quartos	Limpar os quartos dos hóspedes como jamais fizeram antes. Já somos o melhor – vamos nos superar!
Restaurante	Fazer alianças com locais de eventos esportivos e culturais.
Estacionamento com Manobrista	Assegurar que ninguém tenha de esperar pelo próprio carro.
Recepção	Fazer a movimentação dos hóspedes no sistema mais rapidamente. Fim das filas no balcão de registro.

Analisemos a lista real de ideias de um departamento, Gestão de Eventos. Como este grupo poderia causar impacto tanto no aumento da receita como na redução das despesas, fizeram um *brainstorming* para ambas.

Equipe de Gestão de Eventos

Aumento da Receita

- Aumentar o número de eventos corporativos e reuniões anuais.
- Aumentar as vendas médias de alimentos e bebidas por evento.
- Aumentar o percentual de eventos que aceitam o oferecimento do bar *premium*.
- Aumentar o número de casamentos realizados no hotel.
- Aumentar o percentual de eventos que selecionam a opção "tudo incluído".

Redução nas Despesas

- Reduzir custos de horas extras por evento.
- Reduzir os custos com roupas de cama e itens de consumo no quarto.
- Reduzir os custos totais com alimentação.
- Reduzir (ou eliminar) os custos de mão de obra temporária e a contratação de garçons externos.

ETAPA 2: CLASSIFICAÇÃO DE ACORDO COM O IMPACTO

Quando você estiver satisfeito com a lista das MCIs elegíveis sugeridas pela equipe, estará pronto para identificar as ideias que prometam o maior potencial de impacto *sobre a MCI geral da empresa.*

Calcular o impacto de uma MCI da equipe depende da natureza da MCI geral:

Se a MCI geral for	Então classifique a MCI em termos de
Uma meta financeira	Receitas esperadas, lucratividade, desempenho de investimentos, fluxo de caixa e/ou redução de custos.
Uma meta de qualidade	Aumento de eficiência, tempos de ciclo, melhoria da produtividade e/ou satisfação do cliente.
Uma meta estratégica	Serviço para a missão, ganho de vantagens competitivas, oportunidades conquistadas e/ou ameaças reduzidas.

Susana, que supervisiona a equipe de gestão de eventos, é responsável por reuniões, banquetes e eventos especiais. Na etapa 1, foram identificadas MCIs que contribuiriam para a MCI global de lucratividade.

Para restringirem essa lista, calcularam o impacto financeiro de cada ideia. Não foi difícil identificar as ideias que gerariam o maior lucro para a equipe, mas este não foi o foco correto.

O verdadeiro desafio era classificar as ideias em termos de impacto *sobre a MCI global da empresa*. Em outras palavras, isolar aquelas que gerariam o maior lucro para *todo o hotel.* Quando fizeram essa classificação, eventos corporativos e casamentos foram para o topo porque geram receita além do evento propriamente dito, por causa dos quartos alugados por convidados de outras cidades, refeições no restaurante e até mesmo serviços no SPA.

Evite a armadilha de selecionar MCIs que melhoram o desempenho da equipe, mas que têm pouco a ver com a realização da MCI geral.

No final, Susana e sua equipe escolheram duas MCIs que claramente teriam o maior impacto sobre a MCI global:

Equipe de Gestão de Eventos

Aumento da Receita

- Aumentar o número de eventos corporativos e reuniões anuais.
- Aumentar as vendas médias de alimentos e bebidas por evento.
- Aumentar o percentual de eventos que aceitam o oferecimento do bar *premium*.
- Aumentar o número de casamentos realizados no hotel.
- Aumentar o percentual de eventos que selecionam a opção "tudo incluído".

Redução nas Despesas

- Reduzir custos de horas extras por evento.
- Reduzir os custos com roupas de cama e instalações.
- Reduzir os custos totais com alimentação.
- Reduzir (ou eliminar) os custos de mão de obra temporária e a contratação de garçons externos.

Uma grande indústria farmacêutica usou esse mesmo processo de restrição para identificar sua MCI: encurtar o tempo para colocar novos produtos no mercado de aproximadamente sete anos e meio para cinco anos. Para esta empresa, um ano de um produto campeão de vendas totaliza, em média, mais de $1 bilhão. É por isso que o velho ditado "tempo é dinheiro" não é piada para eles.

Clive, que dirige a divisão de assuntos regulatórios, supervisiona o processo de aprovação dos medicamentos pelas autoridades regulatórias de vários países. Cada nova droga tem de passar por um complexo processo de aprovação diferente em cada país.

Na etapa 1, a equipe propôs estas MCIs:

1. Preparar petições que atendam aos critérios de todos os países, em vez de fazerem diferentes petições para cada país.
2. Contratar antigos reguladores como consultores.
3. Eliminar erros na documentação entregue.
4. Fazer *lobby* nos governos com a meta de expandirem seus critérios e acelerarem a aprovação de uma nova droga de modo que ela possa chegar mais rápido ao mercado.

Alguns membros da equipe argumentaram enfaticamente sobre a MCI elegível 2 porque sentiam que o departamento carecia de especialistas. Outros acreditavam que as agências governamentais eram as culpadas, e queriam dedicar esforços na MCI elegível 4. A MCI 1 também era importante, porque atender tantos critérios era muito frustrante.

Todavia, quando examinaram suas ideias à luz da MCI geral, *encurtar o tempo* para colocar novos produtos no mercado, descobriram algo que não tinham notado antes: as autoridades continuavam devolvendo as petições para correção de erros e para esclarecimentos. Esses atrasos estavam realmente dobrando o tempo necessário à obtenção da aprovação.

Partindo desse ponto de vista, a MCI 3 era a escolha óbvia para o foco de toda a equipe.

Em exemplo semelhante, uma grande empresa transportadora escandinava anunciou três metas para o ano: melhorar a qualidade e a produtividade, e reduzir custos.

Stein era responsável pelo carregamento e descarregamento de contêineres nas instalações da empresa na Noruega. Ele admitia que as metas da empresa eram vagas, mas se sentia ansioso para que a sua equipe contribuísse de forma significativa para os três itens:

- Aumentar a manutenção dos guindastes *onshore* para reduzir o tempo de parada.
- Certificação de todos os funcionários em Seis Sigma para melhorar o processo de carregamento.
- Reconstrução da garagem na extremidade da linha férrea para diminuir o fluxo de contêineres para os navios.

Cada MCI elegível impactava uma das três metas da empresa, mas nenhuma delas abraçava todas simultaneamente.

Stein lera na internet sobre um porto na Malásia que recentemente batera o recorde do número de movimentações de contêineres por hora. A equipe desembarcara um navio gigante em sete horas, metade do tempo médio.

Ele contou o fato para a sua equipe. O espírito competitivo se inflamou e a energia os levou à escolha de uma MCI final: dobrar o número de movimentações dos contêineres por hora. Seriam necessárias produtividade e qualidade máximas, mas o corte nas horas levaria automaticamente a um corte nos custos.

ETAPA 3: TESTE AS IDEIAS PRINCIPAIS

Tendo identificado algumas MCIs elegíveis de alto impacto, teste-as em relação aos critérios específicos para uma meta crucialmente importante:

- A MCI da equipe está alinhada com a MCI global?
- É mensurável?
- Quem é responsável pelos resultados – nossa equipe ou alguma outra?
- Quem é responsável pelo jogo – a equipe ou o líder?

Está alinhado? Existe uma linha contínua de visão entre a MCI elegível e a MCI global? Para criar MCIs significativas para a equipe, você deve ter uma linha de visão clara entre a sua equipe (no centro) e as MCIs da empresa como um todo (se puderem ser identificadas).

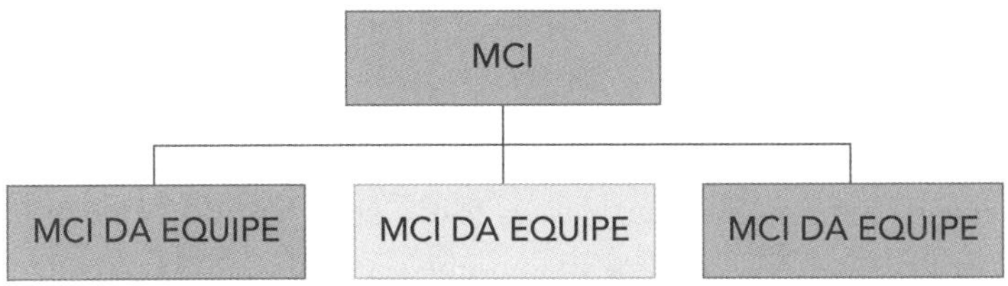

Embora esse teste possa parecer óbvio, muitas equipes se tornam tão entusiasmadas com uma ideia que se esquecem de que a MCI global é a prioridade máxima. Se a ideia não passar nesse teste, elimine-a e escolha a ideia seguinte de maior impacto na lista.

É mensurável? Como um de nossos clientes colocou, "se você não medir os resultados, estará apenas treinando". Um jogo sem resultados que possam ser mensurados nunca será um jogo importante.

Uma MCI exige que uma medição crível seja implementada *a partir do dia que começa a ser executada.* Se há exigência de um esforço significativo antes de iniciar a medição, como no desempenho de um sistema ainda não desenvolvido, deve ser temporariamente cancelada. Uma vez que o sistema esteja operando, reconsidere-a, mas tempo investido num jogo sem pontuação é tempo perdido.

Quem é responsável pelo resultado? A equipe tem pelo menos 80% de responsabilidade sobre o resultado? Este teste tem por meta eliminar a dependência significativa de outras equipes. O indicador conceitual de 80% pode ajudá-lo a determinar quanto a sua equipe dependerá das outras para alcançar a MCI.

Se for menos de 80%, nenhuma das equipes assumirá responsabilidade e o comprometimento para com o resultado será perdido.

Se duas equipes se responsabilizam pela mesma MCI, a responsabilização conjunta poderá ser, certamente, uma alavanca poderosa para o desempenho, desde que ambas as equipes e ambos os líderes compreendam que vencerão ou perderão juntos.

Quem é o vencedor do jogo – o líder ou a equipe? Trata-se de um jogo do líder ou um jogo da equipe? Este teste final é mais sutil do que os outros, mas igualmente importante. A pergunta é se os resultados são impulsionados pelo desempenho do líder ou pelo desempenho da equipe.

Se a MCI depender demais de funções que apenas o líder executa, a equipe logo perderá interesse no jogo. A MCI da equipe deve depender fundamentalmente do que a equipe faz, e não apenas do que o líder realiza.

O fracasso em qualquer um desses testes deve levá-lo a reavaliar a ideia que tiver em mente. Não peça a sua equipe para jogar uma partida que está perdida. Sob a pressão da responsabilização, as falhas rapidamente se tornarão aparentes.

ETAPA 4: DEFINA A MCI

Tendo selecionado e testado as suas ideias sobre as MCIs de alto impacto para a equipe, torne-as tão claras e avaliáveis quanto possível. Defina as MCIs de acordo com as seguintes regras:

- Comece com um verbo.
- Defina a medida histórica em termos de *X para Y até quando.*
- Redija com simplicidade.
- Foque em "o quê", e não em "como".

Comece com um verbo

Verbos simples fazem a mente se concentrar imediatamente na ação. Quase todos os verbos com muitas sílabas têm equivalentes simples.

Introduções longas, crucialmente elaboradas, também são desnecessárias. Apenas declare a MCI:

CERTO	ERRADO
Cortar custos ... Aumentar a receita ... Melhorar o índice de satisfação do cliente ... Adicionar uma planta ... Lançar o produto ...	A fim de agregar valor para os nossos acionistas, melhorar as carreiras de nossos empregados e permanecer fiéis aos nossos valores fundamentais, implementaremos uma Meta Crucialmente Importante este ano para...

Defina a medida histórica

Medidas históricas informam se a meta foi alcançada, marcam uma linha de chegada precisa para a equipe. Redija as medidas históricas no formato *de X para Y até quando,* conforme mostram esses exemplos.

Resultado Atual (de X)	Resultado Desejado (para Y)	Prazo (até quando)
Taxa de erro de 11%	Taxa de erro de 4%	31 de julho
8 ciclos de inventário por ano	10 ciclos de inventário por ano	Fim do ano fiscal
12% de rentabilidade no investimento por ano	30% de rentabilidade no investimento por ano	Dentro de 3 anos

As MCIs resultantes serão assim:

- Diminuir a taxa de erro na rota de 11% para 4% até 31 de julho.
- Aumentar a taxa anual de ciclo de inventário de 8 para 10 ao final do ano fiscal.
- Aumentar nosso ROI médio de 12% para 30% no período de 3 anos.

Seja simples

Anteriormente, compartilhamos a surpreendente informação de que 85% dos funcionários não sabem dizer as metas mais importantes das empresas onde trabalham. Dentre as muitas razões, existe o fato de que a maioria das metas empresariais são vagas, complexas e pretensiosas.

CERTO	ERRADO
Aumentar nosso índice de lealdade de 40 para 70 até 31 de dezembro.	"Estamos comprometidos em aumentar e enriquecer nosso relacionamento com clientes."
Aumentar a utilização do nosso serviço de aconselhamento pelos clientes em 25% neste ano fiscal.	"A nossa principal meta para o próximo ano fiscal é facilitar os investimentos, a infraestrutura e o crescimento do acesso por meio da coordenação efetiva."
Lançar três produtos biológicos de $10 milhões dentro de cinco anos.	"Desejamos fomentar a inovação do setor acrescentando recursos de base biológica por meio da biotecnologia."

Foco em "o quê", não em "como"

Muitas equipes definem uma meta clara, mas depois a complicam acrescentando uma longa descrição de como a meta será alcançada.

CERTO	ERRADO
Aumentar a retenção de hóspedes de 63% para 75% ao longo dos próximos 2 anos.	Aumentar a retenção de hóspedes de 63% para 75% ao longo dos próximos 2 anos fornecendo experiências excepcionais para os clientes.

Você identificará *como* planeja alcançar a meta quando desenvolver as medidas de direção na Disciplina 2. A MCI deve focalizar exclusivamente *o que* a equipe planeja alcançar.

Assegure-se de que a MCI é realizável

Com frequência, encontramos líderes que acreditam em estabelecer metas que estão muito além de qualquer coisa que suas equipes possam alcançar, ao mesmo tempo que no íntimo reconhecem que ficarão satisfeitos se atingirem 75% da meta. Esse tipo de estratagema poderá solapar significativamente a sua capacidade de impulsionar o engajamento e os resultados.

Temos que ser muito cuidadosos neste ponto. Não estamos advogando que as metas sejam fáceis de atingir. Estabeleça uma meta que desafie a equipe a atingir seu nível máximo de desempenho, mas nada além disso. Em outras palavras, crie uma MCI que seja tanto *valiosa* como *passível de êxito*.

O resultado

No contexto da Disciplina 1, o resultado é uma MCI e uma medida histórica da equipe.

No hotel, a equipe de Susana selecionou basicamente "aumentar o número de eventos corporativos" como MCI porque acreditavam que isto poderia gerar mais receita, e consequentemente mais lucro para o hotel.

Susana ponderou então com muito cuidado sobre a medida histórica. Definir a lacuna entre X e Y é uma decisão crítica. O intervalo tem de ser desafiador mas realista. Ela precisava criar não apenas um jogo que fosse importante, mas *passível de vitória.*

A MCI final para a equipe de Susana foi significativa, clara e desafiadora:

Aumentar a receita oriunda de eventos corporativos de $22 milhões para $31 milhões até 31 de dezembro.

Tendo passado pela experiência da Disciplina 1, você sabe que a simplicidade desta MCI é desapontadora. Contudo, a equipe agora tem um foco claro sobre o que é mais importante, um foco que pode ser mantido além das exigências das operações cotidianas da sua equipe. Como uma bússola, a MCI fornece uma direção clara e consistente em direção a um resultado que é *crucialmente importante.*

E se a sua MCI for um projeto?

Algumas vezes, a sua meta crucialmente importante será a conclusão bem-sucedida de um importante projeto. Se este for o caso, os princípios da Disciplina 1 ainda assim se aplicam, mas você precisará prestar atenção especial ao estabelecimento da linha de chegada para a medida histórica.

Até aqui, usamos exemplos de medidas históricas baseados em valores numéricos, tais como lucro, satisfação do cliente ou número de acidentes. Contudo, no caso de um projeto, a sua primeira inclinação talvez seja estabelecer um indicador de 100% de conclusão. Embora isso possa parecer óbvio, usualmente é muito menos preciso do que um valor numérico, e por causa de outros fatores tais como escopo da expansão, 100% de conclusão pode acabar se tornando impossível de ser avaliado na prática.

No caso de projetos, é muito melhor estabelecer uma medida histórica que se relacione com o *resultado do negócio* que o projeto pretende atender. Nas palavras do lendário professor de marketing de Harvard, Theodore Levitt: "As pessoas não querem comprar uma *broca* de um quarto de polegada. Elas querem um *furo* de um quarto de polegada."[25]

Assim, em vez de definir a sua medida histórica unicamente como "Concluir e implementar o novo sistema CRM até 31 de dezembro", você poderia estabelecer uma medida histórica mais precisa acrescentando indicadores tais como:

- Atender 100% das funções de marketing especificadas.
- Fornecer total integração com Microsoft Outlook.
- Incluir plena funcionalidade para *smartphones* e *tablets*.

Por terem um foco mais preciso e definido do que "concluir", esses tipos de indicadores propiciarão uma linha de chegada clara e um indicador de sucesso acurado. (Para uma descrição de medidas de direção para projetos, consulte Seção 2: "Implementação das 4DX com a sua equipe" – Implementação da Disciplina 2: Atue nas medidas de direção.)

EXPERIMENTE

Use a ferramenta do construtor de MCIs para testar suas ideias para uma meta crucialmente importante para a equipe.

Ferramenta Construtora de MCIs

1. Faça um *brainstorming* de ideias para a MCI.
2. Faça um *brainstorming* de medidas históricas para cada ideia (*de X para Y até quando*).
3. Ordene segundo a importância para a empresa ou para a MCI global.
4. Confronte as suas ideias com o *checklist* na página inicial.
5. Escreva sua(s) MCI(s) final(ais).

Ideias para a MCI	Resultado Atual (de X)	Resultado Desejado (para Y)	Prazo (até Quando)	Classifi-cação

MCI(s) Final(ais)

____

____

____

____

Final(ais) MCI(s)

Conseguiu o resultado desejado?

Assinale cada item para se assegurar de que as MCIs e as medidas históricas da sua equipe foram alcançadas:

- ☐ Houve riqueza de ideias, tanto de cima para baixo como de baixo para cima?
- ☐ A MCI da equipe terá um impacto claro e previsível na MCI ou estratégia organizacional global, e não apenas no desempenho da equipe?
- ☐ A MCI da equipe é a coisa mais impactante que pode ser feita para contribuir na realização da MCI global?
- ☐ A equipe tem claramente poder para realizar a MCI sem forte dependência de outras equipes?
- ☐ A MCI exige foco de toda a equipe, e não apenas do líder ou de um subgrupo?
- ☐ A medida histórica está expressa no formato *de X para Y até quando*?
- ☐ A MCI pode ser simplificada ainda mais? A MCI começa com um simples verbo e termina com uma clara medida histórica?

Atue nas medidas de direção

Grandes equipes investem seus maiores esforços naquelas poucas atividades que produzem o maior impacto sobre as MCIs: as medidas de direção. Esse *insight* é tão importante e tão marcante, e ainda assim tão pouco compreendido, que nós o denominamos segredo da excelência na execução. Ao contrário das medidas históricas, que lhe dizem se você *atingiu* sua meta, as medidas de direção dizem se você tem *probabilidade* de atingir sua meta. Você usará as medidas de direção para rastrear aquelas atividades que mais movem a MCI.

As medidas de direção devem ser tanto *preditivas* da realização da MCI como *influenciáveis* pela equipe, como estes exemplos demonstram:

Equipe	Indicador de Resultado	Medida de Direção
Equipe de Melhoria da Qualidade do Hospital	Diminuir a taxa de mortalidade no hospital de 4% para 2% este ano.	Avaliar os pacientes suscetíveis a pneumonia duas vezes ao dia com base nos protocolos de prevenção da doença.
Equipe de Expedição da Transportadora	Reduzir os custos de transporte em 12% este trimestre.	Assegurar que 90% de todas as viagens sejam com caminhões totalmente carregados.
Restaurante	Aumentar em 10% o consumo médio até o final do ano.	Sugerir coquetel especial do dia a 90% de todas as mesas.

Cada uma dessas medidas de direção é ao mesmo tempo preditiva e influenciável. A equipe pode gerenciar a ação sobre as medidas de direção, que por sua vez movem a medida histórica.

É essencial atuar nas medidas de direção para um desempenho ótimo, mas é também o ponto mais difícil para a implementação das 4DX na sua equipe.

Três razões justificam essa dificuldade:

- **As medidas de direção podem ser contraintuitivas.** A maioria dos líderes se concentra nas medidas históricas, no resultado financeiro da empresa, que é, fundamentalmente, o que importa. Este foco é natural, mas você não pode *atuar* sobre uma medida histórica porque ela está no passado.
- **Medidas de direção são difíceis de serem monitoradas.** São medidas de comportamentos novos e diferentes, e monitorar comportamentos é muito mais difícil do que medir resultados. Em geral, não há um sistema prontamente disponível para acompanhar medidas de direção. Assim, você talvez precise inventar tal sistema.
- **Frequentemente, as medidas de direção aparentam ser simples demais.** Eles demandam foco preciso sobre um determinado comportamento que pode parecer insignificante (embora não seja), em especial para aqueles que não pertencem à equipe.

Por exemplo, uma loja varejista escolheu a seguinte medida de direção para impulsionar as vendas: limitar o número de itens em falta no estoque a no máximo 20 por semana. Será que essa medida comum produz de fato uma diferença significativa? E será que eles já não deveriam estar fazendo isso? Contudo, se essa ação simples for executada inconsistentemente, os clientes que não encontrarem o que procuram não retornarão.

Geralmente, as medidas de direção apenas preenchem a lacuna entre saber e fazer aquilo que precisa ser feito. Assim como uma simples alavanca pode mover uma grande rocha, uma boa medida de direção promove poderosa alavancagem.

DOIS TIPOS DE MEDIDAS DE DIREÇÃO

Antes que você e sua equipe comecem a desenvolver medidas de direção, queremos que entenda mais sobre os tipos e características dessas poderosas alavancas da execução. Para começar, há dois tipos de medidas de direção: as que produzem resultados pontuais e as que promovem condutas poderosas.

As medidas de direção que produzem *resultados pontuais* são medidas que focam a realização de um resultado semanal pela equipe, mas permitem a cada um dos seus membros certa liberdade de escolha do próprio método para alcançá-lo. "Limitar a falta de itens no estoque a no máximo 20 por semana" é uma medida de direção de resultado pontual, para a qual várias ações poderiam ser aplicadas. Quaisquer que sejam as ações escolhidas, com uma medida de direção de resultados pontuais a equipe será essencialmente responsável por produzir o resultado.

As medidas de direção do tipo *condutas poderosas* monitoram comportamentos específicos que você e a sua equipe adotam ao longo da semana. Elas possibilitam que toda a equipe assuma novos comportamentos num mesmo nível de consistência e qualidade, e forçam uma avaliação clara de quão bem se desempenharam. Com uma medida de direção para conduta poderosa, a equipe é responsável por ter o comportamento, e não por produzir um resultado.

Ambos os tipos de medidas de direção são aplicações *igualmente válidas* da Disciplina 2 e poderosas alavancas de resultados.

META CRUCIALMENTE IMPORTANTE

Reduzir a média mensal de acidentes de 12 para 7 até 31 de dezembro de 2013.

RESULTADO PONTUAL

MEDIDA DE DIREÇÃO
Alcançar índice médio de conformidade com a segurança de 97% semanalmente.

CONDUTA PODEROSA

MEDIDA DE DIREÇÃO
Assegurar que 95% de todos os colaboradores usem botas de segurança diariamente.

Esse exemplo foi tirado de nossa implementação na Younger Brothers Construction, onde a meta crucialmente importante era uma taxa de acidentes menor. Eles escolheram a medida de direção do tipo resultado pontual de conformidade com a Segurança que visava múltiplos comportamentos novos. Se acreditavam que a equipe pudesse fracassar escolhendo tantos comportamentos, poderiam ter escolhido começar com uma única conduta poderosa, como por exemplo usar botas de segurança (uma das seis normas de segurança) e, ao longo do tempo, incorporar os comportamentos adicionais como novos hábitos da equipe.

META CRUCIALMENTE IMPORTANTE

Aumentar a média das vendas semanais de $1 milhão para $1,5 milhão até 31 de dezembro de 2013.

RESULTADO PONTUAL	CONDUTA PODEROSA
MEDIDA DE DIREÇÃO Limitar a falta dos principais itens no estoque a no máximo 20 por semana.	**MEDIDA DE DIREÇÃO** Realizar duas inspeções adicionais do estoque diariamente, preenchendo todas as faltas dos principais itens.

Esse exemplo foi tirado do nosso trabalho com uma grande cadeia de supermercados na qual a mais poderosa força motriz para o aumento das vendas era garantir que os produtos mais vendidos estivessem sempre disponíveis para os clientes. Eles decidiram atuar com base em uma conduta rigorosa, "Realizar duas inspeções diárias adicionais no estoque", da qual toda a equipe poderia participar.

Nossa intenção é que você veja, a partir desses exemplos, que ambas as medidas de direção propiciam uma real alavanca para que a meta seja atingida. Não é uma questão de qual seja a melhor medida, mas qual medida de direção é melhor *para a sua equipe.*

Aqui seguem as etapas para se chegar às medidas de direção com alto potencial de alavancagem.

Etapa 1: Considere as possibilidades

Comece fazendo um *brainstorming* das possíveis medidas de direção. Resista à tentação de escolher rapidamente. Nossa experiência tem demonstrado que quanto mais ideias forem geradas, maior será a qualidade das medidas de direção.

Achamos que estas perguntas sejam úteis na descoberta de medidas de direção:

- "O que poderíamos fazer para produzir uma diferença significativa na MCI e que nunca tenhamos feito antes?"
- "Quais os pontos fortes desta equipe que podemos usar como alavanca para a MCI? Onde estão nossos 'bolsões de excelência'? O que o nosso pessoal com melhor desempenho faz de forma diferente?"
- "Que pontos fracos poderiam nos impedir de alcançar a MCI? O que poderíamos fazer mais consistentemente?"

Por exemplo, um supermercado tem esta MCI: "Aumentar as vendas anuais em 5%." Eis algumas medidas de direção elegíveis:

Identificar Novas e Melhores Ações

- Cumprimentar as pessoas na porta entre 5h e 7h da noite (horário de maior movimento) e oferecer ajuda para que encontrem o que estiverem procurando.
- Receber pedidos sob a forma de texto e e-mail e deixá-los prontos para os clientes virem retirá-los.

Alavancar os Bolsões de Excelência

- Montar mostruários criativos com novos produtos em cada departamento, todos os meses.
- Adaptar o checklist de atendimento ao cliente utilizado pela padaria do supermercado em todos os departamentos da loja.

Reparar as Inconsistências

- Conduzir inspeções no estoque para verificar quais os itens que estão em falta a cada duas horas.
- Minimizar as filas para até dois clientes em qualquer momento.

Mantenha o foco unicamente nas ideias que impulsionarão a MCI. Não passe para uma discussão geral sobre coisas boas que podem ser feitas em vez de coisas que causarão impacto na MCI, ou você terminará com um extensa lista de irrelevâncias.

Um exemplo famoso de medida de direção muito produtiva é a regra dos 15% na 3M Company. Durante décadas, essa grande empresa manteve a MCI estratégica de criar um fluxo de grandes produtos novos que nunca cessa. Para alcançar essa meta, adotaram a medida de direção que exige das equipes de pesquisas dedicação de 15% de seu tempo, a projetos da própria escolha. O autor Jim Collins comenta:

"Ninguém é orientado em que produtos deve trabalhar, apenas quanto deve trabalhar. Esse relaxamento dos controles produziu um fluxo de inovações lucrativas, das famosas Post-it Notes aos exemplos menos conhecidos de placas de carros refletoras e máquinas que substituem funções do coração humano durante cirurgias. As vendas da 3M e seus ganhos aumentaram mais de 40 vezes desde que a regra dos 15% foi instituída."[26]

Uma medida de direção ideal, como a regra dos 15% da 3M, é extremamente frutífera para alcançar a MCI e fica sob controle da equipe.

Etapa 2: Classifique de acordo com o impacto

Quando você estiver satisfeito com a sua lista de medidas de direção elegíveis, estará pronto para identificar as ideias que têm maior impacto potencial na MCI da equipe.

Em função da MCI do hotel para aumentar a lucratividade, a equipe de gerenciamento de eventos estabeleceu sua MCI: aumentar a receita a partir de eventos corporativos de $22 milhões para $31 milhões até 31 de dezembro.

Numa sessão de trabalho sobre as 4DX, Susana fez um *brainstorming* com sua equipe sobre as medidas de direção para esta MCI:

Susana e sua equipe estreitaram o foco para três ideias que teriam impacto máximo na realização da MCI da equipe:

1. **Aumentar o número de visitas ao hotel.** A equipe de Susana sabia, por experiência, que sempre que conseguiam influenciar um cliente a visitar o hotel, as chances de conquistarem o contrato para o evento eram significativamente mais altas.

Equipe de Gerenciamento de Eventos

MCI: Aumentar a receita de eventos corporativos de $22 milhões para $31 milhões até 31 de dezembro.

Ideias para Medidas de Direção

- Aumentar o número de visitas ao hotel.
- Desenvolver contatos em novas empresas locais.
- Explorar oportunidades adicionais de eventos com os clientes atuais.
- Frequentar feiras na área de eventos corporativos.
- Desenvolver e implementar um novo programa de marketing.
- Melhorar as opções do cardápio de banquetes.
- Fazer vendas cruzadas com o pacote *premium* do nosso bar.
- Fazer vendas cruzadas com o pacote expandido de recursos audiovisuais.
- Gerar propostas de mais alta qualidade.
- Fazer parte de associações de planejadores de reuniões e frequentar as reuniões.
- Fazer contato com antigos clientes, perdidos para outros hotéis, e reconquistá-los.

2. **Fazer vendas cruzadas com o pacote *premium* do nosso bar.** Como as margens eram mais altas nos produtos no pacote *premium* do bar, cada evento que fizesse essa escolha adicional aumentaria não apenas a receita, como também a lucratividade.
3. **Gerar propostas de mais alta qualidade.** A proposta era a última etapa no processo de vendas. Assim, quanto mais frequentemente os interessados avançavam até esse estágio maior era a probabilidade de fecharem negócio. A ideia era assegurar que cada proposta passasse por um *checklist* de padrão de qualidade superior.

CUIDADO

Depois de produzirem uma lista de candidatas a medidas de direção, frequentemente ouvimos os membros da equipe dizerem: "Precisamos fazer todas estas coisas!" Sem dúvida, todos os itens devem ser feitos, mas quanto mais itens tentarem fazer, menos energia dedicarão a cada um deles.

Além do mais, manter o foco em poucas medidas de direção permite maior alavancagem. Como costumamos dizer: "Uma alavanca tem de sofrer um grande movimento para produzir um pequeno deslocamento da rocha." Em outras palavras, a equipe deve exercer uma intensa pressão sobre a medida de direção para mover a medida histórica. Se você tiver um número excessivo de medidas de direção, a pressão se diluirá.

Etapa 3: Teste as ideias principais

Ao identificar algumas medidas de direção que produzam uma grande alavancagem, faça o teste em seis critérios:

- É preditiva?
- É influenciável?
- É um processo contínuo ou do tipo "uma única vez"?
- É um jogo do líder ou da equipe?
- É mensurável?
- Vale a pena mensurar?

O INDICADOR É PREDITIVO DA REALIZAÇÃO DA MCI?
Este é o primeiro e mais importante teste para uma candidata a medida de direção. Se a ideia não passar neste teste, mesmo sendo uma boa ideia, elimine-a e escolha a próxima ideia mais impactante da lista do *brainstorming*.

A EQUIPE PODE INFLUENCIAR A MEDIDA DE DIREÇÃO?
Influenciar nos leva a perguntar se a equipe detém pelo menos 80% do controle sobre a medida de direção. Como na Disciplina 1, este teste elimina dependências significativas de outras equipes.

Estas são hipóteses de medidas de direção que a equipe de gerenciamento de eventos de Susana poderia ter proposto como alternativa para as medidas históricas:

Medidas históricas Não Influenciáveis	Medidas de Direção Influenciáveis
Aumentar a lucratividade de comidas e bebidas em 20%	Fazer venda cruzada com o pacote *premium* do bar e melhorar as opções do cardápio de banquetes.
Reconquistar antigos clientes	Contatar antigos clientes, perdidos para outros hotéis, e gerar propostas persuasivas para recontratação.
Fazer reservas para um número maior de convenções	Participar ativamente das reuniões mensais da associação de planejamento de convenções.

Lembre-se de que a medida de direção ideal é uma ação que faz a medida histórica evoluir e que a equipe pode prontamente assumir *sem uma dependência significativa de outra equipe.*

É UM PROCESSO CONTÍNUO OU DO TIPO "UMA ÚNICA VEZ"?

A medida de direção ideal é aquela que promove uma mudança de comportamento que se torne habitual e que traga melhoria contínua na medida histórica. Embora uma ação tomada uma vez possa trazer melhoria temporária, não é uma mudança de comportamento e terá pouco efeito sobre a cultura da equipe.

Eis alguns exemplos que poderiam ter sido usados pela equipe de Susana e que ilustram as importantes diferenças que este teste revela:

Processo contínuo (Faça isto)	Uma única vez (Não faça isto)
Assegure-se de cada cliente fique ciente da nossa capacidade audiovisual e receba um *set-up* personalizado.	Aprimorar todo o nosso sistema audiovisual.
Manter 100% de conformidade com o checklist de preparação da mesa do banquete.	Frequentar uma sessão de treinamento sobre as normas para montagem de mesas para banquetes.
Participar de todas as reuniões da Câmara de Comércio e contatar todas as empresas que abram novas filiais em nossa cidade.	Associar-se à Câmara de Comércio.

Embora as ideias de uma única vez possam fazer uma diferença temporária, possivelmente uma grande diferença, apenas os hábitos comportamentais que a equipe desenvolve são capazes de promover melhorias permanentes.

É UM JOGO DO LÍDER OU DA EQUIPE?

O comportamento da equipe deve mover a medida de direção. Se apenas o líder (ou um indivíduo) puder mover a medida de direção, a equipe rapidamente perderá interesse no jogo.

Por exemplo, uma iniciativa de qualidade exige que o líder audite o processo frequentemente, o que produzirá resultados de auditoria cada vez melhores.

Se a medida de direção proposta for fazer auditorias mais frequentes, ele não passará neste teste porque apenas o líder pode conduzir as auditorias. Todavia, se a proposta for responder a todos os achados das auditorias num prazo conveniente, ele se torna um jogo de equipe. As ações que movem o ponteiro da auditoria envolverão todos na equipe.

Da mesma forma, hipóteses de medidas de direção tais como preenchimento de posições em aberto, redução de horas extras ou melhoria na programação são usualmente exemplos de um jogo para o líder na maioria das empresas. Lembre-se de que as medidas de direção conectam a equipe à MCI, mas somente se for uma partida para ser jogada pela equipe.

É MENSURÁVEL?

Como já dissemos, os dados das medidas de direção são difíceis de serem obtidos, e a maioria das equipes não tem sistemas para acompanhar as medidas de direção, mas o monitoramento bem-sucedido destas é imprescindível para o sucesso nas medidas históricas.

Se a MCI for de fato crucialmente importante, você precisará encontrar modos de avaliar os novos comportamentos.

VALE A PENA MENSURAR A MEDIDA DE DIREÇÃO?

Se o esforço necessário for maior do que o impacto que produz ou se tiver consequências não intencionais sérias, a medida de direção não passará neste teste.

Por exemplo, um grande varejista de *fast-food* contratou inspetores para visitarem cada uma das franquias regularmente para avaliar a conformidade com as normas da empresa. Os inspetores eram, em geral, considerados espiões. Os membros da equipe se sentiam desrespeitados. Ao custo direto de contratação deste exército de inspetores, os líderes adicionavam o custo de aumentar a desconfiança e baixar o ânimo.

Basicamente, as medidas de direção desenvolvidas pela equipe de gerenciamento de eventos de Susana passaram em todos os testes. Durante esse processo, eles descobriram que quase todas as visitas feitas ao hotel resultavam numa proposta bem-sucedida. Assim sendo, decidiram atuar na realização de um número maior de visitas e fazer um monitoramento das propostas.

Etapa 4: Defina as medidas de direção

Responda estas perguntas à medida que der a forma final às medidas de direção:

ESTAMOS ACOMPANHANDO O DESEMPENHO DA EQUIPE OU DOS INDIVÍDUOS?

Esta opção afetará a manutenção do placar, o seu formato e essencialmente até que ponto a equipe se responsabiliza por ele. O monitoramento de resultados produzidos pelos indivíduos cria o mais alto nível de responsabilização, mas também o jogo mais difícil de ser vencido porque demanda o mesmo desempenho por todos. Por outro lado, o monitoramento dos resultados da equipe leva em conta as diferenças no desempenho individual, enquanto ainda possibilita que a equipe atinja os resultados.

O MONITORAMENTO DA MEDIDA DE DIREÇÃO É DIÁRIO OU SEMANAL?

Para alcançarmos o mais alto nível de engajamento, os membros da equipe precisam ver os números da medida de direção evoluindo pelo menos semanalmente. Caso contrário, logo perderão o interesse. O acompanhamento diário cria o mais alto nível de responsabilização porque demanda o mesmo desempenho de cada colaborador todos os dias, enquanto o monitoramento semanal leva em consideração desempenho diário variável, desde que o resultado geral da semana seja alcançado.

Temos aqui um exemplo da mesma medida de direção com pontuações individuais e diárias, assim como diárias e semanais.

Medição Individual	Medição da Equipe	
Cumprimentar 20 clientes por colaborador, por dia, com uma calorosa saudação e oferecer ajuda.	Cumprimentar 100 clientes por dia, como equipe, com uma calorosa saudação, e oferecer ajuda.	**Medição Diária**
Cumprimentar 100 clientes por colaborador, por semana, com uma calorosa saudação e oferecer ajuda.	Cumprimentar 700 clientes por semana, como equipe, com uma calorosa saudação, e oferecer ajuda.	**Medição Semanal**

Estes pontos devem ser levados em consideração na sua tomada de decisão:

Medição Individual	Medição por Equipe	
• Cada membro da equipe deve alcançar a medida de direção. • A responsabilização pessoal é muito alta pois o monitoramento é feito por pessoa. • O placar é muito detalhado.	• A equipe pode vencer mesmo quando membros individuais têm baixo desempenho. • Os resultados produzidos pelos colaboradores de alto desempenho podem mascarar os produzidos pelos colaboradores de baixo desempenho.	**Medição Diária**
• Os indivíduos podem alcançar uma vitória semanal, mesmo se algumas medidas diárias são perdidas. • A equipe vence apenas quando cada membro faz a sua parte. • O placar é detalhado.	• A equipe pode vencer na semana mesmo quando as medidas diárias são perdidas. • Os resultados produzidos pelos colaboradores de alto desempenho podem mascarar os produzidos pelos colaboradores de baixo desempenho. • A equipe vence ou perde como um todo.	**Medição Semanal**

QUAL É O PADRÃO QUANTITATIVO?

Em outras palavras, "Até que ponto / com que frequência / qual expectativa de consistência?"

Na Younger Brothers, a medida de direção era conformidade de 97% com as seis normas de segurança. Como chegaram aos 97%? Como você chegaria?

A decisão se baseia na urgência e na importânca da MCI. Lembre-se de que a alavanca tem de sofrer um grande movimento para mover a rocha um pouco. Se a conformidade com as normas de segurança for de apenas 67%, aumentar para 97% significará um grande deslocamento da rocha, e se vidas e membros estiverem em jogo, a rocha *precisa* ter um grande deslocamento. Escolha números que desafiem a equipe sem que o jogo se torne invencível.

Por exemplo, nos Países Baixos, cada paciente que dá entrada num hospital é submetido a uma coleta de material para pesquisa de infecção, medida de direção importante para eliminar HAIs. Obviamente, fazer a coleta de material em cada paciente consome tempo e recursos, mas isto pode ser administrado. Outros países com maior tolerância a HAIs ou que talvez não considerem este o seu maior problema, talvez selecionem alguns, mas certamente não todos os pacientes. Para estes, HAIs zero não é um MCI.

Algumas vezes você descobre os números por tentativa e erro. Um cliente de materiais de construção disparava dois e-mails sequenciais toda semana antecipando as promoções, mas o resultado era insignificante. Quando começaram a enviar três e-mails, passaram a fazer muitos negócios. Havia algo mágico com três, em vez de dois e-mails. Quem sabe?

Se você estiver avaliando uma atividade que a sua equipe já faça, é essencial que o nível de desempenho suba significativamente além do ponto onde se encontra hoje. Do contrário, estará praticando uma definição bem conhecida de insanidade: *fazendo as mesmas coisas que sempre fez, mas esperando resultados diferentes.*

QUAL É O PADRÃO QUALITATIVO?

Em outras palavras, "Quão bem esperam que façamos?".

Nem todas as medidas de direção têm de responder esta pergunta. Ainda assim as medidas de direção com maior impacto definem o padrão, não apenas para a frequência ou a quantidade, mas também quão bem a equipe deve se desempenhar.

Na Younger Brothers, as seis normas de segurança são o componente qualitativo da medida de direção. Para uma equipe de uma unidade produtiva otimizada, poderia ser conformidade com o mapa de cadeia de valor.

COMEÇA COM UM VERBO?
Verbos simples focam a mente imediatamente na ação.

MCI	Medida de direção
Alcançar $2 milhões em novas receitas até o final do trimestre.	Realizar 500 ligações ativas adicionais por semana.
Aumentar nossa taxa de fechamento em licitações de 75% para 85% neste ano fiscal.	Assegurar 98% de conformidade das propostas com as nossas normas de qualidade para elaboração de propostas.
Melhorar o índice de lealdade do cliente de 40 para 70 dentro de 2 anos.	Alcançar, semanalmente, 99% de disponibilidade no servidor.
Aumentar o giro de inventário de 8 para 10 este ano.	Enviar 3 e-mails para os contatos para cada oferta especial.

É SIMPLES?
Enuncie as suas medidas de direção com o menor número possível de palavras. Elimine explicações de abertura, tais como "A fim de atingirmos a nossa MCI e exceder as expectativas de nossos clientes, nós faremos..." O que vem após as palavras "nós faremos..." é a medida de direção e é tudo que precisa ser dito. Uma escrita clara da MCI capta a maior parte de tudo que seria dito numa declaração inicial.

OBSERVAÇÃO ESPECIAL SOBRE MEDIDAS DE DIREÇÃO ORIENTADAS PARA O PROCESSO
Outro modo de identificar poderosas medidas de direção é olhar para o seu trabalho sob a forma de etapas de um processo, especialmente se você já souber que a sua MCI deriva de um processo (exemplos seriam uma MCI

sobre a receita de um processo de vendas, uma MCI sobre a qualidade de um processo de manufatura ou uma MCI para a realização de um projeto com base num processo de gerenciamento de projetos).

O exemplo a seguir é um processo básico de vendas em 11 etapas.

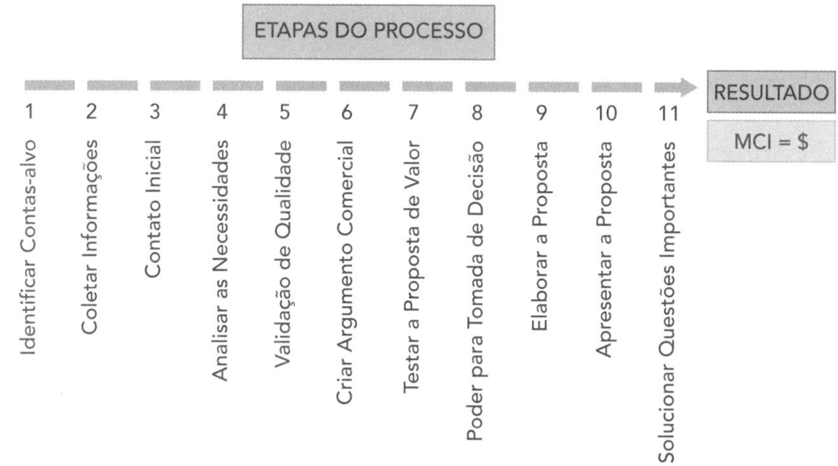

Os processos sempre apresentam os mesmos desafios: está nos trazendo resultados? Estamos ao menos seguindo o processo? Temos o processo certo?

Todo processo apresenta pontos de alavancagem, etapas críticas, passíveis de falhas no desempenho. Se tais pontos se tornarem medidas de direção, a equipe poderá concentrar energia neles para que não se manifestem.

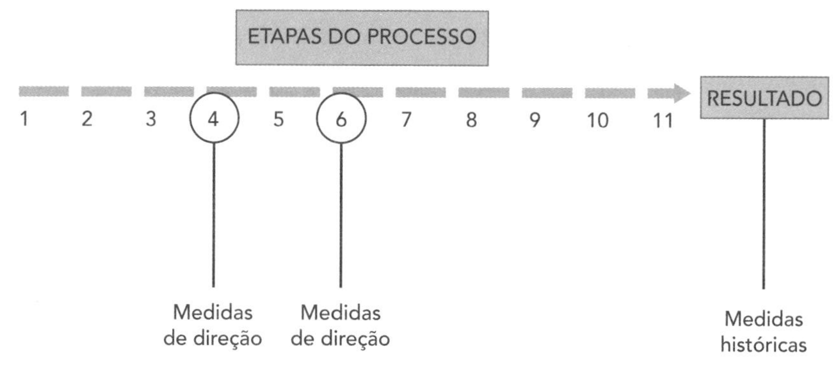

Neste gráfico, a equipe decidiu que uma análise significativamente melhor sobre as necessidades (etapa 4) e argumentação comercial (etapa 6) na proposta de valor (etapa 7) provocaria maior impacto nos resultados. Eles apostaram nisso.

A partir daí, a equipe definirá as medidas de direção para estes pontos de alavancagem. Perguntarão: "Como avaliaremos se ocorreu uma análise satisfatória das necessidades?" "Como saber se temos um bom argumento comercial como proposta de valor?" Esse tipo de medida de direção é muito mais eficaz do que propor uma melhoria no processo como um todo de uma só vez. No caso, o líder teria que distribuir toda a energia da equipe por todo o processo, e a equipe jamais mudaria os velhos hábitos.

As 4DX propiciam ao líder capacidade de cercar os pontos críticos de um processo para em seguida prosseguir para o ponto mais crítico.

AS METAS INTERMEDIÁRIAS DE UM PROJETO PODEM SER BOAS MEDIDAS DE DIREÇÃO?

Se a sua MCI for um único projeto, os marcos intermediários dela poderão ser medidas de direção eficazes, mas você terá de avaliá-las com muito cuidado. Se essas metas forem simultaneamente *preditivas* do êxito do projeto (veja descrição de medidas históricas para projetos na Seção 2: "Implementação das 4DX com a sua equipe" – Implementação da Disciplina 1: Foque no Crucialmente Importante) e *influenciáveis* pela equipe, podem ser boas candidatas. Contudo, têm também de ser suficientemente *significativas* para que compromissos semanais sejam estabelecidos. Quanto menores ou mais granulares forem as metas intermediárias, menores serão as chances de se definirem compromissos semanais. Em geral, um marco intermediário que demande menos de seis semanas para ser realizado não é suficientemente significativo para servir de medida de direção.

Como alternativa, se a sua MCI consistir em múltiplos projetos, suas medidas de direção provavelmente serão procedimentos que você esteja usando para assegurar o sucesso em todos os projetos, tais como finalização de investigação formal, definição de exigências funcionais, comunicação de projeto ou procedimentos de teste. Nesse caso, você deve escolher os componentes mais *preditivos* e *influenciáveis* do seu processo de projeto como medidas de direção.

O RESULTADO

Para a Disciplina 2, o resultado é um pequeno conjunto de medidas de direção que moverão as medidas históricas da MCI.

As medidas de direção finais para a equipe de Susana foram claras e desafiadoras:

- Realizar duas visitas de qualidade ao hotel por colaborador, por semana.
- Fazer venda cruzada do pacote *premium* do bar para 90% de todos os eventos.

A Disciplina 2 fornece a Susana uma estratégia clara, concisa e mensurável para a melhoria do desempenho de sua equipe *e* produção de grandes resultados para o hotel.

A Disciplina 2 é emocionante para muitas equipes, e com razão. As equipes têm não apenas uma MCI com uma linha de chegada bem definida, mas também algumas medidas de direção cuidadosamente estabelecidas para que se atinja a MCI. Para muitos, é o plano mais *executável* que já montaram. Eles se sentem confiantes de que fizeram tudo que era necessário fazer para que o plano se concretizasse, e agora ficou fácil.

Não têm mais como errar.

No entanto, apesar do belo jogo que planejaram, dentro de alguns dias desaparecerá no redemoinho, a menos que prossigam com a Disciplina 3.

EXPERIMENTE

Use a ferramenta Construtor de Medidas de Direção abaixo para tentar criar medidas de direção para a sua MCI.

Ferramenta Construtor de Medidas de direção

1. Insira a meta crucialmente importante e a medida histórica no campo superior.
2. Faça um *brainstorming* de ideias sobre medidas de direção.
3. Faça um *brainstorming* de métodos para avaliar as ideias sugeridas.
4. Ordene segundo o impacto provocado na MCI.
5. Teste as suas ideias com base no *checklist* na página a seguir.
6. Escreva suas medidas de direção finais.

Ideias para medidas de direção	Como avaliar?	Classificação

Medidas de Direção Finais

___

___

___

Conseguiu o resultado desejado?

Verifique cada item para se assegurar de que as medidas de direção da sua equipe moverão as medidas históricas da MCI:

- ☐ Você reuniu dados substanciais sobre as medidas de direção a partir da equipe e de terceiros?
- ☐ As medidas de direção são preditivas? Isto é, são as coisas mais impactantes que a equipe possa fazer para impulsionar a realização da sua MCI?
- ☐ As medidas de direção são influenciáveis? Isto é, a equipe tem claramente o poder de mover as medidas de direção?
- ☐ As medidas de direção são verdadeiramente avaliáveis? Você pode monitorar o desempenho com base nas medidas de direção a partir do primeiro dia?
- ☐ Vale a pena monitorar as medidas de direção? Ou os dados custarão mais para serem reunidos do que o valor deles? Estas medidas de direção levarão a consequências não intencionais?
- ☐ Cada indicador de desempenho começa com um simples verbo?
- ☐ Cada medida de direção é quantificada, inclusive as medidas de qualidade?

Mantenha um placar envolvente

A Disciplina 3 é a disciplina do engajamento. Embora você tenha definido um jogo claro e eficaz nas Disciplinas 1 e 2, a equipe não dará o melhor de si, a menos que esteja emocionalmente engajada, e isso acontece quando sabem se estão vencendo ou perdendo.

A chave para o engajamento é um placar grande, visível, continuamente atualizado, que seja envolvente para os jogadores. Por que enfatizamos tanto o placar?

Em uma recente pesquisa FranklinCovey sobre lojas varejistas, descobrimos que 73% dos colaboradores de mais alto desempenho, que chamamos modelo, concordam com esta declaração: "As medidas do nosso sucesso são visíveis, acessíveis e continuamente atualizadas." Apenas 33% dos colaboradores de desempenho inferior, que chamamos de "resistentes", concordaram com esta afirmativa. Assim, os colaboradores modelo têm mais do que o dobro de probabilidade de ver e interagir com alguma forma de placar envolvente, de modo que possam ver se estão vencendo ou não. Por que isto acontece?

Lembre-se dos três princípios.

AS PESSOAS ATUAM DE FORMA DIFERENTE QUANDO *ELAS* MANTÊM O PLACAR

As pessoas dão menos do que o máximo que poderiam dar de si se ninguém mantém um placar – isto faz parte da natureza humana. Além do mais, atente para a ênfase: as pessoas jogam de forma diferente quando *elas* mantêm o placar. Há uma diferença notável entre um jogo no qual o líder se encarrega do placar da equipe e um jogo no qual os jogadores se encarregam de registrar os pontos uns dos outros. Isso significa que a equipe se responsabiliza pelos resultados. A partida é para ser jogada por eles.

O PLACAR DE UM TÉCNICO NÃO É O PLACAR DOS JOGADORES

O placar de um técnico é complexo, repleto de dados. O placar dos jogadores é simples, mostra apenas algumas medidas que sinalizam para os jogadores se estão vencendo ou perdendo a partida. Eles têm diferentes propósitos. Como líder, você pode orientar, mas não pode criar o placar dos jogadores sem o envolvimento deles.

O OBJETIVO DO PLACAR DOS JOGADORES É MOTIVÁ-LOS A VENCER

Se o placar não motiva ação enérgica, não é suficientemente envolvente para os jogadores. Todos os membros da equipe devem poder vê-lo e observá-lo mudar a cada momento, a cada dia ou a cada semana. Devem conversar sobre ele o tempo todo. Na verdade, não devem nunca afastar o pensamento dele.

Neste capítulo, você aprenderá como engajar a equipe na criação de um placar envolvente e verá também como diferentes modelos de placar resultam em diferentes comportamentos.

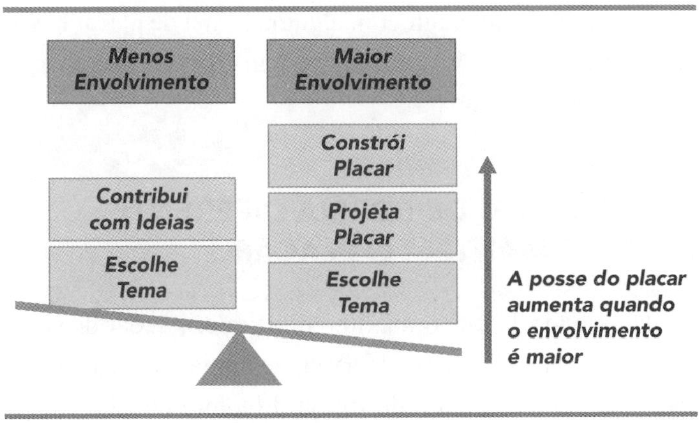

Descobrimos que quanto mais a equipe se envolve no projeto do placar, o que é ilustrado no gráfico da página anterior pela atribuição de mais responsabilidades à equipe, mais a balança se inclina para que o placar seja uma posse da equipe.

Etapa 1: Escolha um tema

Escolha um tema para o seu placar que clara e instantaneamente mostre as medidas que você está monitorando. Há várias opções.

LINHAS DE TENDÊNCIA

As linhas de tendência, de longe os mais úteis placares para evidenciar medidas históricas, facilmente passam a informação "*de X para Y até quando*". O bode mostra onde deveria estar num dado momento se planeja atingir Y num tempo especificado e, portanto, se você está vencendo.

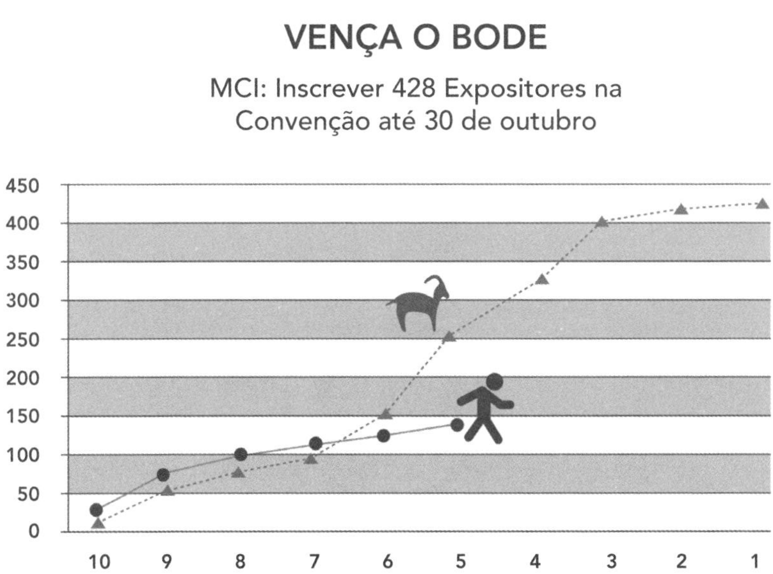

VELOCÍMETRO

Assim como o velocímetro de um carro, este placar mostra a situação das medidas instantaneamente. É ideal para medidas de tempo (tempo de ciclo, velocidade de processo, tempo para colocação no mercado, tempo de recuperação etc.). Considere outros medidores tais como termômetros, medidores de pressão, réguas ou balanças.

GRÁFICO DE BARRAS

Este placar é útil para comparar o desempenho das equipes ou de grupos dentro de equipes.

MEDIDAS DE DIREÇÃO

Alcançar 300 minutos de leitura ininterrupta/semana (3 de fevereiro).

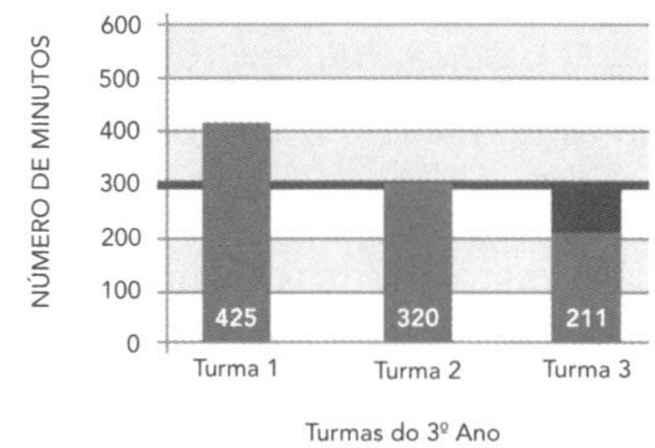

Realizar tutoriais individuais com cada aluno semanalmente (3 de fevereiro).

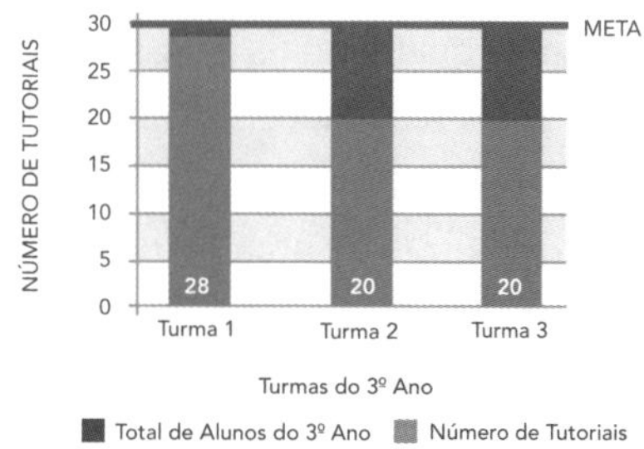

ANDON

Um gráfico Andon consiste em sinais coloridos ou luzes que mostram se um processo está no caminho certo (verde), em perigo de se afastar do caminho (amarelo) ou fora do caminho (vermelho). Este tipo de placar é útil para mostrar o *status* das medidas de direção.

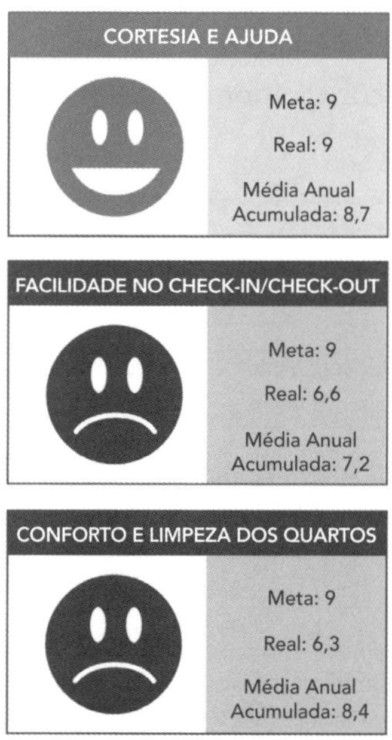

PERSONALIZADO

Sempre que os membros da equipe puderem personalizar o placar, será mais significativo para eles. Podem acrescentar o nome da equipe, fotografias dos participantes, caricaturas ou outros itens que representem a equipe. A personalização do placar não é apenas uma questão de diversão, serve também a um importante propósito – quanto mais o pessoal sente que o placar é *deles*, mais se responsabilizarão pelos resultados. Alcançar a MCI se torna uma questão de orgulho.

Já vimos até mesmo os indivíduos mais sérios se lançarem nesse esforço. Enfermeiras da área de cardiologia incluíram instrumentos cirúrgicos no placar, engenheiros instalaram luzes piscantes, chefes de cozinha motociclistas acrescentaram tornozeleiras de couro. Quando o placar é personalizado, a equipe se sente engajada.

Etapa 2: Projete o placar

Uma vez determinado o tema ou tipo do placar que você deseja, a equipe deve projetá-lo tendo estas perguntas em mente:

ELE É SIMPLES?

Resista à tentação de complicar o placar acrescentando um número excessivo de variáveis ou dados de apoio tais como tendências históricas, comparações anuais ou projeções. Não use o placar como um quadro de avisos para afixar relatórios, atualizações de *status* e outras informações gerais que tiram

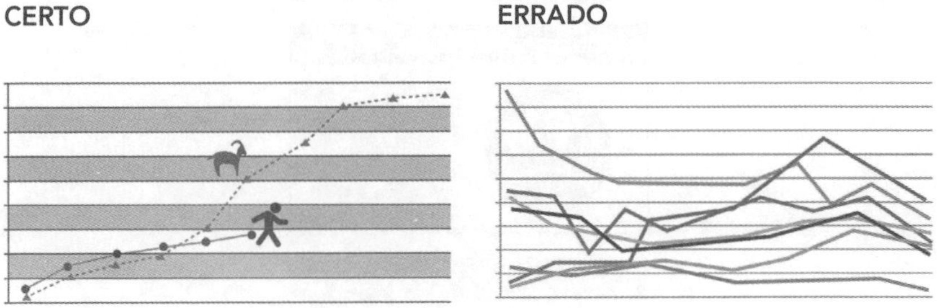

Os membros da equipe podem ver imediatamente se estão vencendo no placar à esquerda, mas teriam de estudar cuidadosamente o placar da direita para compreendê-lo, pois contém um número excessivo de variáveis a serem interpretadas.

o foco da equipe dos resultados que precisam ver. No meio do redemoinho, a simplicidade é a chave para se manter a equipe engajada.

A EQUIPE PODE VÊ-LO FACILMENTE?

Posicione o placar onde a equipe possa vê-lo com frequência. Quanto mais visível o placar, mais a equipe ficará conectada ao jogo. Se você quiser motivar a equipe ainda mais, coloque-o onde *outras* equipes possam vê-lo também. Se a sua equipe for geograficamente dispersa, o placar deverá ser visto remotamente (leia mais sobre placares eletrônicos no capítulo Automação das 4DX).

O PLACAR CONTÉM TANTO MEDIDAS DE DIREÇÃO COMO MEDIDAS HISTÓRICAS?

Inclua tanto os resultados reais como os resultados esperados. O placar deve responder não apenas à pergunta "Onde estamos agora?", mas também "Onde deveríamos estar?"

CERTO

Unidades Planejadas Final de Maio	*105*
Unidades Reais	*97*
Ganho Líquido/ (Perda)	*(08)*

ERRADO

Unidades Reais Final de Maio	*97*

Se a equipe apenas puder ver as unidades que produzem por mês, não saberão dizer se estão vencendo ou perdendo. Precisam ver o número de unidades planejadas. Também será útil fazer o cálculo para eles e mostrar se estão acima ou abaixo do objetivo (ganho líquido ou perda).

Inclua tanto a medida histórica da MCI como suas medidas de direção, legendas e outros rótulos mínimos para explicar as medidas. Em outras palavras, não suponha que todos sabem o que representam. (Lembre-se de que 85% dos membros da pesquisa que fizemos não sabe enunciar suas metas mais importantes!)

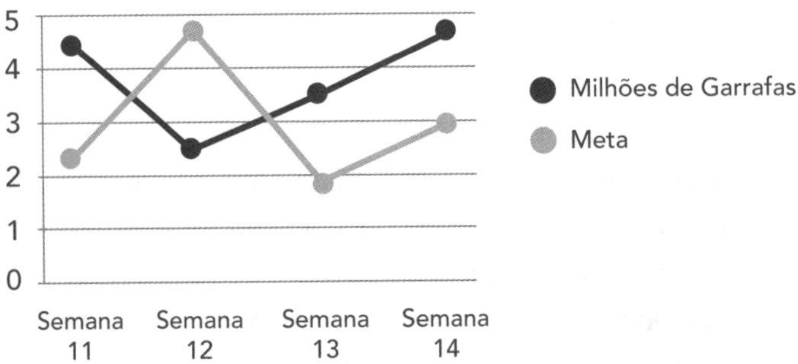

Medida histórica

Semana	Unidade 1	Unidade 2	Unidade 3	Unidade 4	Unidade 5	Unidade 6	Unidade 7	Unidade 8	Unidade 9
11		√							√
12	√	√		√	√		√	√	√
13	√	√	√	√		√	√	√	√
14	√	√		√	√	√	√	√	√

Medida de direção

A MCI desta equipe foi produzir certo número de garrafas de água por semana. A medida de direção era fazer a manutenção das unidades de engarrafamento segundo uma programação estrita, para que elas estivessem em pleno funcionamento e a equipe pudesse atingir a meta.

Quando notaram uma correlação entre a queda na manutenção e a queda na produção, se tornaram mais consistentes sobre a medida de direção e lançaram um tiro certeiro contra a meta.

CONSEGUIMOS DIZER IMEDIATAMENTE SE ESTAMOS VENCENDO? Projete o placar de modo que em cinco segundos ou menos a equipe possa determinar se está vencendo ou perdendo. Este é o teste da verdade de um placar feito para os jogadores.

Etapa 3: Construa o placar

Deixe a equipe construir o placar. Quanto maior for o envolvimento deles, melhor o resultado será, pois se sentirão mais responsáveis se forem eles próprios a prepararem o placar.

Certamente, o tamanho e a natureza da sua equipe fará uma diferença. Se tiverem muito pouco tempo de sobra, o líder terá de assumir um papel mais ativo na produção do placar propriamente dito. Ainda assim, a maioria das equipes abraça a oportunidade de criar o próprio placar e com frequência oferece o próprio tempo para criá-lo.

Finalmente, não importa muito que material se utilize para confeccionar o placar. Pode ser uma sinalização eletrônica, um cartaz, um quadro branco ou até mesmo um quadro de giz, desde que atenda aos padrões de projeto apresentados aqui.

Etapa 4: Mantenha o placar atualizado

O projeto do placar deve permitir fácil atualização, no mínimo semanal. Se o placar for difícil de atualizar, você se verá tentado a deixá-lo de lado quando o redemoinho o golpear, e sua meta crucialmente importante desaparecerá em meio ao barulho e à confusão.

O líder deve deixar claro:

- Quem é responsável pelo placar.
- Quando será afixado.
- Com que frequência será atualizado.

UM EXEMPLO

Vamos acompanhar a equipe de gerenciamento de eventos de Susana no projeto de confecção do placar.

Eles aplicaram a Disciplina 1 e estabeleceram uma MCI para aumentar a receita proveniente de eventos corporativos, de $22 milhões para $31 milhões até 31 de dezembro.

Em seguida, aplicaram a Disciplina 2 para identificar duas medidas de direção de alto impacto:

- Realizar duas visitas de qualidade ao hotel por associado, por semana.
- Fazer venda cruzada do pacote *premium* do bar em 90% de todos os eventos.

Com o jogo claramente definido, Susana e sua equipe estavam agora prontos para montar um placar. Começaram pela definição clara da MCI e da medida histórica no placar:

MCI

Aumentar a receita proveniente de eventos corporativos de $22 milhões para $31 milhões até 31 de dezembro.

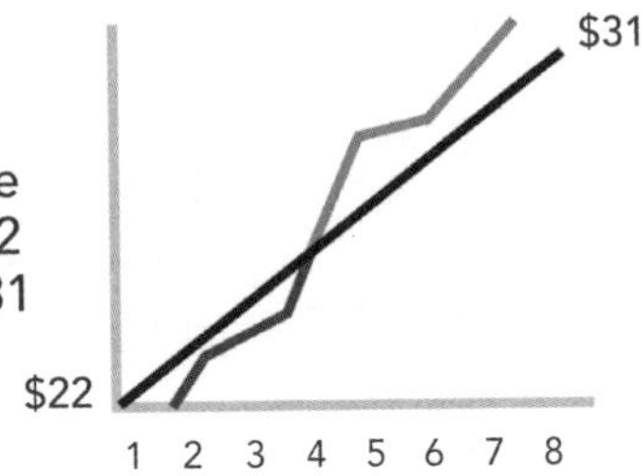

A seguir, acrescentaram a medida de direção 1 com um gráfico detalhado para monitorar o desempenho individual.

MCI

Aumentar a receita proveniente de eventos corporativos de $22 milhões para $31 milhões até 31 de dezembro.

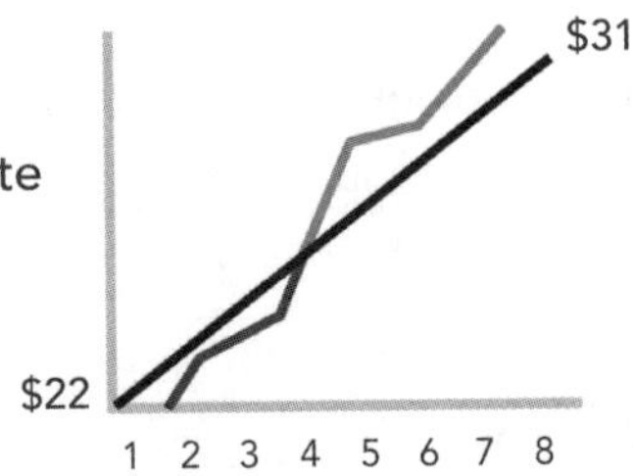

Medida de Direção

Realizar duas visitas de qualidade, por associado, por semana.

COLABORADOR	1	2	3	4	5	6	7	MÉDIA
JOAQUIM	1	1	2	2	4	X	X	2
ROBERTO	2	2	3	2	X	X	3	2,4
KAREN	1	3	2	X	X	2	2	2
JOÃO	0	0	X	X	1	1	1	6
EMÍLIA	3	X	X	4	3	2	4	2,8
RICARDO	X	X	2	2	2	4	4	2,8
BETE	X	1	2	5	2	4	X	2,8
TOTAL	7	7	11	15	12	13	14	2,3

Finalmente, eles acrescentaram a medida de direção 2 e um gráfico de barras para monitorar as tentativas de vendas cruzadas.

MCI

Aumentar a receita proveniente de eventos corporativos de $22 milhões para $31 milhões até 31 de dezembro

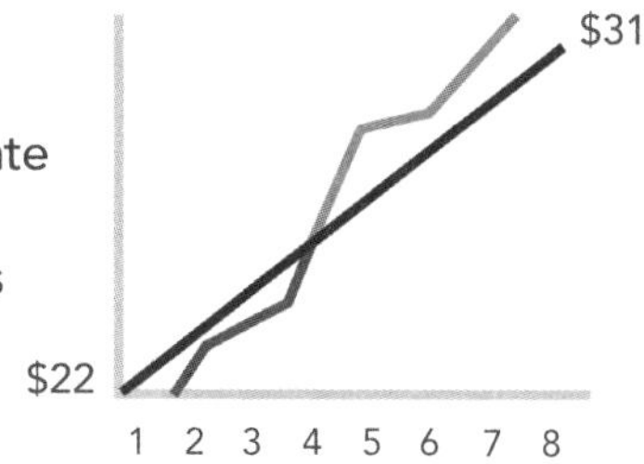

Medida de Direção

Realizar duas visitas de qualidade, por associado, por semana

COLABORADOR	1	2	3	4	5	6	7	MÉDIA
JOAQUIM	1	1	2	2	4	X	X	2
ROBERTO	2	2	3	2	X	X	3	2,4
KAREN	1	3	2	X	X	2	2	2
JOÃO	0	0	X	X	1	1	1	6
EMÍLIA	3	X	X	4	3	2	4	2,8
RICARDO	X	X	2	2	2	4	4	2,8
BETE	X	1	2	5	2	4	X	2,8
TOTAL	7	7	11	15	12	13	14	2,3

Medida de Direção

Fazer vendas cruzadas do pacote *premium* do nosso bar em 90% de todos os eventos

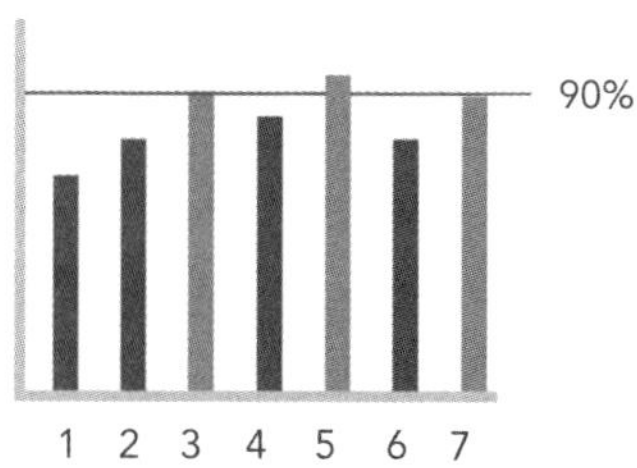

Com a MCI no topo e as medidas de direção claramente plotadas, o placar de Susana facilmente satisfez às normas de projeto.

Simples, não sobrecarregado com dados. Tem apenas três componentes importantes, e cada um é quantificável e transparente como cristal.

Visível, com fontes grandes, escuras, visual limpo e com informações facilmente visualizadas.

Completo. Todo o jogo é apresentado. A MCI da equipe, sua medida histórica e as medidas de direção estão claramente definidas. O desempenho real da equipe *versus* o objetivo está claro. O placar é motivador porque a equipe pode ver seus resultados reais em relação ao que deveriam atingir semanalmente: a linha da meta, mais escura, torna isso possível.

MCI

Aumentar a receita proveniente de eventos corporativos de $22 milhões para $31 milhões até 31 de dezembro.

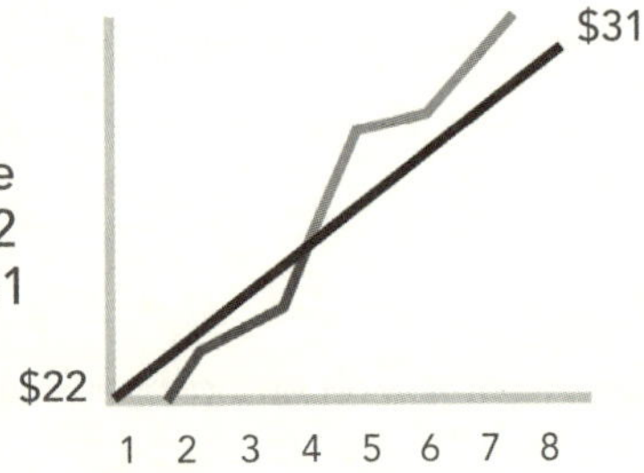

Nesse caso, a medida histórica é uma meta financeira simples que se baseia nas MCIs da empresa. Com outras MCIs possíveis, tais como aumento na satisfação do cliente ou melhoria da qualidade, possivelmente não haverá um modo predeterminado de avaliação do progresso. Em tais casos, trace a linha da meta subjetivamente, com base nas suas expectativas e conhecimento do desempenho da equipe.

Todavia, quer faça parte do orçamento formalmente ou seja subjetivamente determinada, *deve existir uma linha-meta.* Sem ela, a equipe não saberá dizer se estão vencendo ou não a cada dia.

No caso das medidas de direção, em geral a linha-meta é estabelecida como um padrão de desempenho (por exemplo, a barra de 90% no gráfico à esquerda). Esse padrão deve não apenas ser alcançado, mas mantido. Em alguns casos, você poderá traçar uma meta de partida, indicada por uma linha diagonal, seguida por uma linha horizontal indicando manutenção do desempenho (gráfico à direita).

Medida de direção
Fazer venda cruzada com o pacote *premium* do nosso bar em 90% de todos os eventos.

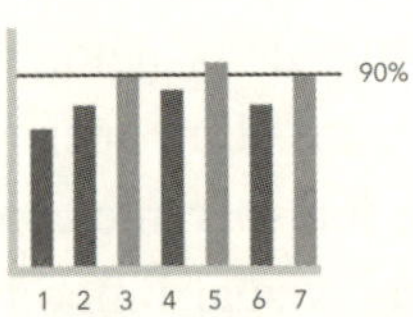

Medida de direção
Fazer venda cruzada com o pacote *premium* do nosso bar em 90% de todos os eventos.

A medida de direção para completar duas visitas de qualidade ao hotel por colaborador, por semana, exige que o desempenho da equipe seja relatado individualmente. Cada membro da equipe registrou no placar seus resultados semanais.

COLABORADOR	1	2	3	4	5	6	7	MÉDIA
JOAQUIM	1	1	2	2	4	X	X	2
ROBERTO	2	2	3	2	X	X	3	2,4
KAREN	1	3	2	X	X	2	2	2
JOÃO	0	0	X	X	1	1	1	6
EMÍLIA	3	X	X	4	3	2	4	2,8
RICARDO	X	X	2	2	2	4	4	2,8
BETE	X	1	2	5	2	4	X	2,8
TOTAL	7	7	11	15	12	13	14	2,3

1. Os colaboradores monitoram o próprio desempenho
2. Os colaboradores atualizam o placar
3. O líder audita o desempenho versus o placar e aplica *coaching* quando necessário

Para assegurar credibilidade ao placar, o líder periodicamente faz uma auditoria no desempenho da equipe a fim de validar os índices que estão sendo registrados com o nível de desempenho observado. A regra aqui é confiar, mas verificar.

PODEMOS DIZER INSTANTANEAMENTE SE ESTAMOS VENCENDO OU PERDENDO

Como todos os gráficos mostram tanto resultados reais como as metas, os membros da equipe podem instantaneamente dizer se estão vencendo ou perdendo em cada medida de direção, assim como em relação à MCI. As cores verde e vermelho, quando usadas, podem tornar mais fácil dizer como estão se saindo.

MCI
Aumentar a receita proveniente de eventos corporativos de $22 milhões para $31 milhões até 31 de dezembro

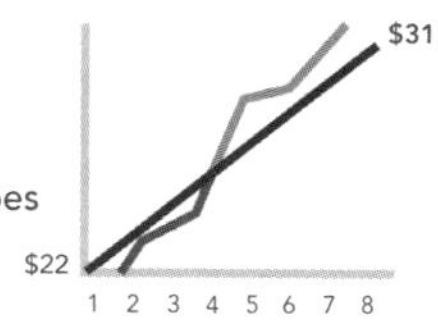

Medida de direção
Fazer venda cruzada do pacote *premium* do nosso bar para 90% de todos os eventos

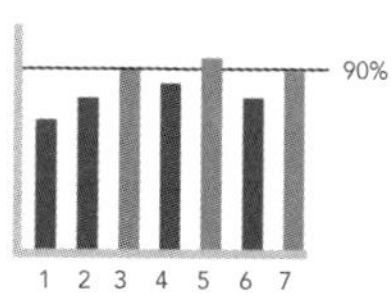

Note que com a medida de direção 2, a equipe só vence quando cada membro faz a sua parte. A equipe vence verdadeiramente quando todos ficam verdes (a cor mais clara neste quadro), o que indica duas ou mais visitas naquela semana.

COLABORADOR	1	2	3	4	5	6	7	MÉDIA
JOAQUIM	1	1	2	2	4	X	X	2
ROBERTO	2	2	3	2	X	X	3	2,4
KAREN	1	3	2	X	X	2	2	2
JOÃO	0	0	X	X	1	1	1	6
EMÍLIA	3	X	X	4	3	2	4	2,8
RICARDO	X	X	2	2	2	4	4	2,8
BETE	X	1	2	5	2	4	X	2,8
TOTAL	7	7	11	15	12	13	14	2,3

O RESULTADO

O resultado da Disciplina 3 é um placar que mantém a equipe engajada.

Há uma enorme diferença entre a equipe que conhece as MCIs e as medidas *conceitualmente* e a equipe que realmente conhece o placar. Nas palavras de Jim Stuart: "Sem medidas claras, visíveis, a mesma meta terá uma centena de diferentes significados, para uma centena de pessoas diferentes." Se as medidas não forem reunidas em um painel bem visível e que seja regularmente atualizado, a MCI desaparecerá em meio à distração decorrente do redemoinho. Em poucas palavras, as pessoas perdem o engajamento quando não conhecem o placar. É a sensação da vitória que impulsiona o engajamento, e nada move mais os resultados do que uma equipe totalmente engajada. Você observará isto toda vez que atualizar o placar.

Ao praticar as Disciplinas 1, 2 e 3, você projetou um jogo em equipe claro e que pode ser vencido, mas o jogo ainda está na prancheta. Na Disciplina 4, você coloca o jogo em ação, é o momento em que todos se tornam responsáveis, *uns perante os outros*, pelo alto desempenho.

EXPERIMENTE

Use a Ferramenta Construtor de Placar para experimentar placares para a sua MCI.

Ferramenta Construtor de Placar

Use esta planilha para criar um placar envolvente. Teste as suas ideias em relação ao *checklist* na página seguinte.

MCI da Equipe	Medida Histórica
Medida de Direção 1	**Gráfico**
Medida de Direção 2	**Gráfico**

Checklist do Placar Envolvente

Verifique cada item para assegurar que o placar da equipe é envolvente e motivará alto desempenho:

- A equipe foi envolvida intensamente na criação do placar?
- O placar contém a MCI da equipe, medida histórica e medidas de direção?
- Há uma explicação completa da MCI e das medidas de direção ao lado de cada gráfico?
- Cada gráfico mostra onde estamos hoje e onde deveríamos estar?
- Podemos dizer imediatamente em cada medida se estamos ganhando ou perdendo?
- O placar foi colocado em um local altamente visível onde a equipe pode vê-lo fácil e frequentemente?
- A atualização do placar é simples?
- O placar está personalizado refletindo a expressão única da equipe?

Crie uma cadência de responsabilidade

A Disciplina 4 é a disciplina da responsabilidade. Embora você tenha projetado um jogo claro e eficaz, sem responsabilização consistente a equipe jamais dará o melhor de si no jogo. Você pode começar bem, a sua equipe pode ter as melhores intenções voltadas para a execução, mas logo o redemoinho os puxará de volta para um ciclo desgastante de reação às urgências.

O autor John Case descreveu isto com perfeição num artigo na revista *Inc.*:

> Gestores instituem quadros brancos, quadros de giz e quadros de cortiça. Produzem incessantemente dados sobre defeitos por milheiro, tempo médio das paradas e dezenas de outras medidas de direção. Você jamais entrará numa fábrica, num almoxarifado ou num escritório sem ver uma ou duas métricas estampadas num quadro na parede.
>
> Durante certo tempo, os números nos gráficos melhoram. As pessoas prestam atenção aos quadros e ficam imaginando como melhorar seus desempenhos.
>
> Contudo, depois algo estranho acontece. Uma semana se passa sem que ninguém atualize o placar. Ou talvez durante um mês inteiro. Finalmente, alguém se lembra de entrar com os novos números e nota que não houve muita mudança. Assim, da próxima vez, ninguém ficará ansioso por atualizar o quadro. Pouco tempo depois, os quadros caem em desuso. Eventualmente, são removidos.
>
> Quando se observa retrospectivamente, esse resultado não é tão surpreendente. O que é avaliado é feito, mas só por algum tempo.

Depois começam as perguntas: "Por que estão nos avaliando?" "Quem realmente se importa se atingimos os números?" "Ainda estamos fazendo isso?" Um placar pode se tornar algo como um temido lembrete de "alguma coisa que deveríamos fazer, embora não estejamos fazendo".[27]

A Disciplina 4 quebra esse ciclo ao reconectar constantemente os membros da equipe ao jogo. E o mais importante é que os reconecta *de um modo pessoal*, pois como se vê com frequência e com regularidade, se responsabilizam mutuamente, investem nos resultados e jogam para vencer.

Quando os líderes ouvem falar da Disciplina 4, se mostram compreensivelmente céticos: "Mais *outra* reunião toda semana?" "Será que realmente se consegue tanto assim numa reunião tão curta?".

Após algumas semanas, esses mesmos líderes geralmente nos dizem, como o fez nosso maior cliente: "Eu achava que outra reunião era a última coisa de que precisávamos. Agora, esta é a única reunião que não cancelamos porque é a coisa mais importante que fazemos."

A Disciplina 4 exige que as equipes se reúnam frequente e regularmente em reuniões de MCI nas quais cada membro da equipe assume compromissos *pessoais* para mover as medidas de direção.

Como uma reunião de MCI poderia parecer apenas mais uma reunião rápida, talvez você não visse nada de novo sobre ela. No entanto, você está prestes a compreender que a cadência de responsabilidade demanda verdadeira habilidade e certo grau de *precisão* se você quiser que a sua equipe tenha um desempenho de altíssimo nível.

O QUE É UMA REUNIÃO DE MCI?

Uma reunião de MCI é algo diferente de qualquer outra reunião de que você já tenha participado.

Ela tem um propósito ímpar: fazer com que a equipe focalize novamente a MCI, apesar do redemoinho diário. A reunião de MCI ocorre regularmente, pelo menos uma vez na semana, em alguns casos com mais frequência, e tem uma agenda fixa, conforme ilustrado no modelo a seguir:

Uma reunião de MCI é uma reunião curta e intensa, dedicada a essas três e apenas a essas três atividades. O propósito da reunião de MCI é a prestação de contas dos compromissos anteriores e a escolha de novos compromissos que provoquem uma mudança no placar da MCI.

1. **Prestar Contas: reportar os compromissos da semana anterior.** Cada membro da equipe informa sobre os compromissos assumidos na semana anterior para alterarem as medidas de direção.
2. **Revisar o placar: aprender a partir dos sucessos e fracassos.** A equipe avalia se seus compromissos estão movendo as medidas de direção e se a medida de direção está provocando alteração na medida histórica. Discutem o que aprenderam sobre o que funciona e o que não funciona, e como fazer as adaptações.
3. **Planejar: liberar caminho e assumir novos compromissos.** Com base na avaliação, cada membro da equipe assume compromissos para a semana seguinte, que deverão levar as medidas de direção até o nível exigido. Como os membros criam os próprios compromissos e estão se responsabilizando entre si e com todos os outros membros da equipe por eles, deixam a reunião determinados a darem seguimento no assunto, que se torna *pessoalmente importante.*

Embora essa cadência de responsabilidade seja conceitualmente simples, proporciona foco e disciplina para que se consiga agir em meio ao redemoinho.

POR QUE REALIZAR REUNIÕES DE MCI?

- As reuniões mantêm o foco da equipe na MCI apesar do constante redemoinho de outras demandas urgentes.
- As reuniões possibilitam que os membros da equipe aprendam uns com os outros sobre como fazer com que os indicadores avancem. Se uma pessoa tem êxito, as outras podem adotar a sua abordagem. Por outro lado, se determinado curso de ação não estiver funcionando, rapidamente a equipe descobre.
- As reuniões dão aos membros da equipe a ajuda que necessitam para cumprirem seus compromissos. Se alguém se depara com uma barreira, a equipe decide como liberar caminho.
- A reunião permite que a equipe se adapte em tempo real às necessidades do negócio. A sessão finaliza com um plano *just-in-time* para abordar os desafios impossíveis de se prever num planejamento anual.
- As reuniões propiciam uma oportunidade de celebrar o progresso, de reajustar as energias da equipe e reengajar todos os seus membros.

PRELEÇÕES DE MCI PARA COMBINAR OS PRÓXIMOS LANCES

Algumas equipes, tais como a da sala de emergência num hospital no centro da cidade, com pouco ou nenhum tempo livre, precisarão realizar um tipo alternativo de reunião denominado Preleção de MCI para combinar os próximos lances.

As preleções de MCI ocorrem uma vez por semana, por cinco a sete minutos, com toda a equipe, num círculo em torno do placar, onde fazem três coisas:

1. **Revisam o placar** – reforçando a responsabilidade pelos resultados.
2. **Reportam os compromissos da semana anterior** – assumem um simples compromisso como equipe com a melhoria do desempenho.
3. **Assumem compromissos para a semana seguinte.**

Começamos a pensar seriamente sobre as reuniões de MCI após tomarmos conhecimento de um líder de empresa bem-sucedido, Stephen

Cooper. Quando Cooper assumiu uma pequena empresa chamada ETEC no Vale do Silício, ela produzia $1 milhão em tinta vermelha por mês. Cooper estabeleceu a MCI de aumentar a receita dez vezes nos sete anos subsequentes. Para realizar esta MCI, pediu a cada equipe que identificasse algumas metas viáveis com métricas e que limitassem seus planos a uma única folha de papel.

Este exercício propiciou clareza a cada equipe, mas a verdadeira chave para o sucesso final de Cooper foram suas análises semanais. Ele instituiu três regras para manter as análises rápidas e focadas. "As pessoas deveriam limitar os relatórios de *status* a quatro minutos. Para cada objetivo, as pessoas deveriam abranger objetivos, *status*, problemas e recomendações. Finalmente, as análises deveriam encorajar a solução conjunta de problemas, em vez de apenas relatá-los."

Um dos líderes da equipe de Cooper comentou sobre as reuniões semanais: "[Elas] impedem que os problemas se tornem crises... As pessoas têm tempo para reagir de forma conveniente, em vez de caoticamente. Cada gestor leva alguns minutos para apresentar e analisar os gráficos do progresso, problemas superficiais, e tentam solucioná-los. Tais rotinas ajudam você a manter o olhar fixo na bola. As pessoas avançam com um mínimo de direcionamento. Todos recebem comando para marchar."[28]

Inspirados em Cooper, durante anos experimentamos diferentes formatos para a reunião de MCI. Hoje, se tornou um conceito harmonioso e altamente desenvolvido, usado por centenas de organizações para darem andamento as suas metas mais importantes.

O QUE ACONTECE NUMA REUNIÃO DE MCI?

Para ilustrar como uma reunião de MCI deve funcionar, vamos observar a Equipe de Gerenciamento de Eventos de Susana.

Lembre-se de que eles definiram uma MCI para a equipe: aumentar a receita a partir de eventos corporativos de $22 milhões para $31 milhões até 31 de dezembro e estabeleceram duas medidas de direção de alto impacto:

- Realizar duas visitas de qualidade, por associado, por semana.
- Fazer venda cruzada com o pacote *premium* do bar em 90% de todos os eventos.

Além disso, montaram um placar convincente.

Quando Susana e sua equipe iniciaram a reunião de MCI naquela segunda-feira pela manhã, acabavam de completar o terceiro mês de execução, e o placar estava atualizado.

MCI

Aumentar a receita proveniente de eventos corporativos de $22 milhões para $31 milhões até 31 de dezembro

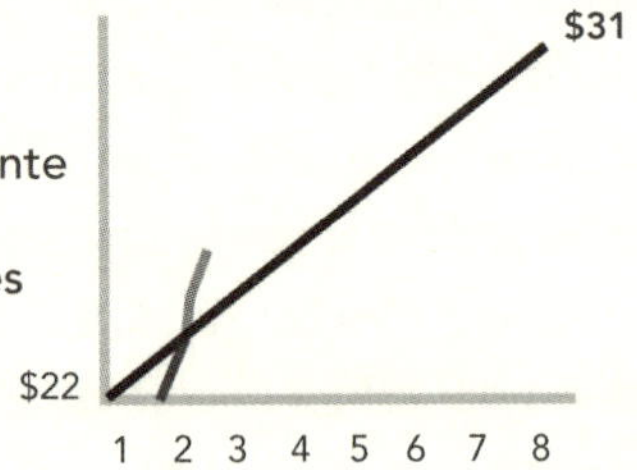

Medida de Direção

Realizar duas visitas de qualidade ao hotel, por associado, por semana

COLABORADOR	1	2	3	4	5	6	7	MÉDIA
JOAQUIM	1	1	2	2	4	X	X	2
ROBERTO	2	2	3	2	X	X	3	2,4
KAREN	1	3	2	X	X	2	2	2
JOÃO	0	0	X	X	1	1	1	6
EMÍLIA	3	X	X	4	3	2	4	2,8
RICARDO	X	X	2	2	2	4	4	2,8
BETE	X	1	2	5	2	4	X	2,8
TOTAL	7	7	11	15	12	13	14	2,3

Medida de Direção

Fazer venda cruzada do pacote *premium* do nosso bar em 90% de todos os eventos

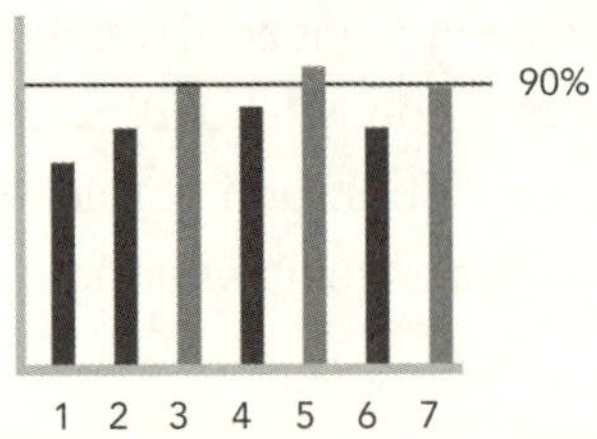

Susana: *"Bom dia para todos. São 8h15. Vamos começar analisando o placar."*

[Análise do placar.]

"Hoje temos boas notícias. Acabamos de completar nosso terceiro mês de execução e estamos acima da meta da MCI da nossa equipe para aumentar a receita a partir dos eventos corporativos! Nosso índice da medida histórica referente ao mês passado é de $14 milhões em comparação com uma meta de $10,4 milhões. Parabéns a todos.

Como podem ver, na semana passada, aumentamos nossas visitas ao hotel referentes à medida de direção 1 para um total de 14, nosso resultado

mais alto nas últimas sete semanas. Parabéns aos nossos maiores colaboradores, Emília e Ricardo, que realizaram, cada um, quatro visitas ao hotel.

Além disso, atingimos nosso percentual mais alto de vendas cruzadas, referentes à medida de direção 2, com 95% de todos os eventos tendo recebido oferta do pacote premium *do nosso bar. Todavia, perdemos nosso objetivo percentual em quatro das sete últimas semanas. Apesar de estarmos felizes com o percentual da semana passada, precisamos trabalhar para demonstrar que podemos sustentá-lo."*

[Relato sobre os compromissos da semana anterior.]

"Bem, com relação aos meus compromissos, na semana passada assumi que trabalharia 20 minutos com Joaquim e outros tantos com Karen, para melhorar seus roteiros para as vendas cruzadas com o pacote do nosso bar, assim como o modo de se expressarem. Eu cumpri esses compromissos.

Também assumi o compromisso de comparecer à reunião da Câmara de Comércio e obter pelo menos três novos contatos corporativos que não estejam, no momento, realizando eventos no nosso hotel. Fico muito satisfeita em retornar com contatos para cinco empresas, as quais passarei para diversos de vocês esta tarde.

Na próxima semana, completarei a análise final dos nossos novos materiais de marketing para o pacote premium *do bar. Além disso, entrevistarei três candidatos para a posição em aberto na nossa equipe e farei uma proposta ao que atender melhor as nossas exigências."*

Joaquim: *"Na semana passada, assumi o compromisso de reuniões presenciais com duas empresas que acabaram de abrir novos escritórios no centro da cidade e consegui fazê-lo. Boa notícia: uma delas agendou uma visita ao hotel na semana que vem!*

Quanto ao placar, realizei duas visitas ao hotel, mas só conversei sobre venda cruzada com um deles, o que produziu um índice de 50%, que melhorarei na próxima semana.

Semana que vem conversarei por telefone ou pessoalmente com dois de meus clientes que fizeram reunião anual conosco no ano passado, mas que ainda não se manifestaram este ano. Pretendo agendar visitas deles ao hotel para conhecerem nossa nova sala de banquetes, e convencê-los a fechar conosco para a reunião deste ano."

Roberto: *"Meu compromisso da semana passada foi criar uma experiência de venda cruzada especial para o pacote* premium *do nosso bar com três clientes que tinham visitas programadas ao hotel, visto que representavam oportunidades de grandes eventos. Atingi meu objetivo com o auxílio do* chef, *que criou uma degustação de vinhos acompanhada de tira-gostos para cada cliente. Tudo correu muito bem, e os três fizeram um* upgrade *em seus eventos contratando o pacote* premium *do bar!*

Com relação ao placar, realizei três visitas no hotel e conversei sobre vendas cruzadas com todos, perfazendo um índice de 100%.

Para a próxima semana, só tenho uma visita programada até agora. Assim, entrarei em contato com pelo menos cinco novos clientes de prospecção até o final da segunda-feira e farei com que pelo menos um se comprometa a fazer uma visita ao hotel antes do fim de semana."

Karen: *"Meu compromisso da semana passada era enviar um pacote lembrete para dez dos meus clientes que fizeram eventos conosco no ano passado. Em cada pacote incluí duas ou três fotos de seus eventos, além do cardápio do banquete que utilizaram, junto com uma nota manuscrita por mim dizendo o quanto gostaria de tê-los conosco este ano novamente. Consegui fazer isto e estou muito satisfeita em informar que quatro deles ligaram para me agradecer as fotos e dois concordaram em fazer visitas ao hotel para conhecer a nova sala de banquetes.*

Com relação ao placar, realizei duas visitas no hotel e apresentei nosso pacote premium *do bar a ambos os clientes, perfazendo um índice de 100%.*

Para a próxima semana, vou criar pacotes lembretes para mais cinco clientes do ano passado e enviá-los."

A reunião de MCI de Susana continua desse modo até que cada membro da equipe conclua seu relato. Observe que eles estão prestando contas não apenas a Susana, mas também aos outros membros da equipe, das suas realizações e dos seus resultados.

ASSUMA COMPROMISSOS DE ALTO IMPACTO PARA A PRÓXIMA SEMANA

A eficácia da reunião de MCI depende da consistência da cadência, e os *resultados* no placar dependem do *impacto* dos compromissos. Assim, você deverá orientar a equipe no estabelecimento desses para que tenham o maior impacto possível.

Comece com esta pergunta: "Que uma ou duas coisas mais importantes eu poderia fazer nesta semana para promover significativamente o desempenho da equipe no placar?"

Vamos subdividir essa pergunta de modo que você compreenda seu significado para a MCI.

- **"Uma ou duas":** na Disciplina 4, monitorar alguns compromissos de alto impacto é muito mais importante do que assumir vários compromissos. Sua intenção é que a equipe faça algumas coisas com excelência, e não várias coisas com mediocridade. Quanto maior o número de compromissos, menor se torna a probabilidade de acompanhamento. Neste contexto, é melhor assumir dois compromissos de alto impacto e realizá-los com exatidão do que assumir cinco compromissos e realizá-los precariamente.
- **"Mais importante":** não perca tempo com atividades periféricas. Invista sua maior atenção e esforço naqueles compromissos que farão a maior diferença.
- **"Eu":** todos os compromissos assumidos numa reunião de MCI são *responsabilidades pessoais*. Você não está obtendo o comprometimento de outras pessoas para fazer coisas, está se comprometendo com coisas que *você* fará. Embora esteja trabalhando com outras pessoas, responsabilize-se apenas pela parte do esforço que você possa ser pessoalmente responsável.
- **"Nesta semana":** a Disciplina 4 exige pelo menos uma cadência semanal de responsabilidade. Só assuma compromissos que possam ser completados *dentro da semana seguinte*, de modo que a responsabilização possa ser mantida. Se você se comprometer com algo para dali a quatro semanas, então durante três daquelas semanas você não será responsável, de fato, pelo que assumiu. Em se tratando de uma iniciativa de múltiplas semanas, comprometa-se com o que

você poderá fazer durante a semana seguinte. Compromissos semanais criam um senso de urgência que o ajuda a se manter focado enquanto o seu redemoinho estiver enfurecido.

- **"Desempenho da equipe no placar":** isto é o mais crítico – todo compromisso precisa ser direcionado para mover as medidas de direção e históricas no placar. Sem esse foco, você será tentado a se comprometer com o redemoinho. Embora possa ser urgente, tais compromissos em nada contribuem para a MCI.

Se todos responderem esta pergunta com precisão em cada reunião de MCI, a equipe estabelecerá um ritmo regular de execução que impulsionará os resultados.

A reunião de MCI de Susana produziu compromissos que farão este tipo de diferença:

- "Trabalhar 20 minutos com Joaquim e outros tantos com Karen para melhorar os roteiros deles para as vendas cruzadas do pacote do nosso bar, assim como o modo de se expressarem."
- "Comparecer à reunião da Câmara de Comércio e obter pelo menos três novos contatos corporativos que não estejam, no momento, realizando eventos no nosso hotel."
- "Completar a análise final de nosso novo material de marketing do pacote *premium* do nosso bar."
- "Entrevistar três candidatos para a vaga em aberto na nossa equipe e fazer uma proposta ao que melhor atender às nossas exigências."
- "Realizar reuniões presenciais com duas empresas que tenham acabado de abrir novos escritórios no centro da cidade."
- "Criar uma experiência de vendas cruzadas para o pacote *premium* do nosso bar com três clientes que tenham visitas programadas ao hotel."
- "Enviar um pacote lembrete a dez dos meus clientes que tenham feito eventos conosco no ano passado, junto com uma mensagem manuscrita."

A probabilidade de os membros da equipe se responsabilizarem pelos compromissos será maior quando os assumirem por conta própria. Ainda assim, o líder deve se assegurar de que os compromissos atendam às seguintes normas:

- **Específico.** Quanto mais específico o compromisso, maior a responsabilização. Você não pode tornar as pessoas responsáveis por compromissos vagos. O comprometimento deverá ser exatamente com o que será feito, quando será feito e exatamente qual o resultado esperado.
- **Alinhado com a Evolução do Placar.** Assegure-se de que os compromissos façam o placar evoluir. Do contrário, estará apenas se comprometendo com mais energia para o redemoinho. Por exemplo, na semana anterior ao seu orçamento anual, você talvez se veja tentado a se comprometer com a finalização do orçamento porque isso é ao mesmo tempo urgente e importante. Contudo, se o orçamento tiver pouco a ver com as medidas de direção, não afetará a MCI, independentemente do quão urgente possa parecer.
- **No tempo certo.** Compromissos de alto impacto devem ser realizados dentro da semana subsequente, mas devem também causar impacto no desempenho da equipe *em curto prazo*. Se o impacto real do seu comprometimento estiver excessivamente distante no futuro, não ajudará a produzir o ritmo de vitória semanal.

Esta tabela ilustra as diferenças entre os comprometimentos de baixo e alto impacto:

COMPROMISSO DE BAIXO IMPACTO	COMPROMISSO DE ALTO IMPACTO
Vou focar em treinamento esta semana	Vou trabalhar 20 minutos com Joaquim e com Karen, para melhorar os roteiros deles para as vendas cruzadas do pacote do nosso bar, assim como praticarmos o uso do roteiro.
Vou comparecer à reunião da Câmara de Comércio.	Vou comparecer à reunião da Câmara de Comércio e obter pelo menos três novos contatos corporativos que não estejam, no momento, realizando eventos no nosso hotel.
Vou fazer algumas entrevistas.	Entrevistarei três candidatos para a posição em aberto na nossa equipe e farei uma proposta ao que atender melhor as nossas exigências.
Vou buscar novos clientes esta semana.	Realizarei reuniões presenciais com duas empresas que tenham acabado de abrir escritórios no centro da cidade.
Vou ligar para antigos clientes.	Enviarei "pacote-lembrete" com uma mensagem manuscrita para dez dos meus clientes que realizaram eventos conosco no ano passado.

Observe a grande força dos compromissos claramente alinhados à evolução das medidas de direção.

CUIDADO

Evite estas armadilhas que minam a cadência de responsabilidade:

Competição com as responsabilidades do redemoinho. Este é o desafio mais comum que você e sua equipe enfrentarão ao começar a aplicar a

Disciplina 4. Não confunda as urgências do redemoinho com os compromissos da reunião de MCI. Uma pergunta eficaz para testar um compromisso é: "Como a realização deste compromisso impactará o placar?" Se tiver dificuldade em responder esta pergunta diretamente, é provável que o compromisso que você está considerando esteja focado no seu redemoinho.

Realização de reuniões de MCI sem resultados específicos. A cadência de responsabilidade entrará em colapso se não houver adesão disciplinada à agenda da reunião de MCI. Cada reunião de MCI terá de dar conta especificamente dos compromissos anteriores e resultar em compromissos claros para o futuro.

Repetição do mesmo compromisso por mais de duas semanas consecutivas. Até mesmo compromissos de alto impacto, quando repetidos por várias semanas, se tornam rotina. Você deverá procurar sempre novos e melhores modos para mover consistentemente as medidas de direção.

Aceitação de compromissos não realizados. A equipe tem de cumprir com seus compromissos, independentemente do redemoinho diário. Quando um membro da equipe deixa de cumprir com o seu compromisso, independentemente de todo o trabalho feito para implementar as 4DX, você enfrentará *o momento mais importante.*

Se conseguir consolidar a disciplina da responsabilização na sua equipe, eles vencerão o redemoinho a cada semana. Contudo, se você relaxar com relação à responsabilização pelos compromissos assumidos, assim como em relação aos resultados, o redemoinho aniquilará a meta crucialmente importante.

Vamos ver como Susana lida com este momento importante na reunião de MCI:

Susana: *"João, você é o próximo."*

João: "*Obrigado, Susana. Bem, eu me comprometi a fazer contato com diversos dos meus clientes do ano passado sobre uma visita ao hotel, mas como todos sabem, também tive um grande evento acontecendo no hotel na semana passada. Como este foi o meu maior grupo do ano, quis me assegurar de que fosse um sucesso, e dei muita atenção pessoal a eles. Quando o projetor no salão principal quebrou, tive que correr atrás de outro para que tudo voltasse ao normal e o cliente não ficasse aborrecido, o que tomou muito do meu tempo. Quando dei por mim, a semana já estava acabando e não havia tempo para a execução do meu compromisso.*"

Em suma, João está dizendo que não conseguiu cumprir seu compromisso por causa do redemoinho. O pior é que João acredita que *não deveria* ser responsabilizado pelo seu compromisso, pois seu redemoinho era suficientemente significativo. É assim que a execução entra em colapso.

A maioria dos compromissos que fazemos são condicionais. Por exemplo, quando um membro da equipe diz: "Entregarei o relatório a você às nove horas da manhã de terça-feira", o que realmente está sendo dito é "a menos que algo urgente aconteça". Todavia, algo urgente *sempre* acontece, está na natureza do redemoinho presente a cada instante.

Se você permitir que o redemoinho esmague os seus compromissos, jamais investirá a energia necessária ao progresso. A disciplina na execução começa e termina com o cumprimento dos seus compromissos assumidos na reunião de MCI.

É por isso que o trabalho de Susana como líder, particularmente nas primeiras reuniões de MCI, consiste em estabelecer uma nova norma: os compromissos são *incondicionais*. Nas palavras de um dos nossos clientes: "Sempre que assumimos um compromisso na nossa equipe, sabemos que temos de encontrar um meio de fazê-lo acontecer, não importa qual ele seja."

Como Susana deveria responder:

Etapa 1: Demonstre respeito.

Susana: "*João, quero que saiba que o evento da semana passada foi um enorme sucesso, e sem você poderia ter sido um desastre. Todos nesta equipe compreendem como você trabalhou intensamente e quão importante este cliente é para nós. Muito obrigada por tudo que você fez.*"

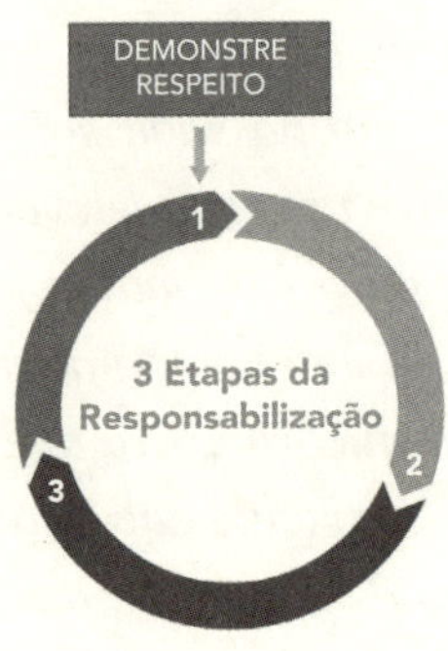

Nesta primeira etapa crucial, Susana demonstra a João que o respeita como membro da equipe e também demonstra à equipe que *respeita o redemoinho.* Se pular esta etapa, enviará duas mensagens incorretas: a de que João não é valorizado e a de que o redemoinho não tem importância.

Etapa 2: Reforce a responsabilização

Susana: *"João, também quero que você saiba o quanto a sua contribuição é importante para esta equipe. Sem você, não conseguiremos alcançar nosso objetivo. Isto significa que, quando assumimos um compromisso, temos de encontrar um jeito de realizá-lo, independentemente do que aconteça durante a semana."*

Este é um momento de desafio tanto para João como para Susana, mas como Susana deixou claro que respeita João e as demandas do redemoinho, João deve ser capaz de perceber a importância de dar o melhor de si *pela equipe.*

Etapa 3: Encoraje o Desempenho

Susana: *"João, sei que você quer nos ajudar neste acompanhamento. Podemos contar com você para alcançar o ritmo na semana que vem, cumprindo o compromisso da semana passada, assim como o que está planejando para a próxima semana?"*

Susana dá a João a oportunidade de se sentir verdadeiramente orgulhoso por ter concretizado todos os compromissos.

É muito importante que esta interação seja conduzida a um final bem-sucedido. É importante para João, porque poderá agora manter seu compromisso com a equipe. É importante para o líder, porque mostra para a equipe o quanto ele está comprometido com as 4DX, e é importante para a equipe, por conhecerem a norma de desempenho que deve ser seguida.

Sem compromissos incondicionais, você não consegue forçar o preto no cinza. O redemoinho cinza dominará todos os compromissos pretos. Este é o caso da falha na execução.

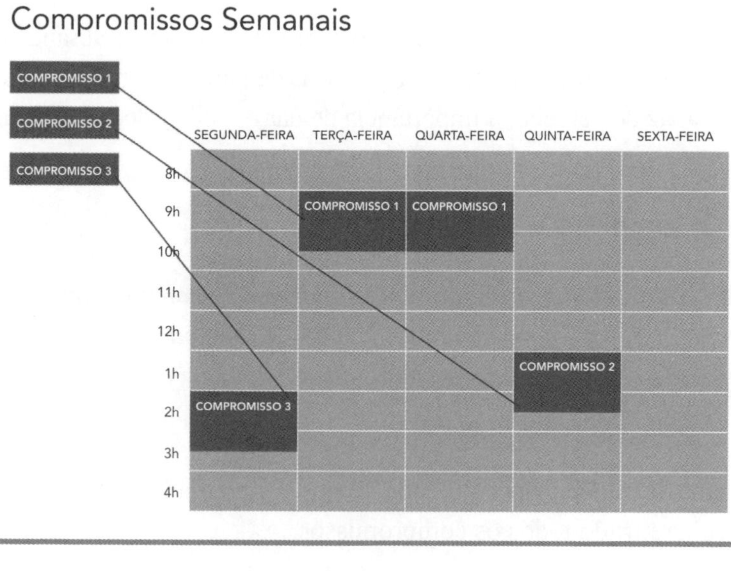

Nas palavras de Hyrum Smith, um dos fundadores da FranklinCovey: "Se todo seu salário dependesse de um único compromisso, duas coisas automaticamente aconteceriam. Você seria mais cuidadoso ao assumir o compromisso, e asseguraria sua completa realização." Este é o propósito da reunião de MCI: assumir compromissos inteligentemente e com a determinação de cumpri-los apesar do redemoinho.

PONTOS IMPORTANTES PARA O ÊXITO DAS REUNIÕES DE MCI

- **Realize as reuniões de MCI conforme a programação.** Realize as reuniões de MCI no mesmo horário e no mesmo local toda semana (inclusive se acontecerem eletronicamente), apesar do redemoinho. Se você não puder participar, delegue a liderança da sessão a outro membro da equipe.
- **Mantenha as reuniões breves.** Mantenha um ritmo rápido e enérgico. Uma regra prática: as reuniões não devem durar mais de 20 ou 30 minutos. Se forem excessivamente longas, correm o risco de se tornarem reuniões do redemoinho.
- **Como líder, estabeleça o padrão.** Comece cada reunião de MCI analisando os resultados gerais no placar e depois *relatando os seus próprios compromissos*. Ao fazer o seu relato em primeiro lugar, você mostrará que não está pedindo à equipe nada que você mesmo não esteja disposto a fazer.
- **Publique o placar.** Atualize o placar antes da reunião de MCI e assegure-se de que ele esteja na reunião. Você não pode conduzir uma reunião de MCI sem o placar. Ele reconecta a equipe ao jogo e indica o que está e o que não está funcionando. Sem ele, a reunião de MCI é apenas mais outra reunião.
- **Celebre os sucessos.** Reforce o compromisso com a MCI congratulando-se tanto com a equipe como com seus membros individuais ao cumprirem seus compromissos e moverem as medidas.
- **Compartilhe o aprendizado.** Ao longo da semana, as pessoas vão descobrir o que move as medidas de direção e o que não as move. Também descobrirão que algumas medidas funcionam melhor do que outras. Todos precisam desta informação.

- **Não permita a entrada do redemoinho.** Limite a discussão aos compromissos que possam fazer o placar evoluir. Postergue diálogos sobre o redemoinho, o tempo, o trânsito matinal ou o esporte para outros momentos.
- **Libere caminho, uns para os outros.** Removam obstáculos, uns para os outros. Liberar caminho não significa passar um problema para outra pessoa, mas sim alavancar os pontos fortes da equipe. Se você concordar em liberar caminho para alguém, isto se tornará um dos seus compromissos da semana, e demandará o mesmo acompanhamento como qualquer outro compromisso.
- **Execute apesar do redemoinho.** Mantenha os membros incondicionalmente responsáveis pelos seus compromissos, apesar do redemoinho. Se um compromisso não for atendido numa semana, o responsável terá de dar conta dele na semana subsequente.

A RECOMPENSA

Começamos esta seção do livro com a equipe da Loja 334, que estavam reticentes em relação à tentativa de aplicação das 4DX.

Não estava funcionando.

Certo dia, por exemplo, Jim encontrou apenas pão velho nas prateleiras da padaria e nada além de migalhas de biscoitos na vitrine.

"Yolanda!" chamou a gerente da padaria. Ela apareceu, coberta de farinha e contendo sua contrariedade, quando ele apontou para o placar.

"Tenho coisas demais para fazer para me preocupar com este placar", redarguiu com as mãos nos quadris. "Estou com um grande pedido de refeições que vai me tomar o dia todo, além de ter de dar um jeito no estoque porque estou ficando zerada. Não há tempo. Estou com falta de pessoal."

Sísifo estava vivo e saudável. Apesar de todo o esforço para escolher a MCI, as medidas de direção e o placar, nada mudara realmente na loja, mas nós identificamos a razão.

Estava faltando a Disciplina 4.

Não havia cadência de responsabilidade

Não havia uma prestação de contas regular, semanal, para dizer: "Foi isto que fiz na semana *passada*, e é isto que vou fazer *esta* semana, para mover o placar." Assim, solicitamos muito ao Jim que se reunisse com a sua equipe e fizesse a cada um esta simples pergunta: "O que você poderia fazer, uma única coisa, para impactar o placar de forma mais significativa possível *esta semana*?"

Jim realizou sua primeira reunião de MCI no dia seguinte. Ele prometeu que a reunião levaria apenas alguns minutos em torno do placar da loja. Quando os chefes dos departamentos se reuniram, Jim começou pela gerente da padaria.

"Yolanda, o que você pode fazer, apenas *uma* coisa, para causar o maior impacto no placar das condições da loja esta semana?"

Surpresa pelo olhar sério de Jim, Yolanda perguntou: "Você quer que *eu* escolha?"

Jim assentiu com a cabeça ... e aguardou.

"Imagino que possa fazer uma faxina na sala de trás."

"Ok! E como isto alteraria as condições da loja no placar?"

"Bem, está uma bagunça. Estou com muitas prateleiras excedentes no chão. Se puder limpar e arrumar a sala dos fundos, posso tirar todo aquele material do chão. Ficaria com melhor aparência."

"Ótimo. Se atenha a isto, Yolanda. Somente uma coisa." Depois, se voltou para o gerente de frutos do mar. "Ted, o que você poderia fazer esta semana para provocar o maior impacto no seu índice das condições da loja?"

"Tenho uma grande promoção esta semana", Ted replicou. "Estarei concentrado na oferta especial de lagosta que estamos preparando. É nisto que estou trabalhando."

"Ótimo, Ted, sei que isto é importante e você precisa fazê-lo, mas como isto ajudaria a mover o placar?"

"Ah, sim, estou percebendo onde você quer chegar." A ficha caiu para Ted. A promoção, embora importante, por si só, não contribuiria para a melhoria das condições da loja, a meta *crucialmente* importante. "Sim, ok. Bobby já está aqui há três semanas e não sabe preparar a vitrine na parte da manhã ... vou treiná-lo e ele poderá me substituir nessa tarefa."

"Perfeito!", Jim respondeu.

Pergunte a você mesmo – quem estava sugerindo aquelas ideias? Jim ou os chefes de departamentos? Você acha que isto faz muita diferença?

Jim estava microgerenciando agora? Não! Os membros da equipe estavam escolhendo, por conta própria, o que fazer para fazerem o placar evoluir. Ele *estivera* microgerenciando, não porque queria ser um chefe opressor, mas porque não sabia mais que fazer!

Assim, a equipe de Jim se reunia a cada semana em torno do placar, comprometendo-se mutuamente a fazer apenas *uma* coisa para mover o placar. À medida que a equipe começou a trabalhar com ritmo, numa cadência de responsabilidade mútua, suas atitudes mudaram e a loja mudou.

Após 10 semanas, o índice médio das condições da loja subiu de 13 para 38 na escala de 50. Além disso, a aposta estratégica que fizeram deu frutos. À medida que os índices de condições da loja subiam, a receita também subia.

A Loja 334, a pior dentre as 250 lojas da cadeia, produziu mais do que o resto da região nas vendas anuais!

Alguns meses mais tarde, fomos convidados para uma reunião para apresentação de resultados com o presidente da divisão de Jim e ouvimos Jim relatar sobre o progresso da loja.

Ele contou: "As coisas vão tão bem que não tive de ir lá hoje pela manhã."

O presidente divisional perguntou a ele: "O que esta mudança significou para você pessoalmente?"

Jim respondeu: "Eu pensava carregar esta loja nas minhas costas até conseguir uma transferência. Agora podem me deixar lá pelo tempo que quiserem."

Jim Dixon e sua equipe agora sabiam como era alcançar uma meta crucialmente importante e não precisavam de uma motivação externa.

No fundo, todos querem vencer. Todos querem contribuir para uma meta que realmente importa. É desestimulante empurrar um dia após o outro, e ficar se indagando se você está fazendo a diferença. Por isso as 4DX são tão vitais. As pessoas da Loja 334 aprenderam isso. A disciplina faz toda a diferença entre apenas ficar empurrando a rocha montanha acima para sempre ou levá-la até o topo.

ESCANEIE COM O SEU SMART PHONE

Android – Barcode Scanner
iPhone – Red Laser

LINK: http://www.4dxbook.com/qr/334vid

Escaneie a imagem acima para assistir ao vídeo sobre Jim Dixon e a Loja 334.

O RESULTADO

O resultado da Disciplina 4 é uma reunião de MCI regular, frequente, que faz com que as medidas de direção evoluam.

Todavia, muito mais do que isso, o resultado final da Disciplina 4 é uma cadência de responsabilidade que produz não apenas resultados confiáveis repetidas vezes, mas também uma equipe de alto desempenho.

A Disciplina 4 demanda competência real, e um grau de *precisão* ao assumir compromissos importantes e cumpri-los.

A Disciplina 4 mantém a sua equipe *no* jogo ao longo das semanas, pois os membros conectam suas contribuições pessoais às mais importantes prioridades da organização. Consequentemente, não apenas têm consciência de que estão conquistando uma meta-chave, mas também de que se tornaram uma *equipe vencedora* ... E este é o maior lucro sobre o investimento que você fizer nas 4DX.

EXPERIMENTE

Use a ferramenta Agenda para a Reunião de MCI na próxima página para se preparar.

Ferramenta Agenda para a Reunião de MCI

Distribua esta agenda eletronicamente ou em papel no início da Reunião de MCI. Terminando, confronte-a com os critérios na página seguinte.

<table>
<tr><td colspan="4">AGENDA DA REUNIÃO DE MCI</td></tr>
<tr><td colspan="2">Onde</td><td colspan="2">Quando</td></tr>
<tr><td colspan="4">MCI(s)</td></tr>
<tr><td rowspan="4">Relatos Individuais</td><td>Membro da Equipe</td><td>Compromisso</td><td>Status</td></tr>
<tr><td></td><td></td><td></td></tr>
<tr><td></td><td></td><td></td></tr>
<tr><td></td><td></td><td></td></tr>
<tr><td>Atualização do Placar</td><td></td><td colspan="2"></td></tr>
</table>

Conseguiu o resultado desejado?

Verifique cada item para se assegurar de que a reunião de MCI produzirá alto desempenho:

- ☐ Você realiza as reuniões de MCI conforme planejado?
- ☐ Você mantém as reuniões curtas, revigorantes e dinâmicas (20 a 30 minutos)?
- ☐ O líder serve de modelo para os relatos e no momento de assumir compromissos?
- ☐ Você analisa e atualiza o placar?
- ☐ Você analisa o porquê de estarem vencendo ou perdendo em cada medida?
- ☐ Você celebra os sucessos?
- ☐ Vocês se responsabilizam incondicionalmente pelos compromissos assumidos?
- ☐ Cada membro da equipe assume compromissos específicos para a semana subsequente?
- ☐ Os membros da equipe liberam caminhos mutuamente de modo a ajudarem os que se deparam com obstáculos a cumprirem seus compromissos?
- ☐ Você mantém o redemoinho fora da reunião de MCI?

Automação das 4DX

Agora que já examinamos o processo de implementação das 4DX na sua equipe, vamos explorar o poderoso apoio e entendimento que a automação das 4DX pode propiciar. A experiência nos mostra que suas chances de implementação das 4DX aumentam se houver ferramentas e automação para apoiá-las. Para informações adicionais sobre como implementar os princípios das 4DX e sobre ferramentas básicas, consulte team.my4dx.com.

Esse site também o ajudará a responder perguntas como: *qual o percentual de pessoas na minha equipe, ou na organização, que têm atualizado seus placares, assumido compromissos semanais com base em medidas de direção e realizado reuniões de MCI?* Neste capítulo, usaremos as potencialidades desse *software* para ilustrar como a tecnologia pode apoiar e melhorar a capacidade da sua equipe para produzir resultados, competência de que necessitará, independentemente da tecnologia que seja utilizada.

ESCANEIE COM O SEU SMART PHONE

Android – Barcode Scanner
iPhone – Red Laser

LINK: http://www.4dxbook.com/qr/My4DXVid

Escaneie a imagem acima para assistir ao vídeo que mostra como usar my4dx.com.

A CAPTAÇÃO DO JOGO

Qualquer sistema de automação deve captar inteiramente o jogo que você montou com as 4DX. Neste capítulo, descreveremos os cinco principais componentes que devem existir em qualquer sistema para o seu jogo com as 4DX.

1. *A estrutura organizacional da sua equipe e os membros da equipe.*
2. *A sua MCI e a medida histórica* de X para Y até quando, *assim como as suas medidas semanais de desempenho.*
3. *Suas medidas de direção e o placar de desempenho diário ou semanal da equipe.*
4. *Os compromissos da sua equipe da semana anterior e* status *do acompanhamento, assim como compromissos para a semana seguinte.*
5. *Monitoramento resumido e rápido das MCIs, medidas de direção, reuniões de MCI e compromissos.*

Embora a maioria das organizações disponha de muitos dados, raramente esses pontos são monitorados, e quando isso é feito os dados estão dispersos em múltiplos sistemas, exigindo consolidação manual.

Ao se dedicar à Disciplina 3, a sua equipe desenvolverá um placar físico, projetado para criar tanto uma responsabilização pública como o engajamento da equipe. O sistema my4dx.com fornece um placar eletrônico para completo monitoramento do desempenho da equipe desde o momento em que você começar a trabalhar com a MCI até alcançá-la. Mais do que isto, o sistema my4dx.com também monitora compromissos individuais, o que não é feito no placar.

Basicamente, o programa fornece um painel de controle, de modo que você poderá monitorar detalhadamente todo o esforço em prol da MCI. O painel de controle do my4dx.com tem o seguinte formato:

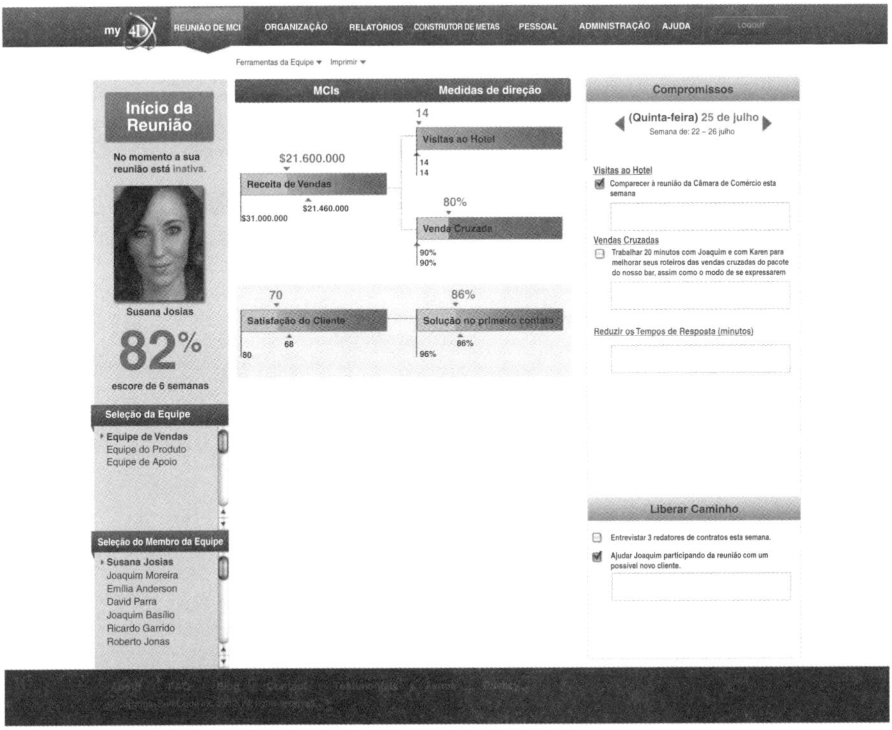

Vamos rever os principais aspectos do painel de controle de execução usando o exemplo da equipe de gerenciamento de eventos de Susana descrito nos capítulos anteriores.

> **COMPONENTE # 1 das 4DX:**
> *O líder e cada membro da equipe, com informações específicas sobre suas funções, assim como elementos pessoais como fotos.*

Primeiro, observe que o painel de controle é específico para Susana e sua equipe. Embora muitas equipes na sua empresa possam usar o *software*, *cada equipe terá seu próprio painel de controle exclusivo*. Na parte superior esquerda, você pode ver o nome da Susana, juntamente com os nomes dos membros de sua equipe.

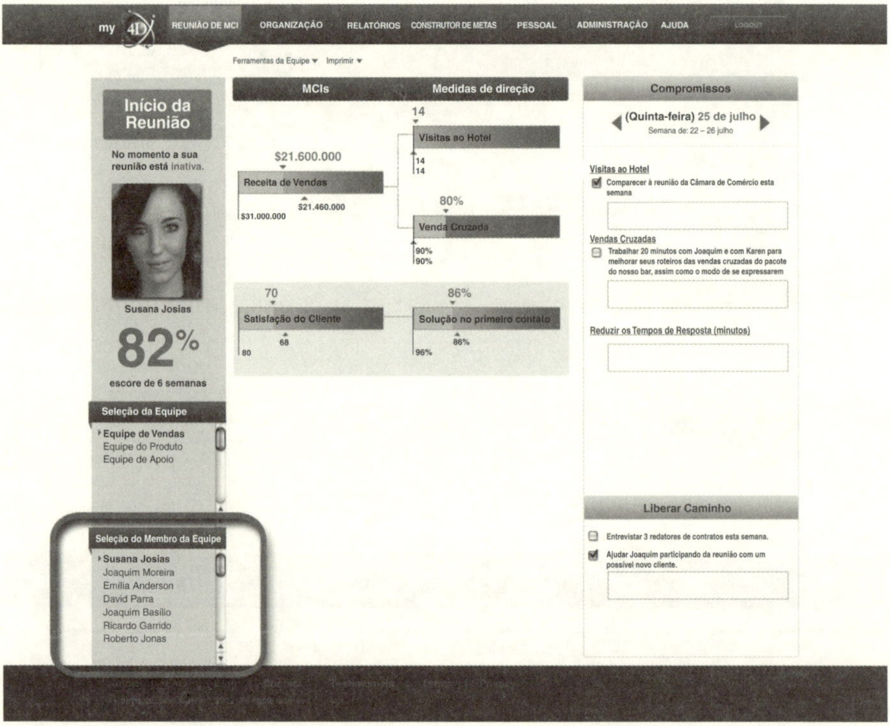

> **COMPONENTE #2 das 4DX:**
>
> *MCI, medida histórica* (de X para Y até quando) *e medidas de direção semanal.*

À direita do painel de controle, você pode ver a MCI da equipe de Susana: "Aumentar a receita proveniente dos eventos corporativos de $22 milhões para $31 milhões até 31 de dezembro." O único meio de dizer se você está vencendo ou perdendo em relação à MCI da sua equipe é conhecendo o placar. O programa my4dx.com mostra a medida histórica em termos de dólares, percentuais ou números criando uma clara responsabilização.

Toda semana, a equipe pode registrar não apenas seu desempenho real, mas também o desempenho comparado à meta da semana, o que permite que a equipe instantaneamente responda às perguntas: *Onde estamos agora? Onde deveríamos estar?* A partir do painel de controle de execução, você pode instantaneamente ver que Susana e sua equipe estão tendo êxito com relação à MCI, tanto a partir dos números como a partir do *status* de cor verde.

COMPONENTE #3 das 4DX:
Medidas de direção e metas de desempenho semanais.

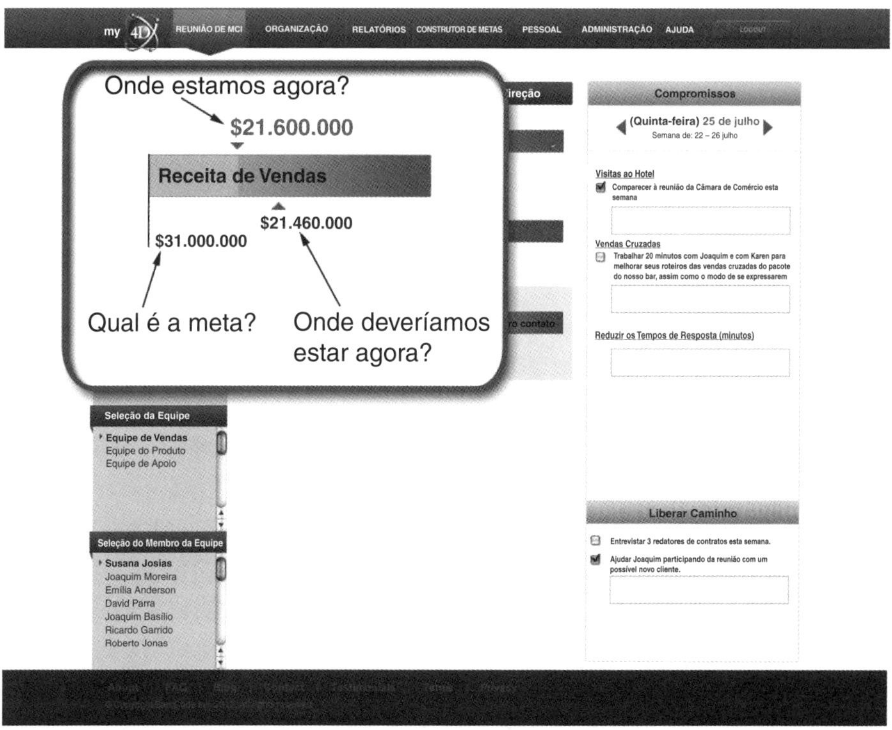

Para cada medida de direção e medida histórica, você só vê o que precisa saber. Você sabe onde se encontra agora, onde deveria estar, e basicamente onde precisa chegar. Com base na sua posição em relação ao ponto deveria estar, a medida fica verde, amarela ou vermelha. Mais para a direita, você vê as duas medidas de direção sobre os quais a equipe de Susana está atuando a fim de impulsionar o alcance da MCI.

- Realizar duas visitas de qualidade por associado, por semana.
- Fazer venda cruzada do pacote *premium* do nosso bar em 90% de todos os eventos.

Os resultados reais das medidas de direção são inseridos semanalmente, de modo que a equipe sabe se está vencendo ou perdendo, e o que é ainda mais importante, se as medidas de direção são *preditivas* da evolução das medidas históricas.

A partir do painel de controle da execução, você pode ver que Susana e sua equipe estão tendo um bom desempenho no indicador de desempenho de visitas ao hotel, mas estão abaixo da meta que estipularam para as vendas cruzadas.

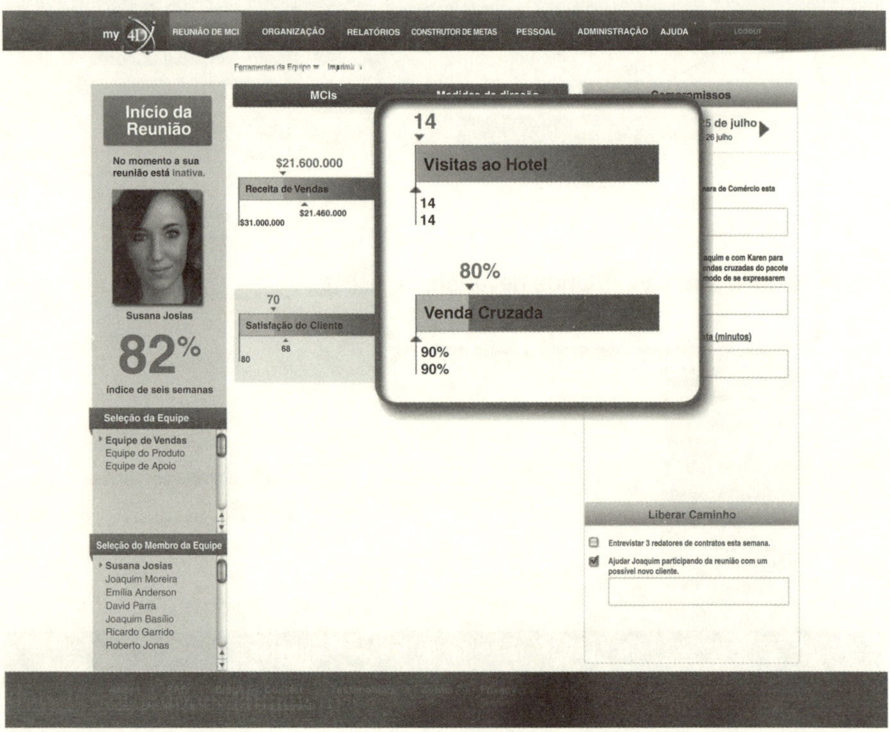

Sabedores desses fatos, Susana e sua equipe estão agora preparados para assumirem compromissos que farão os índices evoluírem nas medidas de direção e, em última análise, na MCI acordada.

COMPONENTE Nº 4 das 4DX:
Inserir compromissos e indicar se tais compromissos foram cumpridos.

Os membros da equipe podem reexaminar os compromissos assumidos na semana anterior e prestarem contas à equipe do que fizeram efetivamente. Neste exemplo, o cumprimento do compromisso é indicado na caixa de verificação ao lado do compromisso.

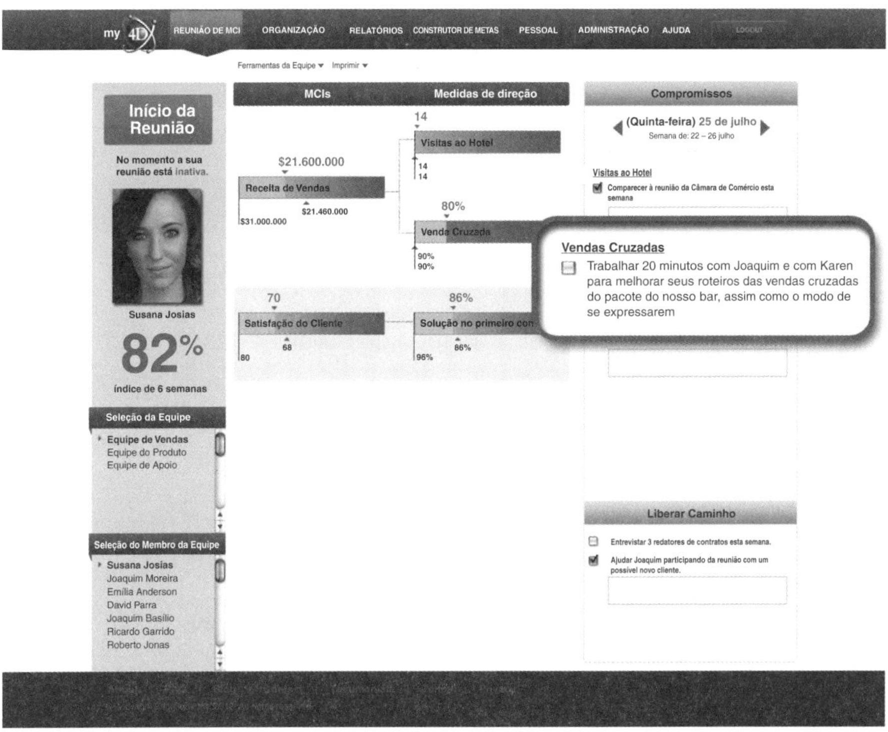

Os membros da equipe também podem assumir compromissos para a semana seguinte que façam os índices evoluírem ainda mais. Na imagem da página anterior, você pode ver a visão expandida de um compromisso semanal de Susana.

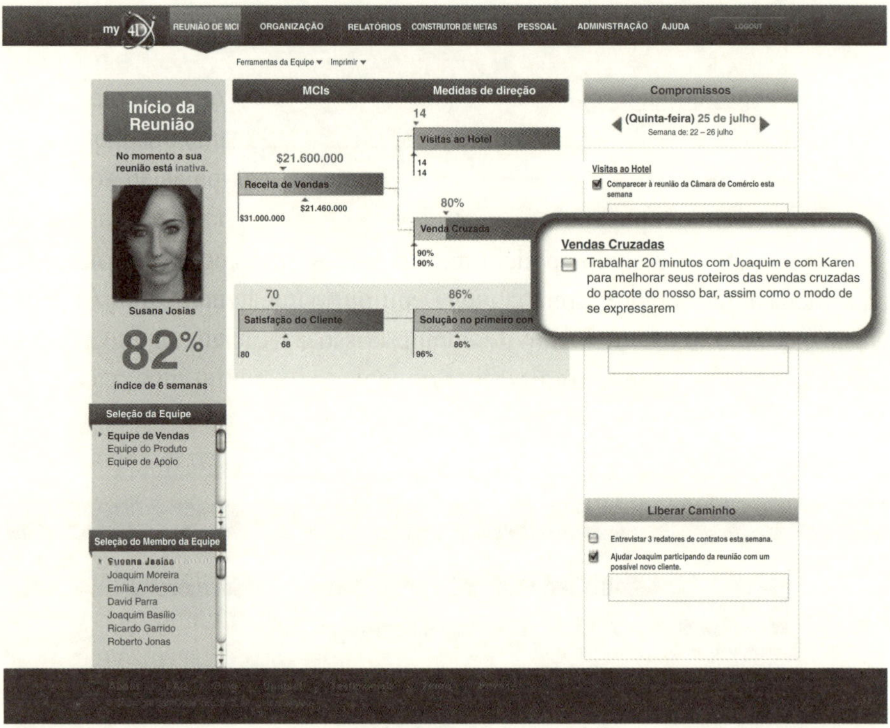

Agora todos os componentes do jogo de Susana estão reunidos em um único local, o que torna o desempenho global da equipe facilmente e rapidamente compreendido.

A REUNIÃO DE MCI

Toda semana, a equipe de Susana se encontra para uma reunião de MCI de 30 minutos usando a cadência descrita anteriormente.

Antes da reunião, cada membro de sua equipe tem três responsabilidades importantes:

1. Registrar o desempenho pessoal nas medidas de direção.
2. Marcar com um visto os compromissos da semana anterior que foram cumpridos.
3. Inserir os compromissos da próxima semana.

Todas estas três responsabilidades devem ser cumpridas *antes do início da reunião*. Assim, a reunião de MCI pode acontecer rapidamente embora proporcionando responsabilização pessoal significativa à medida que os resultados de cada membro da equipe são mostrados durante a reunião.

Por exemplo, no último capítulo lemos que Joaquim relatou os seguintes resultados.

Joaquim: *"Na semana passada, eu me comprometi em ter reuniões presenciais com duas empresas que acabaram de abrir novos escritórios no centro da cidade e consegui fazê-lo. Boa notícia: um deles agendou uma visita ao hotel na semana que vem!*

Quanto ao placar, realizei duas visitas no hotel, mas só conversei sobre venda cruzada com um deles, o que produziu um escore de 50%, que melhorarei na próxima semana.

Para a próxima semana, conversarei por telefone ou pessoalmente com dois de meus clientes que fizeram reunião anual conosco no ano passado, mas que ainda não se manifestaram este ano. Desejo agendar visitas deles ao hotel para conhecerem nossa nova sala de banquetes, e pretendo convencê-los a fechar conosco para a reunião deste ano."

Enquanto Joaquim está fazendo o seu relato, Susana avança my4dx.com de modo a mostrar os resultados de Joaquim.

Do mesmo modo, todos os membros da equipe de Susana podem ver a apresentação de seus resultados individuais à medida que os reportam verbalmente. Ao final da reunião, Susana mostra outra vez os resultados para toda a equipe e dá alguma orientação final ou manifesta o seu reconhecimento.

Se a equipe de Susana trabalhasse em diferentes locais ou se qualquer membro estivesse ausente durante a reunião, o sistema my4dx.com poderia ser acessado pela internet e a mesma apresentação seria assistida, como se a equipe estivesse toda reunida numa mesma sala. Esse procedimento é particularmente eficaz na manutenção da responsabilização em equipes geograficamente dispersas, situação em que o *software* também serve como substituto do placar físico.

AUTOMAÇÃO DAS 4DX EM TODA A ORGANIZAÇÃO

Limitamos intencionalmente a discussão sobre a tecnologia de apoio às 4DX àqueles recursos mais essenciais para você e sua equipe. Para informações adicionais, visite team.my4dx.com.

COMPONENTE Nº 5 das 4DX:
Resumo rápido das MCIs, medidas de direção, reuniões de MCI e compromissos.

Contudo, enfatizamos que a necessidade de automação é ainda mais vital quando múltiplas equipes dentro de uma organização estão se lançando nas 4DX. Sem esses recursos para avaliação instantânea da adoção do projeto e de seu efeito, será difícil, se não impossível, impulsionar eficazmente os resultados.

Para cumprir esse requisito, você precisará de relatórios sintéticos à base de gráficos e que instantaneamente mostrem o painel de controle para toda a organização. Um exemplo deste tipo de relatório é o Relatório do *Status* da Equipe do my4dx.com:

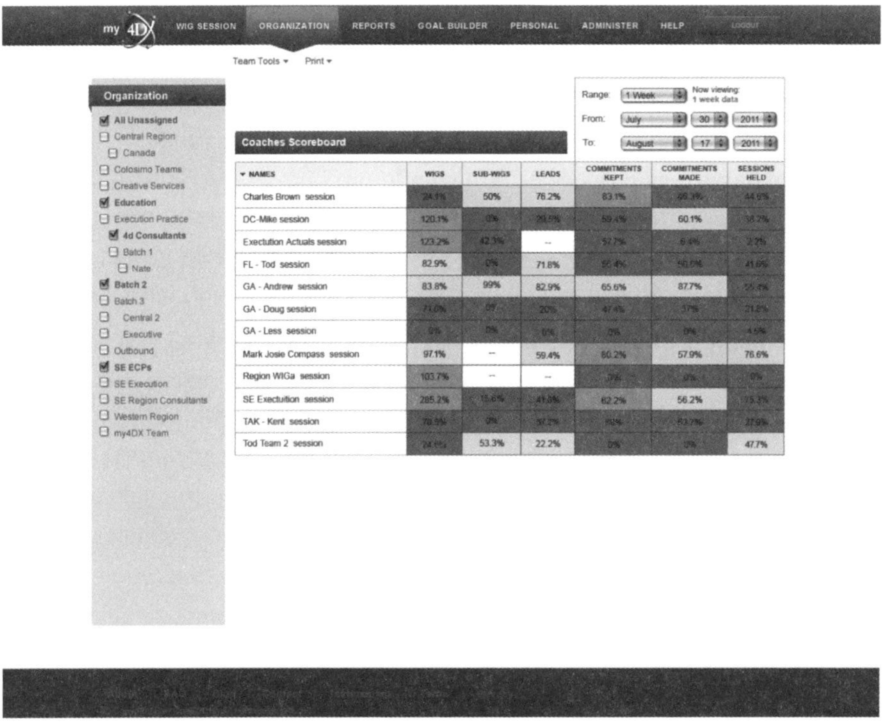

Este relatório, que mostra o painel de controle da execução sob a forma de uma linha por equipe, contém as seguintes informações:

Reuniões realizadas: em porcentagem, quantos membros da equipe estão frequentando as reuniões de MCI?

Compromissos assumidos: quantos membros da equipe estão assumindo compromissos semanais?

Compromissos cumpridos: quantos compromissos são realizados?

Medidas de Direção: onde estão as medidas de direção em relação ao ponto em que deveriam estar?

MCIs: onde estão as medidas históricas em relação ao ponto em que deveriam estar?

Sinais de *status* nas cores vermelha, verde e amarela lhe permitem ver, em apenas alguns segundos, se a empresa toda está vencendo ou perdendo.

Sob uma perspectiva organizacional, a função do líder é "acabar com o vermelho", começando pela direita, com as reuniões de MCI, indo para a esquerda até chegar às MCIs propriamente ditas. Se esse painel de controle estiver inteiramente verde, todas as equipes da sua organização estarão seguindo totalmente o processo das 4DX e alcançando os resultados estabelecidos. Se as taxas de participação forem altas, mas as taxas percentuais de execução, baixas, as pessoas estão fazendo um bom esforço para identificar as atividades que impulsionam seus placares, mas não estão dando continuidade a elas. Os líderes podem então se concentrar nas áreas de execução deficiente e fornecer apoio.

Acreditamos que dois dos maiores incentivadores do sucesso nas 4DX são a simplicidade e a transparência, e com a tecnologia certa você pode ter ambos. Isso significa conseguir uma linha de visão clara por toda a organização e mostrar os resultados a cada equipe em tempo real. Também significa que o *status* das MCIs sejam vistos desde a cúpula da empresa até as equipes da linha de frente. O mais importante é que você pode ver instantaneamente onde está vencendo e onde está perdendo.

SEÇÃO 3

Implementação das 4DX na sua organização

Na Seção 1 deste livro, você aprendeu sobre as 4 Disciplinas da Execução como um sistema operacional para alcançar as metas que precisa atingir, e na Seção 2, como implementar as 4DX numa equipe de trabalho.

Agora queremos ampliar nosso escopo de implementação das 4DX numa organização constituída por mais de uma equipe, quer seja uma pequena empresa, uma corporação multinacional ou uma empresa de porte intermediário.

Na Seção 3, você descobrirá o que alguns líderes proeminentes realizaram com as 4DX. Eles lhe dirão como as 4DX realmente transformaram não apenas equipes com trabalho individual, mas corporações inteiras e grandes agências governamentais em organizações de alto desempenho. A experiência deles demonstra que as 4DX não são apenas mais um programa de treinamento, mas um sistema operacional transformativo para qualquer organização.

Aqui você também conhecerá as etapas específicas para fazer com que as pessoas se concentrem nas MCIs e difundam as 4DX por toda a empresa. O capítulo *perguntas mais frequentes sobre as 4DX* fornece respostas para as perguntas que nos são feitas mais frequentemente.

Assim como a Seção 2, esta seção foi concebida para ser um manual de campo para os líderes. Consulte a Seção 3 toda vez que necessitar de orientação e compreensão sobre o imenso desafio de levar uma organização inteira a executar com excelência.

As melhores práticas dos melhores

Ao longo deste livro, apresentamos conceitos e métodos para implementação das 4 Disciplinas que representam o melhor de tudo que aprendemos ao trabalharmos com milhares de líderes. Contudo, sem a oportunidade de ouvir alguns destes líderes, de ler sobre os seus casos relatados com suas próprias palavras, este livro não estaria completo.

Neste capítulo, selecionamos quatro líderes, não somente por serem excepcionais em suas competências e experiências, mas porque utilizaram as 4 Disciplinas para atingirem resultados extraordinários, em geral em grande escala. Estes casos mostram, sob o ponto de vista do mundo real, os desafios e recompensas que podem ser alcançados quando a sua equipe aplica esses princípios poderosos, fornecendo uma perspectiva que só pode ser inteiramente transmitida por aqueles que as implementaram.

ALEC COVINGTON E NASH FINCH

Alec Covington é presidente e CEO da Nash Finch, o segundo maior distribuidor atacadista de alimentos dos Estados Unidos em termos de receita, suprindo o setor varejista de alimentos e os sistemas de comércio varejista das Forças Armadas dos Estados Unidos. As vendas anuais são de aproximadamente $5 bilhões.

A equipe da Nash Finch implementou as 4 Disciplinas da Execução e em apenas seis meses produziu resultados notáveis. Seguem os *insights* de Alec sobre as 4DX, assim como a descrição da sua experiência.

Já estamos há mais de seis meses na implementação das 4 Disciplinas, e quando observo os resultados, só posso dizer que são absolutamente fantásticos. Na verdade, é quase inacreditável, quão bem a nossa equipe tem se desempenhado em relação às MCIs. O processo tem sido monitorado, as reuniões conduzidas como esperado, as atualizações feitas com regularidade, e finalmente os placares são emocionantes, de leitura simples e fácil entendimento. Hoje temos uma grande história para contar sobre como nossos líderes estão usando as 4 Disciplinas para fazerem a diferença e deixarem suas digitais na empresa.

Ao longo dos meus anos de trabalho, muitas vezes disse que na ausência de uma crise, uma mudança transformadora é quase impossível. Quando você entra numa empresa à beira da falência, automaticamente ganha a atenção de todos. Clientes estão insatisfeitos, empregados preocupados se ainda terão emprego, vendedores apreensivos sobre como os pagamentos serão feitos e até mesmo *se* vão ser pagos. Devido à incerteza, os clientes estão dispostos a mudar e empregados a fazerem as coisas de um modo diferente, e estão dispostos a agir hoje, e não amanhã. Assim, a crise propicia um alinhamento total do senso de urgência e você logo estreita o foco. Até mesmo se tiver uma centena de problemas, sabe que é pouco provável que consiga resolvê-los no tempo de solução da crise. É por isso que uma crise é realmente um catalisador de mudanças.

Todavia, quando a crise passa, o próximo desafio é traçar um plano de longo prazo. Eu sempre temi esse período porque é o que gera frustrações, estresse e desapontamentos. Durante esse período, o redemoinho sempre supera o plano estratégico e não se trata de um fenômeno exclusivo da Nash Finch – isso tem se mostrado verdadeiro em todas as empresas onde trabalhei.

Apesar dos desafios, tenho conseguido levar a nossa agenda estratégica adiante, mas isto exigiu uma abordagem diferente na ausência de uma crise, e à medida que comecei a implementar as 4 Disciplinas, conseguimos ter uma abordagem organizada que substituiu o senso de urgência criado por uma crise. As 4 Disciplinas nos permitiram fazer o que fizemos quando tínhamos uma crise: focar apenas as questões mais importantes e impulsioná-las. E isso funcionou maravilhosamente.

Agora, como continuamos engajados nesse processo e aprofundamos nosso conhecimento, ele se tornou parte do nosso DNA, parte de nossa cultura. Hoje eu posso entrar numa reunião não relacionada com as 4 Disciplinas e ouvir alguém na reunião dizer: '*Qual o de X para Y até quando?*' É um bonito programa que foi implementado pela Nash Finch, um programa que traçará o caminho da mudança dentro da nossa empresa ainda por muitos anos.

Hoje compreendemos o nosso progresso, assim como o resto do caminho que temos pela frente. Sabemos o que precisamos fazer para atingirmos as MCIs e aterrissarmos nosso avião com segurança. Também estamos nos perguntando: 'Quais serão as novas MCIs para o próximo ano?' As 4 Disciplinas se tornaram, literalmente, parte do gerenciamento da nossa empresa.

Temos também celebrado o nosso sucesso. Sabemos que não podemos deixar a celebração e a diversão para trás. Se fizermos, perderemos um dos nossos blocos de crescimento. As 4 Disciplinas funcionam perfeitamente quando as combinamos com celebração e diversão, tanto pelo êxito como por aqueles indivíduos e equipes que estão se sobressaindo no processo.

Quando viajo e não vejo em nossas unidades *banners* celebrando os êxitos alcançados, sempre pergunto: 'Por quê?' A resposta é sempre porque estamos ocupados demais com nosso redemoinho. No entanto, agora temos as 4 Disciplinas, e com elas as nossas MCIs e reuniões de MCI. Na pressa de fazermos tudo, nos asseguramos de que não deixaremos de celebrar e de nos divertirmos, o que você pode ver nos *banners*.

Também quero acrescentar que sou um líder que sabe que não pode gerenciar tudo. Assim, procuro um ou dois indicadores-chave que possam me dizer o que está acontecendo realmente na empresa. Meu indicador-chave para as 4 Disciplinas é a frequência e a consistência das reuniões de MCI. Esta é a única pergunta que eu sempre faço porque creio que se as pessoas estiverem engajadas e se forem consistentes com relação às reuniões e seus relatos, eventualmente a pressão dos pares assumirá o controle e o restante do processo tomará o seu próprio curso. Tudo gira em torno de participação e engajamento.

O segundo indicador para o qual fico atento é quão preparadas as pessoas se acham para as reuniões de MCI. E você sabe como avalio isto? Pelo tempo que duram. As reuniões de MCI foram concebidas para serem reuniões curtas, concisas, que levam a equipe à frente. Se forem excessivamente longas, alguma coisa não está funcionando.

A maioria das empresas faz reuniões para que os líderes relatem seus desempenhos em função de uma meta ou uma meta que os líderes maiores delegaram a eles. É como se os poderosos lá do alto escrevessem numa pedra que circulará por toda a empresa, e depois pedissem a você, uma ou duas vezes por ano, para se apresentar e relatar como foi o seu desempenho. Inspirador, não?

A pergunta que precisamos fazer é: quais os resultados ao dirigirmos o negócio desse modo? Não muitos. O que as 4 Disciplinas permitem que você faça é produzir uma grande mudança de paradigma, na qual os líderes maiores declaram para a organização que queremos crescer e avançar este tanto por meio de nossas MCIs, *de X para Y até quando*. Aí então, os líderes e equipes que constituem a empresa decidem quais são as MCIs e as medidas de direção para atingi-las. *Eles* decidem os elementos importantes para rastrearmos o progresso. A diferença real é que, aqui, os líderes reportam sobre suas próprias metas, em vez de, como anteriormente, relatarem sobre as que lhes foram impostas.

Hoje, com as 4 Disciplinas, nosso pessoal fala sobre o que *eles* decidiram fazer, sobre o cronograma que *eles* estipularam para a realização e sobre o progresso que *eles* fizeram em direção às próprias metas. Basicamente, a América corporativa se resume em pedir as pessoas para produzirem e alcançarem as metas de outrem. Todavia, é só quando se fala em alcançar ou perder a *própria* meta, que a criatividade começa a fluir. Alcançar um orçamento corporativo nunca será tão importante quanto realizar metas e cumprir compromissos que você estabeleceu para si mesmo. É surpreendente como o comportamento muda. A influência é poderosa.

Não creio que tenhamos pessoas ruins na nossa empresa. São todas maravilhosas. Contudo, em alguns casos são pessoas maravilhosas que estão na empresa há 20, 30 ou mais anos, e não aceitam o fato de que precisamos fazer mudanças. Um modo de trabalhar tem de ser abandonado e novos métodos e processos precisam ser introduzidos. Não conseguíamos imaginar um modo de vender uma ideia para aquelas pessoas, convencê-las ou fazê-las compreender que as coisas têm de mudar. Com as 4 Disciplinas, você tem um processo que torna claro o que precisa mudar, e ajuda a todos a se responsabilizarem pela aceitação e adaptação às mudanças, além de permitir que você extraia conhecimentos de um modo de trabalhar e aplique-os a outras áreas do negócio.

Eu me recordo de quando dirigia meu primeiro armazém, aos vinte e poucos anos. Não entendia muito sobre como um armazém funcionava porque minha formação foi como gerente de loja e não havia aprendido nada sobre armazenamento até me envolver no negócio de distribuição. Eu me lembro de que certo dia caminhava pelo armazém, quando algo desviou o meu olhar. Dois empregados estavam no horário de descanso e jogavam damas, o que me incomodou. Sentei-me junto a eles e disse: 'Fico contente de vê-los jogando damas, mas por que estão fazendo isso agora?' Eles responderam: 'Estamos no horário de descanso e esperamos este momento todos os dias.' Sabe o que me chateou mais sobre o fato? Foi que o trabalho era tão maçante, que a única coisa pela qual aqueles homens podiam ansiar era jogar damas.

Anos mais tarde, caminhava por outras instalações e vi um grande piano vertical. Quando perguntei o que um piano vertical estava fazendo no meio de uma planta de manufatura, me disseram para esperar alguns minutos que eu veria. Pouco depois, soou uma campainha e todos os empregados se reuniram ao redor do piano vertical para cantarem canções de sua pátria russa. Cogitei se não seria possível canalizar aquela energia e conectá-la ao negócio. Ao invés de cantarem apenas por 15 minutos; e se aquele entusiasmo tivesse a ver com o negócio?

Atualmente, quando caminho por algumas de nossas instalações desde que implementamos as 4 Disciplinas, vejo que nossos empregados têm o equivalente ao jogo de damas e ao piano vertical. Eles estão se divertindo. Estão engajados. É o jogo de damas deles. Em vez de virem trabalhar todos os dias para apenas puxarem caixas, vêm trabalhar com um propósito. E o mais importante é que estão trabalhando com coisas que eles entendem. Não se trata de Ebitda, nem de receita ou lucro por ação. Estamos falando de quantas caixas podemos selecionar em uma hora. É criar foco em coisas que os conectam com o mundo deles que os permitem, além de fazerem o trabalho, terem algum elemento de diversão e sentimento de realização. É isso que torna as 4 Disciplinas poderosas em toda a empresa. Quando conseguimos fazer esse tipo de coisa, exercemos uma influência poderosa.

Outra questão sobre a qual eu gostaria de estimulá-lo a pensar na medida em que se tornar engajado com as 4 Disciplinas é olhar para os líderes do futuro quando frequentar as reuniões de MCI. Você observará pessoas que estão se desenvolvendo na sua empresa, que estão se tornando líderes. Talvez hoje dirijam empilhadeiras, talvez recebam caminhões ou quem sabe sejam pessoas do controle de inventário, mas por intermédio desse processo é que você os verá em primeira mão.

Agora, não deixe de olhar também para a outra extremidade do espectro, porque a reunião de MCI não identifica as pessoas que estão se desempenhando excepcionalmente bem. Elas também identificam aquelas que não estão comparecendo às reuniões e que não estão se comprometendo. Essas pessoas são as que impedem que você atinja as suas metas.

Basicamente, as 4 Disciplinas da Execução permitirão que você identifique, promova, proteja e retenha as pessoas que estão alcançando as suas respectivas metas, e o ajudará a identificar aquelas que não estão.

Os maiores resultados que já vimos estão sendo obtidos com as equipes que têm os placares mais marcantes e mais perceptíveis, e que podem ser facilmente compreendidos pelo maior grupo de pessoas. Quando andamos por um desses armazéns é impressionante vermos quão criativas as pessoas são. Em cada 100 empregados, há sempre um artista. Temos comprovado isto repetidas vezes. Se você tiver um problema, dê uma olhada no seu placar e faça essas perguntas a si próprio: Ele é visível? Ele está realmente ligado às pessoas que precisam ver o placar? É simples e fácil de entender? As pessoas que vão usá-lo ajudaram na sua criação ou ele foi criado para elas?

Os placares são muito poderosos. Você verá que alguns têm as aparências mais esquisitas e engraçadas do mundo, mas talvez sejam os mais poderosos porque significam algo para as pessoas que precisam vê-los todos os dias. Não importa se você não gostar dele. Isto realmente não faz nenhuma diferença.

O último conselho que eu gostaria de oferecer é que, quando você celebrar as suas realizações, não agradeça aos líderes hierarquicamente. Por favor, não faça isso. Esses líderes não fizeram nada. Jamais vi uma única MCI que tenha sido alcançada por um líder sênior. Deixe-me explicar como isso funciona. Os líderes mais altos encontraram a ferramenta. Eles admitiram o fato de que as coisas não estavam funcionando e encontraram um processo que poderia ajudá-los. Contudo, são os líderes e as equipes da sua empresa que abraçaram-no, aprenderam sobre ele, usaram-no e produziram resultados notáveis. Não precisamos agradecer aos líderes mais altos. Esses líderes mais altos é que precisam agradecer aos líderes e equipes da linha de frente.

Ao final do dia, os líderes hierarquicamente maiores são como assistentes no golfe. Se os líderes na linha de frente dizem para você que precisam de um taco número nove, seu papel é dar a eles um bom taco número nove. Se precisam de um novo *driver*, o seu trabalho é lhes fornecer um que impulsionará a bola para o mais longe possível. É exatamente isso que acontece com as 4 Disciplinas.

O programa tem fornecido uma maneira por meio do qual conseguimos arremessar a bola, e por causa das disciplinas e da organização ao seu redor, podemos realmente saber se a bola vai ser agarrada por alguém responsável do outro lado. É bonito. Este programa também propiciou um meio aos líderes e às equipes de agarrarem a bola e correrem com ela, para se tornarem responsáveis por ela e também serem reconhecidos quando fizerem um bom trabalho. É um recurso muito poderoso.

DAVE GRISSEN E MARRIOTT INTERNATIONAL, INC.

ESCANEIE COM O SEU SMART PHONE

Android – Barcode Scanner
iPhone – Red Laser

LINK: http://www.4dxbook.com/qr/Marriott

Escaneie a imagem acima para assistir ao vídeo do estudo de caso do Marriott.

Dave Grissen, presidente das Américas do Marriott International, começou implementando as 4 Disciplinas em oito hotéis-pilotos. Estes oito hotéis produziram resultados tão significativos que Dave e sua equipe partiram para a condução de dois outros pilotos maiores e finalmente implementaram as 4 Disciplinas em mais de 700 hotéis Marriott nos dois anos seguintes, uma das maiores e mais significativas implementações das 4 Disciplinas ao redor do mundo.

Os *insights* de Dave, assim como uma descrição desta experiência, encontram-se a seguir.

Vou começar explicando que o Marriott, uma empresa líder no setor de hotelaria, tem aproximadamente 3.700 propriedades ao redor do mundo, e cerca de 129 mil empregados em hotéis operados pela empresa. A família Marriott estabeleceu seus valores fundamentais e cultura da organização há 85 anos, que são instilados até hoje em seus funcionários. J. Willard Marriott acreditava que se você cuidar dos seus empregados, eles cuidarão dos hóspedes e estes retornarão. O espírito do serviço refletido nesta filosofia é a pedra fundamental da forte cultura da empresa, da alta satisfação dos empregados e do seu crescimento contínuo. Estamos sempre procurando modos para inovar e melhorar nossas operações, ao mesmo tempo que aperfeiçoamos nossa cultura.

Portanto, assim que ouvi sobre as 4 Disciplinas da Execução, achei que seria perfeita para o nosso negócio. Foi como se alguém tivesse observado a nossa operação e concebido um processo sob medida, exatamente para aquilo que precisávamos. A melhor evidência disso é que se trata de um daqueles processos para o qual as pessoas correm, em vez de correrem dele. Na verdade, ainda temos de pedir a um único hotel para aderir. Todos nos procuram e pedem para participar.

Iniciamos a implementação das 4 Disciplinas com oito hotéis-piloto. Ao final do piloto, cada um deles atingira resultados notáveis. Talvez o melhor exemplo seja o do maior hotel operado pela nossa empresa, o Marriott Marquis, na cidade de Nova York. No primeiro ano de implementação das 4 Disciplinas, a equipe atingiu os índices mais altos de satisfação do cliente na história de 30 anos deste grande hotel. Junto com esta conquista, registraram também os resultados mais altos, tanto na receita como no lucro. Como é do conhecimento da maioria dos líderes, alcançar os melhores resultados em vendas, lucro e satisfação do cliente no mesmo ano é uma grande conquista.

Com base nesse sucesso, tomamos então a decisão de implementar as 4 Disciplinas em mais de 700 hotéis na América de Norte e na América do Sul, em busca de uma meta crucialmente importante para nos tornarmos uma empresa hoteleira de destaque em ambos os continentes. Começamos formando uma equipe de líderes experientes no Marriott que seria o núcleo de nossa infraestrutura e que forneceria orientação e responsabilidade na parceria com a FranklinCovey. O estabelecimento dessa equipe interna foi um investimento importante para nós, e tendo feito isso estávamos prontos para sistematicamente implementar as 4 Disciplinas em cada um dos hotéis dos nossos principais mercados. Como você pode imaginar, foi um esforço em larga escala, que demandou investimento significativo por parte dos nossos líderes em cada hotel. Todavia, em cada uma das cidades, os líderes não estavam apenas comprometidos, estavam apaixonados pelo poder dessas disciplinas e a possibilidade de usá-las para alcançarem suas metas crucialmente importantes.

Ao longo de um período de dois anos, certificamos quase 4 mil líderes e realizamos a implementação das 4 Disciplinas em mais de 700 hotéis, assim como nas nossas equipes de vendas nacionais e em muitas das nossas equipes corporativas centralizadas, tais como as de recursos humanos e de tecnologia da informação. Durante esse tempo, cerca de 10 mil empregados começaram a usar o processo e registraram um milhão de compromissos voltados para as nossas metas crucialmente importantes. Isso ilustra o alto nível de engajamento e dedicação ao processo, assim como o escopo da implementação.

Agora podemos ver claramente que, enquanto nossos planos para implementação adicional continuavam, as 4 Disciplinas da Execução nos propiciavam um sistema operacional para focarmos um grande número de pessoas em metas muito precisas e sustentarmos este foco até que as metas se realizassem. Essa plataforma de execução permitiu que os hotéis criassem suas próprias metas cruciais alinhadas com a visão da empresa. Com essa visão clara, os empregados entenderam como suas atividades cotidianas se relacionam com os resultados globais da empresa, e sentiram que estão trabalhando em prol de uma meta comum. Como resultado, temos um nível de adaptabilidade, foco, engajamento e comunicação que é único no nosso setor.

Quando olho para trás e penso sobre o conselho que posso oferecer aos outros líderes que lerem este livro, opto por oferecer algumas lições-chave que são importantes em minha opinião.

Primeiro, projete a sua implementação para que se ajuste a sua cultura. Apesar de as 4 Disciplinas funcionarem em qualquer cultura, o método de implementação variará com base nos atributos específicos da sua organização e das suas pessoas, e o que repercute melhor neles. Na nossa cultura, se eu tivesse exigido a implementação das 4 Disciplinas em cada hotel, não teria funcionado. Apesar de elas serem o método mais eficiente, o mais necessário na nossa cultura era, realmente, a adesão. Para nos ajudar a conquistá-la, os líderes dos primeiros oito hotéis-piloto, vários deles com décadas de experiência conosco, se reuniram com os líderes dos outros hotéis numa reunião regional. Quando os gerentes gerais de cada um dos hotéis-piloto ficaram de pé e reconheceram que as 4 Disciplinas levaram para suas equipes um melhor modo de focar as metas e alcançar resultados, foi um momento inesquecível. E quando disseram "jamais voltaremos a executar do modo anterior", se tornou contagiante.

Como líder, você é sempre tentado a implementar as ideias nas quais crê mais entusiasticamente. Contudo, o que você deve observar é que se oferecer as 4 Disciplinas como mais outra boa ideia, não gerará o nível de comprometimento necessário para ser bem-sucedido. Todos nós já implementamos ideias que inicialmente pareciam ter grande adesão, porém mais tarde notamos que a organização deixava que morressem de maneira silenciosa. Isso acontece porque não só as pessoas são contra a ideia, mas também porque estão ocupadas com o redemoinho. Quando produzimos adesão, levamos mais tempo, mas o resultado é do tipo que funciona de fato. Você pode exigir velocidade na implementação de qualquer novo programa, mas o teste real é: eles estão praticando? Se você dedicar um pouco mais de tempo para implementar bem as 4 Disciplinas, isso resultará em uma propagação mais bem-sucedida e melhores resultados.

Segundo, é preciso entender que é mais difícil implementar as 4 Disciplinas numa organização que já é bem-sucedida. Quando você está falhando, é fácil ajudar a sua equipe a ver que estão numa plataforma em chamas, e como resultado, a necessidade de mudarem. Contudo, quando você está numa empresa realmente bem-sucedida há muitos anos, fica mais difícil para eles verem por que devem tentar algo novo. Além do mais, é bem provável que venham a desafiar a validade de novas ideias. Os líderes que estão batalhando estão prontos para aceitar qualquer coisa que os ajude, mas aqueles que estão tendo êxito precisam de tempo e oportunidade para avaliarem uma ideia por conta própria, e testarem seu valor. Os resultados do piloto, em associação com nossa cultura e a crença de que o sucesso nunca é final, nos ajudou a cultivar esta adesão dos líderes. Compreender a sua cultura, os seus líderes e como implementar novas ideias é outro aspecto do motivo de um lançamento cuidadoso ser essencial.

Terceiro, o líder sênior precisa se concentrar para manter todos os líderes prestando contas. Em outras palavras, uma vez que estão envolvidos, têm de mergulhar fundo. Para fazer isso benfeito você precisará de ferramentas, como os sistemas de relatórios e de prestação de contas regulares que as 4 Disciplinas e o *software* (my4dx.com) fornecem. Quando os líderes que se reportam a você compreenderem que isso é suficientemente importante para você examinar toda semana, verão que é real e que não está sendo esquecido. O sistema é transferido para mim e semanalmente analiso o desempenho. O modo mais claro de demonstrar que é assim que agora estamos executando, é cobrando a responsabilização deles pelos resultados. Tão logo você deixe um líder fora do gancho, o foco da equipe começa a declinar. A transparência do sistema facilita isso, pois os líderes seniores, inclusive eu, posso ver os detalhes no nível do hotel. Até mesmo os líderes entusiastas e comprometidos precisam de uma pressão extra de responsabilização para serem ajudados a manter o foco quando seus redemoinhos estiverem enfurecidos.

Quarto, assegure-se de que você tenha infraestrutura para apoiar a sua implementação. Se a sua implementação for pequena, um ou dois *coaches* para as 4 Disciplinas podem ser suficientes. Para o tamanho e a velocidade do lançamento que estávamos planejando, eu sabia que sem uma infraestrutura suficiente não teríamos sucesso. Nunca é fácil fazermos um investimento inicial desse tipo. Há necessidade de pessoas realmente talentosas. Escolhemos pessoas muito experientes, líderes com experiência operacional em nossos hotéis e que gozavam de credibilidade para influenciarem outras pessoas e conseguirem que o serviço fosse feito. Analisando retrospectivamente, foi uma das decisões mais importantes que tomamos.

Além de líderes talentosos implementando as 4 Disciplinas, também sabíamos que precisávamos de ferramentas, sistemas e treinamento certos para apoiar o esforço. Conferimos uma marca ao programa para mostrarmos o compromisso da empresa com o processo e para torná-lo parte da nossa cultura. Também concebemos e preparamos ferramentas que geram relatórios a fim de monitorarmos a participação e os resultados, e usamos o treinamento virtual. Como estávamos fazendo um lançamento em 15 países, em múltiplos idiomas, precisamos utilizar diferentes metodologias de treinamento para implementar o programa no tempo desejado e garantirmos rapidez na implementação.

Quinto, lembre-se de que a implementação das 4 Disciplinas aumentará o engajamento da sua equipe. Como comecei enfatizando a importância da compreensão da sua cultura, fecharei o círculo enfatizando que as 4 Disciplinas podem levar até mesmo uma cultura muito forte como a nossa a um nível ainda mais alto. Como cada indivíduo da equipe vê o impacto de seu desempenho no placar da equipe toda semana, não somente se responsabilizam mas também se tornam engajados. Eles conseguem ver claramente que o que eles fazem a cada dia realmente importa.

Embora isso sempre tenha sido uma verdade na nossa empresa, a implementação das 4 Disciplinas nos ajudou a fortalecer o nível de engajamento. Como já declarei, cada empregado tem uma visão clara das metas, que se acham diretamente ligadas aos nossos valores essenciais. Todos, desde a nossa equipe da linha de frente até nossas equipes gerenciais e nossos COOs, compreendem como o que fazem causa impacto na empresa, o que dá uma voz forte aos nossos empregados. Todos podem fazer a diferença. Estamos inovando a partir da base.

Ao mesmo tempo que as 4 Disciplinas focam a execução para impulsionar os resultados do negócio, têm o benefício adicional de propiciar aos empregados competências que podem usar além do trabalho e por todo o resto da vida profissional. Temos ouvido dos empregados também infinitas histórias sobre como usaram os conceitos para melhorarem a vida pessoal. O treinamento, a aprendizagem e o investimento em nossos líderes são também outra maneira dos nossos empregados ficarem ainda mais engajados.

Hoje, continuamos a desenvolver as 4 Disciplinas como um investimento ímpar para a nossa empresa e nossas pessoas, o que está mudando o modo de operarmos no dia a dia. Quer nossas metas crucialmente importantes estejam na participação no mercado, no lucro ou na satisfação do cliente, sabemos que as 4 Disciplinas nos possibilitarão atingi-los.

Quanto às grandes competências empresariais ou grandes competências para a vida, as 4 Disciplinas formam um processo que engloba como se manter responsável, como manter os outros responsáveis e, essencialmente, como executar melhor.

LEANN TALBOT E COMCAST

LeAnn Talbot é vice-presidente sênior da Comcast's Freedom Region, que inclui a sede da Comcast na Filadélfia e adjacências. Antes disto, foi vice-presidente sênior da Grande Chicago (GCR) onde era responsável por marketing, vendas e operações das regiões Norte e Central de Ilinóis, da região Noroeste de Indiana e do Sudoeste de Michigan. A GCR era uma das maiores regiões operacionais da Comcast, e também uma das mais desafiadoras em termos de desempenho.

Nas palavras de LeAnn: "Apesar de o potencial estar lá, a região não conseguia mudar a trajetória de seu desempenho." Dois anos mais tarde, LeAnn e sua equipe já haviam mudado a Grande Chicago do último lugar em 12 regiões, para o segundo lugar na classificação interna da empresa e continuavam subindo.

A seguir, os *insights* de LeAnn, assim como a descrição de sua experiência na implementação das 4DX em toda a região.

> "Faça em Chicago o que você fez na sua região anterior – coloque-a em primeiro lugar." Esta foi a missão que recebi do presidente da Comcast Cable quando fui entrevistada para a posição de liderança da Grande Chicago, conhecida por duas importantes características: uma das maiores em tamanho, representando 10% da empresa, e não estar apresentando bom desempenho.
>
> Nos nove anos anteriores, a região se mantivera em último lugar em quase todas as métricas que a Comcast usava para avaliação de desempenho, apesar da sucessão de líderes. Em resumo, não era um lugar de êxito, e pessoas talentosas não queriam arriscar uma mudança para a região de Chicago porque achavam que isto poderia impactar suas carreiras negativamente.
>
> O cenário estava armado. Era evidente que precisávamos melhorar os resultados rapidamente e mostrar que essa importante região estava se esforçando. Por causa da importância da região, também estávamos sendo foco de atenção – o que chamamos "o amor" – que fazia ainda mais pressão. Em poucas palavras, precisávamos de um plano disciplinado para executar com excelência, e tinha de ser imediatamente.
>
> Começamos nos assegurando de que tínhamos a equipe de liderança adequada, do tipo que pode criar uma cultura de pensamento diferente, respeito e responsabilização. Basicamente, isso significava que 70% das pessoas nos papéis de liderança tinham de ser trocadas, pois estávamos trabalhando para criar uma equipe de líderes altamente engajados.
>
> Em seguida, nossa equipe precisava acreditar que poderia vencer, de modo que buscávamos todas as oportunidades para celebrar sucessos, independentemente de quão pequenos fossem. No início foi difícil

encontrá-las, mas com o passar de vários meses os êxitos geravam outros êxitos, e lentamente nossa equipe começou a ganhar confiança. Além disso, tínhamos também importantes campeões na empresa que estavam engajados conosco e nos ajudaram a ecoar nosso sucesso por toda a Comcast, reforçando o ânimo da equipe.

Uma vez estabelecidos esses elementos fundamentais, sabíamos que agora precisávamos encontrar o foco único que seria nosso catalisador primário para uma melhoria radical, tarefa difícil quando havia tantas áreas de nossa operação que precisavam de atenção.

Todos nós já ouvimos que "quando o estudante está pronto, o professor aparece", e foi exatamente isso que aconteceu conosco. Um dos líderes da nossa equipe casualmente participou de um almoço executivo de apresentação das 4 Disciplinas. Ao retornar, foi direto ao meu escritório e disse: "Precisamos disso. Naquela noite, enquanto ia para casa ouvindo o CD de áudio sobre as 4 Disciplina, tive de concordar. Na verdade, não poderia esperar para começar. Minha equipe estava presa em seu redemoinho e eu estava convencida de que as 4 Disciplinas eram a saída."

Só havia um problema: não estávamos alcançando ainda as nossas metas regionais. Sendo nova naquela posição de liderança, me deparei com a difícil decisão de justificar o dinheiro gasto em um novo "programa", considerando-se que simultaneamente estávamos eliminando todas as despesas, exceto as mais críticas. Sob um ponto de vista mais pessoal, também me preocupava se, ao fazer esse investimento, não estaria sinalizando que não acreditava que a minha equipe fosse capaz de encontrar soluções próprias para os problemas da região.

No final, assumi o risco. Eu realmente acreditava que as 4 Disciplinas nos dariam a estrutura e o foco de que precisávamos. No transcorrer da implementação, nunca vi as 4 Disciplinas como um programa de treinamento, nem mesmo um programa de gestão. Ao contrário, as 4 Disciplinas eram um "sistema operacional" que nos possibilitaria sustentar nosso necessário redemoinho, ao mesmo tempo que moveriam o ponteiro para as nossas metas mais importantes. Essencialmente, as 4 Disciplinas nos propiciariam um modo de sistematicamente trabalhar o plano que criáramos e assegurariam resultados, apesar das demandas urgentes das nossas operações do dia a dia.

Começamos pacientemente com um piloto na cidade de Chicago. Sendo a terceira maior cidade do país, Chicago é um ambiente ímpar.

Operar um sistema a cabo naquela região é um desafio significativo, que resultava em algumas das mais baixas métricas de desempenho. Apesar de todos os nossos esforços, tínhamos a impressão de que não conseguíamos ganhar impulso. Este era o ambiente ideal para testarmos as 4 Disciplinas porque se funcionasse em Chicago, funcionaria em toda a região.

O que aconteceu em seguida com os nossos resultados, e mais importante ainda, com o engajamento da equipe, levou à decisão de implementar as 4 Disciplinas em toda a região. Uma métrica-chave no nosso negócio, o "retrabalho" (retrabalho é quando temos que revisitar o domicílio do cliente para resolver um problema que já tentamos solucionar pelo menos uma vez antes) foi reduzido quase à metade. Além disso, dobramos o número de clientes "salvos", o que significa que, se um cliente solicitasse o cancelamento dos serviços, conseguíamos convencê-lo a ficar conosco, juntamente com várias outras métricas que se deslocavam na direção certa. Nosso pequeno investimento nas 4 Disciplinas nos ajudou a reduzir custos em mais de $2 milhões em apenas cinco meses.

Além desses resultados operacionais, o efeito sobre a equipe foi fantástico. Vi supervisores técnicos, e olha que eles são "chefões", andando pelos corredores usando perucas cor-de-rosa a caminho das reuniões das suas metas crucialmente importantes (MCIs). Eu os vi nas reuniões segurando ursinhos de pelúcia, rindo e trabalhando junto. Toda semana, os técnicos da linha de frente se agrupavam em torno dos placares esperando para ver os seus resultados serem anunciados, e assim, com tudo isso em prática, o ponteiro continuou a se mover substancialmente em direção à nossa MCI.

Como reconhecemos o redemoinho perante nossas equipes, ganhamos a credibilidade necessária. Fomos honestos ao dizer que nossos trabalhos cotidianos estariam sempre lá, o redemoinho não iria desaparecer, mas também prometemos e comprovamos que as 4 Disciplinas nos permitiriam progredir em áreas importantes que eventualmente ajudariam a diminuir o redemoinho.

Também aprendemos quão crítico era termos um *coach* dedicado às 4 Disciplinas trabalhando com as equipes. A criação deste recurso na organização é de vital importância para o sucesso das 4 Disciplinas, e nos ajudou também a desenvolver nossos especialistas internos. Nossos *coaches* eram parceiros de RH já atrelados aos grupos, que expandiram suas responsabilidade para desempenharem o papel de *coach*, assegurando a realização semanal das reuniões de MCI, que as equipes encontrassem uma cadência, que os placares fossem criados e atualizados, os resultados celebrados e os membros das equipes se responsabilizassem e cumprissem seus compromissos.

Também constatamos o surgimento de um benefício adicional à medida que as equipes nas quais a implementação já ocorrera começaram a "passar adiante" ajudando novas equipes. Aquelas que estavam sendo iniciadas eram convidadas a participar das reuniões de MCI e das reuniões dos líderes das equipes mais maduras. Os veteranos no processo atuavam como consultores das outras equipes. No final, escolhemos as 4 Disciplinas para nos ajudar a alcançar metas financeiras e na área de atendimento ao cliente, e os resultados produzidos foram extraordinários. Contudo, o impacto cultural das 4 Disciplinas sobre as nossas equipes estava se tornando a cereja do bolo.

A condução da região da Grande Chicago ao sucesso não aconteceu somente porque inserimos as 4 Disciplinas. Implantamos uma sólida equipe de segurança, rapidamente avaliamos nossas lacunas e desenvolvemos um plano de ação que fomentaria resultados. Todavia, tudo isso se aglutinou quando encontramos o sistema operacional, as 4 Disciplinas da Execução, que nos permitiram fazer a viagem que nos levaria à vitória.

Hoje, estamos no topo das classificações e continuamos a melhorar em relação ao nosso desempenho financeiro e no atendimento ao cliente, e começamos a ser reconhecidos com um empregador preferencial no "Top 100 Workplace for 2011" pelo *Chicago Tribune*. Na verdade eu não contava que todo este progresso pudesse acontecer tão rapidamente quando iniciamos nossa viagem.

Vejo as 4 Disciplinas como a estrutura de uma casa, mas me lembro sempre de que é uma casa que não poderia ter sido construída sem pessoas talentosas nem sem a orientação, os fatos concretos, o apoio dos superiores, os líderes fortes e um campeão para dirigir toda a operação.

B.J. WALKER E A SECRETARIA DE SERVIÇOS HUMANOS DA GEÓRGIA

B.J. Walker trabalhou nas administrações de dois governadores (Ilinóis e Geórgia) e na prefeitura da cidade de Chicago. Em 2004, foi nomeada pelo governador Sonny Perdue para dirigir a Secretaria de Serviços Humanos da Geórgia, uma agência de serviços humanos em massa, com um orçamento de mais de $3,2 bilhões e uma equipe de quase 20 mil pessoas. A agência tinha a supervisão de quase todos os serviços humanos do estado.

Em 2007, a agência começou a usar as 4 Disciplinas da Execução para ajudar a fazer com que as reformas acontecessem em toda a organização, particularmente nas áreas nas quais erros na prática da linha de frente poderiam resultar em sérios danos e/ou morte aos seus clientes. Sob sua orientação, certo número de indicadores importantes para o bem-estar infantil, para o atendimento às crianças e para elegibilidade ao selo alimentar continuavam a ter progresso significativo e sustentável.

ESCANEIE COM O SEU SMART PHONE

Android – Barcode Scanner
iPhone – Red Laser

LINK: http://www.4dxbook.com/qr/BJWalker

Escaneie a imagem acima para assistir ao vídeo do estudo de caso de B.J. Walker

A seguir encontram-se os *insights* de B.J. Walker, assim como uma descrição de sua experiência.

> Em 2007, quando o governador Sonny Perdue me pediu para usar as 4 Disciplinas da Execução da FranklinCovey, eu estava fazendo, ainda que lento mas firme progresso na melhoria de uma agência problemática e em crise. Contudo, estávamos visivelmente lutando para atingir consistência em nosso desempenho, para convencermos toda a massiva burocracia de que estávamos focando as prioridades certas, usando as métricas como uma ferramenta cotidiana na nossa prática da linha de frente e para resistir à tempestade do que nos parecia um contínuo escrutínio político e da mídia. Muitas vezes me senti desafiada e necessitando desesperadamente fazer tantas mudanças em tão pouco tempo, e com tão poucas pessoas e recursos.
>
> A implementação das 4 Disciplinas da Execução foi um modificador do jogo.
>
> Primeiro, elas me convenceram de que os resultados são maiores quando o jogo ocorre em equipe, em vez de focar os talentos de algumas estrelas individuais.

Em segundo lugar, me convenceram a deixar de esperar por relatórios repletos de indicadores de resultado para determinar se eu estava vencendo ou perdendo, dados que sempre chegavam tarde demais para se tomar qualquer tipo de ação. Joguei *softball* por muitos anos, e uma das coisas que aprendi é que é menos doloroso perder um jogo inteiro do que suportar o fracasso a cada entrada. Quando você opera usando apenas medidas históricas é como publicar o placar depois que cada entrada tiver acabado. Você percebe que está perdendo, mas será tarde demais para mudar o jogo e os fracassos continuarão a acontecer.

Particularmente em uma organização de serviços humanos, é mais fácil apenas racionalizar e dizer coisas do tipo: "Estou fazendo um bom trabalho, estou ajudando pessoas, sou extremamente ocupada." Contudo, quando você faz isso, na verdade está apenas jogando o jogo que já conhece e esperando pelo placar final. Se perder, será apenas um único momento de dor, em vez da pressão cotidiana, semanal, das suas medidas de direção.

A boa notícia é que, quando aplica foco nas suas medidas de direção, você as vê evoluindo, e quando isto acontece você começa a vencer nas medidas históricas! É lamentável, mas a maioria das organizações do setor público jamais passou pela experiência de acompanhar um placar de vitórias semanais, e como resultado raramente pensa em si mesma como uma equipe vencedora. Tornei minha responsabilidade manter o olhar no placar *toda semana*, tornando isso público. No final, mantivemos o foco e criamos uma equipe que se acostumou a vencer, em vez de perder.

Em terceiro lugar, e talvez isso seja o mais importante, as 4 Disciplinas me convenceram de que tinha de estar aberta a novos comportamentos. Tive, especificamente, de aprender a liderar a partir de uma posição no campo, assim como a partir daquela de uma executiva sênior, a deixar o pedestal da missão e entrar na área da prática, e a me mover ágil e intencionalmente entre o ponto de vista do líder a 9 mil metros, e o ponto de vista da equipe no solo. A implementação das 4 Disciplinas faz você aprender a liderar de modo diferente porque deseja vencer.

As 4 Disciplinas da Execução mudarão a forma da sua equipe mover o ponteiro para as metas mais prioritárias deles. Contudo, depende de você determinar o que precisa ser feito para inseri-las profundamente na organização.

Todos sabemos como pode ser difícil fazer as pessoas comprarem a ideia da *nossa* missão e das *nossas metas* porque são *nossas*, e não *deles*. Contudo, quando você implementa as 4 Disciplinas da Execução, aprende a fazer algo diferente: usar o envolvimento para gerar comprometimento. Isto começa quando se cultiva um relacionamento muito específico, e para alguns, muito diferente, com as equipes da linha de frente, aquelas pessoas que movimentam as transações que produzem resultados. Seja a sua equipe de vendas, sejam representantes de vendas, operadores de produção ou gerentes de casos, seu primeiro trabalho ao implementar as 4 Disciplinas é estimular um desejo apaixonado, em nível organizacional, pelo sucesso da MCI global.

Na nossa equipe isso foi particularmente desafiador porque nunca houve muita vontade de se conversar sobre morte, mesmo embora morte e danos sérios fossem as forças que nos impediam de executar nossa missão com êxito. Era uma guerra da qual não podíamos escapar. Um dia após o outro, nos preocupávamos com os erros, e também nos preocupávamos em sermos responsabilizados. Assim, quando implementamos as 4 Disciplinas, puxamos nossa MCI das entranhas do nosso temor: reduzir em 50% o número dos incidentes que podem levar à morte e danos graves às pessoas sob nossos cuidados, custódia e supervisão.

Quando isso foi dito abertamente, todos na nossa equipe puderam francamente reconhecer que isso era a nossa verdadeira missão. O interessante é que esse era o trabalho que a equipe sempre quis fazer, e, para muitos, uma razão convincente para retornarem um dia após o outro. Todavia, a criação da nossa meta crucialmente importante nos permitiu assumir a *responsabilidade* pelo que era realmente a nossa principal missão: evitar que coisas ruins acontecessem às crianças e aos adultos vulneráveis, e tal responsabilidade produziu uma mudança significativa na nossa abordagem. Em vez de esperarmos para agir após o acontecimento das coisas ruins, de modo proativo planejávamos modos para evitar que acontecessem. Basicamente, usamos as 4 Disciplinas para nos tornarmos publicamente responsáveis pela redução de mortes e danos graves, e como resultado começamos a trabalhar como equipe para garantirmos o nosso sucesso.

Com frequência as pessoas me perguntam qual o aspecto específico das 4 Disciplinas fez a maior diferença para a minha equipe. Minha resposta é sempre a mesma: as reuniões de MCI semanais. Nessas poderosas reuniões, a cadência, o ritmo de perguntar ao seu pessoal quais os compromissos que estão dispostos a assumir para fazerem o placar evoluir é o processo que elimina o afastamento entre os líderes e o trabalho real do dia a dia no governo.

A cadência constantemente traz à superfície questões políticas, assim como práticas, que de outra forma seriam invisíveis (ou ficariam ocultas) aos líderes executivos. Além disso, as reuniões de MCI permitem que o conhecimento e a experiência da linha de frente sejam compartilhados com toda a organização, eliminando assim a lacuna entre a responsabilidade essencial da organização e as ações que estão sendo tomadas pela linha de frente com esta meta.

No governo, qualquer resultado significativo é quase sempre uma medida histórica, seja nas entidades federais ou estaduais, seja nos mandatos de governadores ou prefeitos. Em geral, quando existem, são também resultados que não foram alcançados recentemente. Portanto, é improvável que os líderes saibam quais comportamentos de fato promoverão o êxito, ou então que os estão levando ao fracasso. Eles se sentem responsáveis, mas não estão certos do que será necessário fazer para mover o ponteiro.

As reuniões de MCI preenchem a lacuna entre a visão dos líderes e o trabalho da linha de frente ao reunirem todos numa mesma sala. O fluxo de dados sobre medidas de direção e compromissos semanais força os líderes a enxergarem e escutarem a linha de frente regularmente, e em contrapartida propicia à linha de frente acesso sem precedentes aos olhares e ouvidos dos líderes executivos quando se encontra numa reunião de MCI com eles.

Posso lhes assegurar: quanto maior e mais burocrática a organização, mais significativo é o efeito. Muitos líderes empresariais do setor privado ficariam surpresos ao perceber como é fácil dirigir uma grande organização do setor público sem nunca ter compreendido de fato, quanto mais se envolvido com o trabalho do dia a dia. As 4 Disciplinas levam até mesmo o líder, mais sênior, a ficar na mesma sala com a linha de frente e trabalhar.

O segundo aspecto mais impactante das 4 Disciplinas foi o que chamei meu segundo trabalho: criar um ambiente onde o trabalho certo poderia ser feito do modo certo, e pelas razões certas. Este trabalho é visto principalmente na Disciplina 2: Atue nas medidas de direção. Esta disciplina se tornou o adesivo que conectou a linha de frente à MCI global que precisávamos alcançar, assim como aos líderes da equipe. Não foi difícil fazer a linha de frente ver a importância do seu trabalho no dia a dia: eles sabiam o quanto ele fazia a diferença. O difícil foi convencê-los de que os líderes tinham a mesma perspectiva e o mesmo entendimento.

Numa agência de serviços humanos, onde a ameaça de morte e danos sérios está sempre presente, é difícil para os trabalhadores de frente confiarem em seus líderes que permanecem a distância. A pergunta não articulada é sempre: 'Quem será jogado debaixo do ônibus se alguma coisa der errado?' A construção da confiança é parte primordial para a condução bem-sucedida das 4 Disciplinas.

O melhor meio de os líderes construírem tal confiança é colocando-os no meio do trabalho. A cada semana, os líderes se responsabilizam por assumirem compromissos que ajudam a equipe, por relatarem resultados dos esforços da equipe aos líderes seniores e por liberarem o caminho para a sua equipe. É isso que chamo colocar os líderes no meio do trabalho.

No caso dos líderes da minha equipe, isso se transformou em três exigências absolutas:

- **Como líderes das 4 Disciplinas, temos de perseverar nas nossas MCIs.** As equipes da linha de frente adoram líderes 'pé no chão', particularmente quando as apostas são altas, e nada abala a confiança da equipe, como mudar as regras no meio do jogo.
- **Como líderes das 4 Disciplinas, precisamos dar à linha de frente o que precisam.** Significa jogar com o time que já está em campo. Rapidamente aprendemos que uma equipe com alto padrão de funcionamento cuidará dos colegas refratários. Enquanto os que mostram baixo desempenho e que resistem à mudança inicialmente retardarão os esforços da equipe, isso não durará muito. Nas 4DX, não há lugar para se esconder porque a responsabilização pelos resultados é altamente visível. Isso também leva a uma atenuação da burocracia quando ela se interpõe à realização do trabalho pela linha de frente. Com frequência, significa travar batalhas políticas para mudança de uma política, remoção a restrições, confronto de problemas ou até mesmo angariar mais fundos. As equipes não se interessam nem respeitam um líder que não consegue liberar caminho para elas.
- **Como líderes das 4 Disciplinas, precisamos enviar nossas próprias mensagens.** Na nossa equipe, isso significava que a primeira pessoa a falar sobre morte e danos sérios tinha que ser eu. Se eu queria que as equipes fizessem algo diferente, então eu tinha

de começar dizendo que era seguro mudar nossas práticas, e até mesmo operar fora dos limites da política existente, se isso reduzisse o número de incidentes que levam à morte ou danos sérios.

Como você já sabe com base no caso de abertura deste livro, no final das contas fomos bem-sucedidos superando nossa meta crucialmente importante: reduzir a repetição de casos de maus-tratos a crianças em formidáveis 60%. A partir dessa experiência, finalizo com os pontos mais importantes que aprendi: pontos que ajudarão qualquer líder a implementar as 4 Disciplinas:

- **Insira a linguagem das 4 Disciplinas na sua cultura.** Um dos modos mais fáceis para as pessoas se descartarem da responsabilização é dizendo que já estão fazendo coisas iguais às 4 Disciplinas, pois são específicas e precisas, e a menos que você implemente todas elas, não verá o benefício real. O mais importante é saber que, no momento em que o líder sênior deixa de falar das 4 Disciplinas, toda a organização deixa imediatamente de acreditar que ela é coisa séria.
- **Assegure-se de que os seus líderes abram caminho.** Você deve imediatamente procurar o problema na execução se começar a não ouvir compromissos sobre remoção de obstáculos que surgem da linha de frente durante todo o processo. Lembre-se sempre: medidas de direção que não evoluem na linha de frente significam MCIs que não evoluem em prol da organização.
- **Comunique-se aberta e frequentemente com a linha de frente.** Todo membro da sua equipe precisa ver e ouvir o seu comprometimento com as 4 Disciplinas e com o alcance da MCI global. Eu enviava *e-mails* semanais e com alguma frequência diários diretamente do meu *inbox* para a linha de frente, sem quaisquer níveis de liderança intermediária filtrando minhas mensagens.
- **Assegure-se de que as pessoas saibam que o trabalho da linha de frente é o mais importante.** A sua equipe precisa saber que a MCI *tem de* ser alcançada. A liderança é importante, mas ao mesmo tempo eles precisam saber que você sabe que o trabalho deles na linha de frente é que produz os resultados financeiros da empresa. Não permita que as 4 Disciplinas

se foquem em você. Deixe claro que até mesmo se você partir, as 4 Disciplinas darão a eles a competência para vencer.

- **Concentre-se no aumento do desempenho dos seus líderes de nível B àquele dos colaboradores de melhor desempenho.** O único modo mais poderoso de fazer isso é realizar as reuniões de MCI consistente e fielmente. Use essa disciplina para mostrar a eles como as 4 Disciplinas acentuam suas lideranças e como o sucesso da equipe provém deles. Líderes de nível médio, particularmente em grandes organizações burocráticas, em geral não estão acostumados a liderar equipes vencedoras. Com frequência, a função deles é distribuir e monitorar políticas estabelecidas pelos outros, quer funcionem ou não, e gerenciar a organização em períodos de transição tanto acima como abaixo na cadeia de comando. Eles precisam das 4 Disciplinas.
- **Esteja pronto para manter a régua de liderança elevada.** No começo, algumas pessoas vão criticar as 4 Disciplinas por se basearem nos números e não nas pessoas envolvidas. Quando isto acontecer, você precisará se manter firme sobre o motivo de os números serem importantes. Isso aplica-se especialmente ao setor de serviços humanos, no qual os números se referem sempre a pessoas vulneráveis e a ajudá-los a ter uma vida melhor e mais segura, mas o princípio é verdadeiro em todos os outros casos. Como líder sênior, você deverá estar disposto a ficar atrás do foco concentrado no desempenho que as 4 Disciplinas trazem para o seu trabalho, quer este seja ajudar crianças ou produzir qualquer coisa.

Quando fui apresentada às 4 Disciplinas da Execução, estava enfrentando o maior de todos os desafios da minha carreira. Meus 20 mil empregados estavam completamente desmoralizados, estávamos sob constante escrutínio da mídia por causa de mortes e acidentes envolvendo crianças, e eu era o sexto líder em cinco anos.

Por causa dessas poderosas disciplinas e do trabalho pesado e da dedicação de todas as pessoas que dedicaram a vida a essa missão, sabíamos que as crianças sob nossos cuidados estavam mais seguras e mais protegidas. Não poderíamos ter desejado um resultado melhor ou mais significativo.

MARCELO TABACCHI E A FABER-CASTELL

Marcelo Tabacchi é presidente da Faber-Castell no Brasil, a principal subsidiária do grupo Faber-Castell no mundo, com mais de 2.700 colaboradores, formada por uma unidade de produção em São Carlos, no interior de São Paulo, uma unidade de produção de mudas e operações florestais com industrialização da madeira em Prata, Minas Gerais, uma unidade de fabricação de produtos plásticos em Manaus, Amazonas e uma área de plantio e de preservação permanente em Morretes, Paraná.

A equipe de Marcelo Tabacchi tem uma experiência de implantação das 4DX como um grande processo de certificação de gestores por mais de um ano. Seguem os destaques e *insights* de Marcelo sobre sua experiência.

Nós da Faber-Castell tivemos nosso primeiro contato com as 4 Disciplinas em meados de 2008. Nosso grande desafio na época estava em executar nossa estratégia, e passamos a usar esta metodologia como um meio de ajudar nossa organização a ter foco, traduzir este foco em ações das equipes e criar uma prestação de contas em todos os níveis da organização.

Aplicamos o então treinamento das 4 Disciplinas para todos os gestores da Faber-Castell e passamos a usar essa metodologia de modo sistêmico em todas as nossas unidades. Todos os gestores produziram suas MCIs, medidas de direção e placares envolventes, e iniciaram suas reuniões semanais de prestação de contas.

Ao longo de três anos de uso desta metodologia, notamos que o uso lentamente passou de sistêmico para um uso restrito a um grupo bem menor de líderes, que mesmo com as urgências do dia a dia mantinham sua cadência semanal com suas equipes. As demais equipes lentamente deixaram de usar a metodologia das 4 Disciplinas. As MCIs continuavam sendo definidas, o que tornou-se parte da cultura da Faber-Castell. Contudo, a cadência semanal foi substituída por reuniões que tratavam de assuntos absolutamente necessários para manter o negócio em funcionamento, mas sem necessariamente tratar das MCIs. Estas ficaram restritas a um alvo que não era disciplinadamente endereçado em todos os níveis da organização.

Em janeiro de 2012 demos início à segunda onda das 4 Disciplinas da Execução na Faber-Castell não como um treinamento, mas como um grande processo de certificação de gestores e transferência de *know-how*. Esse processo teve início com a definição de nossa MCI da Faber-Castell em sessões de trabalho que envolveram os campeões do processo na Faber-Castell e os consultores da FranklinCovey. Nossa estratégia de cinco anos foi usada como base para definição do foco de toda a organização no Brasil para os 12 meses seguintes.

Como passo seguinte, os gestores de todas as nossas unidades foram certificados nas 4 Disciplinas, porém sob uma abordagem distinta para implantação. Como parte do processo, os gestores saíram com um conjunto de ações para lançamento e adoção das 4 Disciplinas com datas específicas para lançamento das reuniões de MCI, com monitoramento semanal dos chamados *coaches* que, sob orientação de consultores da FranklinCovey asseguravam semanalmente que as 4 Disciplinas haviam sido adotadas nos detalhes em cada equipe. Nesta abordagem das 4 Disciplinas como processo, ficou claro o papel exercido por cada líder nas reuniões de MCI, desde minha reunião com meus reportes diretos até as reuniões de chão de fábrica e linhas de frente de toda a Faber-Castell.

Essa etapa do processo pode parecer simples, porém levou 16 semanas para que houvesse uma consistente adoção dos quatro pontos da metodologia de maneira sistêmica. A criação de compromissos no meio das urgências diárias do nosso redemoinho, realizando as reuniões de MCI, foi absolutamente crítica para que pudéssemos falar dos resultados nas medidas de direção e consequentemente nas MCIs de cada equipe.

Após um ano de uso das 4 Disciplinas como um grande processo, identificamos que todos os departamentos consistentemente sabem agora qual a sua meta, e o que cada um na equipe realiza semanalmente para contribuir para sua meta. Houve significativo aumento no nível de satisfação das áreas produtivas, onde o fato de todos se comprometerem a realizar criou um ambiente de pertencimento às equipes para cada membro. As bússolas de trabalho que na primeira onda das 4 Disciplinas foi implementada em papel agora foi substituída por bússolas em formato digital no sistema my4dx, que permitiu maior consistência e visibilidade dos compromissos semanais criados em todos os níveis da organização. Com esta ferramenta, pudemos medir a cada reunião de MCI de diretoria como estava a adoção da metodologia em todos os níveis para todas as unidades. Nossa reunião de MCI de diretoria passou a conter compromissos para assegurar a cada semana onde cada diretor atuaria, com uma a duas coisas mais importantes que teriam o maior impacto para mover os placares. Os placares feitos pelas equipes provaram ser o elo emocional entre cada membro e a MCI da equipe. Placares criados pelas equipes tiveram um efeito muito forte em engajamento. E o alcance das metas passou de ser apenas um resultado histórico para uma forte responsabilização semanal.

Agora estamos entrando no segundo ano de uso da metodologia como um grande processo. Aprendemos que a definição das MCIs deve ser feito com um grande painel de ratificação de todos os gestores em todos os níveis em um único momento. As MCIs podem ser discutidas abertamente, permitindo uma madura discussão e debate sobre a linha de chegada de cada área para contribuição da MCI da Faber-Castell. O conceito de foco não somente por sabermos o que é importante, mas pelo fato de que cada líder tem uma reunião de 20 minutos para assumir compromissos faz parte da cultura de trabalho de toda a empresa. Há novos desafios para o segundo ano, como melhorar as escolhas das MCIs, ajustar as medidas de direção de maneira proativa para que possamos garantir que nossas melhores apostas em novos comportamentos movam consistentemente a meta de cada equipe.

Mas aprendemos que a prestação de contas semanais, em torno de um placar construído por cada equipe, cria senso de disciplina e de realização no meio do redemoinho que só percebemos após a adoção consistente. Temos agora um grande sistema de operação e execução da estratégia, que permite a todos os níveis da organização criar um plano de ação a cada semana. E o plano de ação não é criado pelos líderes. Eles ajudam na liberação de caminho, mas quem cria o plano de ação a cada semana é a linha de frente da organização. E não se pode pensar em executar uma estratégia sem este tipo de envolvimento que as 4 Disciplinas promoveram.

EMERSON FERRARI E O SICOOB NORTE DO PARANÁ

Emerson Ferrari é o atual presidente do Sicoob Norte do Paraná, uma cooperativa de crédito e serviços financeiros com sede na cidade de Londrina, estado do Paraná e integrante do Sistema Sicoob, que compreende uma confederação, um banco cooperativo, mais de 2 mil postos de atendimento, 18 mil funcionários e 2,4 milhões de associados em todo o Brasil.

O Sicoob Norte do Paraná encarou um grande desafio de execução. Emerson Ferrari descreve abaixo como foi sua experiência para superar este grande desafio na execução de sua estratégia no sistema cooperativo usando as 4 Disciplinas da Execução.

Tive o primeiro contato com a metodologia das 4 Disciplinas da Execução durante o MBA ministrado pela FranklinCovey. Neste módulo do MBA vi como a execução da estratégia é um imenso desafio, principalmente quando falamos de mudar nosso comportamento como líder e das equipes com as quais trabalhamos no nosso dia a dia. Vi que a tradução da falha de execução em saber qual é a meta, saber o que temos que fazer para alcançar a meta, construir placares e fazer reuniões de prestação de contas é algo lógico e, sendo muito franco, muito simples. Algo que por ser simples poderia auxiliar a cooperativa de serviços financeiros e de crédito que lidero no norte do Paraná. Chamei então a FranklinCovey para aplicar esta metodologia nesta cooperativa, para nos ajudar na execução rumo ao alcance dos resultados mais importantes para todas as equipes, tanto de negócios como de equipes administrativas.

Começamos o processo de certificação de gestores de todos os níveis da nossa cooperativa, tanto de equipes de linha de frente como das áreas de apoio nos postos de atendimento e nas agências Sicoob de nossa região. A tradução de nossa estratégia em poucas MCIs era algo tão lógico e simples que pensei: será que precisamos de um grande processo de certificação? Por que não simplesmente treinarmos todos os líderes para usarmos as 4 Disciplinas?

Os passos seguintes me mostraram claramente que um simples treinamento em sala de aula não nos ajudaria a executar no meio do nosso trabalho diário, o forte e vivo "redemoinho". Nos primeiros passos para iniciar as reuniões de MCI percebi que, sem a menor dúvida, o fato de sabermos que precisamos fazer algo semanalmente para mover o placar não significa que faremos algo. É muito difícil. Percebi muito rapidamente que uma sala de aula não resolveria a situação. Um fato que destaco com absoluta ênfase é o quanto as 4 Disciplinas ajudaram a enxergar em questão de poucas semanas o que chamamos de craques, pessoal do meio e os resistentes. Primeiro os craques, 20% 'que logo de cara pegaram o jeito da coisa' e lançaram com suas equipes as reuniões de MCI, montaram seus placares para mover seus ponteiros. E como suas equipes rapidamente fizeram algo para jogar bem o jogo da equipe. Vi claramente o pessoal do meio, os 60% que não iniciaram com o mesmo nível de desempenho dos craques. Percebi que este grande grupo da organização precisava de algo que dissesse a cada semana como corrigir detalhes do jogo, como o que fazer para que as reuniões de MCI durassem somente 20 minutos, quais compromissos realmente movem o placar, se os placares eram envolventes de verdade e assim por diante. E vi rapidamente os resistentes. Não eram equipes ou líderes ruins, sem motivação ou capacidade. Por diversas razões, não iniciavam este processo semanal e assim ficavam presos ao trabalho do redemoinho. E devo admitir que ter esta visão rapidamente foi uma grande surpresa para mim. Muitas vezes demoramos meses ou até anos para ter este nível de visão.

Logo após esta constatação, iniciei um trabalho com os *coaches* das 4 Disciplinas, gestores de equipes da cooperativa que ajudam outros gestores no correto uso da metodologia. Meu trabalho era simplesmente realizarmos uma reunião de MCI semanal para assumirmos compromissos semanais para assegurar que estávamos claramente ajudando os 80% da organização a lançar e usar com rigor a cadência semanal. O fato de sabermos que o redemoinho é a causa de falha na execução me ajudou a, junto com toda minha equipe, não perguntarmos por que não tínhamos feito algo. O principal ponto que aprendemos é que além do que fazemos para manter as portas abertas, escolhemos o que faremos para mover o placar. E nossas escolhas devem apontar para algo novo, não algo que já fazemos.

Adotei a prática semanal de acompanhar reuniões de MCI de outras equipes, em participar como ouvinte para entender como estava o processo, e como poderíamos melhorar o jogo semanalmente. Placares que não estavam prontos, reuniões que duravam mais de 20 minutos e compromissos que carregavam uma justificativa por não termos executado são um dos exemplos do que eu observava. E ficou claro que a energia que as equipes adquiriam quando começavam a mover seus placares era algo que só pode acontecer com a prática. Palavras não substituem esta prática.

Nos primeiros seis meses de uso da metodologia, asseguramos que toda a organização do Sicoob no Norte do Paraná estava utilizando-a de maneira simples e direta. Daí surgiu o segundo grande desafio: verificar se as medidas de direção eram boas escolhas para mover as MCIs. Tivemos que fazer ajustes nas medidas de direção que inicialmente pareciam boas apostas, mas somente depois da prática semanal de compromissos vimos que algumas apostas precisavam ser revistas, ajustadas ou mesmo modificadas.

Ao final dos primeiros seis meses, com um uso disseminado e com ajustes nas medidas de direção os líderes perceberam que tinham em mãos um mecanismo para ajudar as equipes a criar novos comportamentos. Uma nova estratégia, com um ou mais novos comportamentos, e um formato para traduzir os novos comportamentos em novos hábitos.

Ao entrarmos no segundo semestre de uso das 4 Disciplinas notamos que aceleramos todo o nosso aprendizado tanto nas equipes de linha de frente como nos líderes. O alcance de uma MCI que precisava no primeiro momento de uma grande energia para executar passou a ser muito abreviado em termos de tempo. Estamos percebendo que os ponteiros estão se movendo mais rápido. As apostas estão sendo escolhidas com mais critério, mais discussão e mais envolvimento das equipes de linha de frente. O que demoraríamos meses para evoluir nas medidas históricas estamos conseguindo em poucas semanas. Parece que há uma velocidade de "contaminação" acelerada à medida que usamos corretamente as 4 Disciplinas. Os resultados estão vindo. E estão vindo mais rápido, com engajamento das equipes, que tem uma imensa alegria em ver que seus placares, seus personagens escolhidos para preencher cada placar, estão se movendo à medida que as escolhas dos compromissos são melhores. A equipe está aprendendo, muito rápido, a jogar melhor o jogo. E as MCIs estão no caminho certo.

Focando a organização no crucialmente importante

(ESCRITO EM COAUTORIA COM SCOTT THELE)

Você pode ver, a partir destas quatro histórias, que cada líder enfrentou o desafio de focar as mentes e os corações de literalmente milhares de pessoas em um conjunto de metas crucialmente importantes.

Ao criarem foco, suas organizações realizaram coisas verdadeiramente extraordinárias.

Na Seção 1, apresentamos quatro regras para ajudar você a estreitar o foco de toda a empresa:

REGRAS DA DISCIPLINA 1

1. Não mais do que **1 a 3 MCIs por pessoa** ao **mesmo tempo.**
2. Os **jogos** têm de vencer **a copa do mundo.**
3. Você pode **vetar, mas não pode ditar.**
4. Uma MCI precisa ter uma **linha de chegada (*de X para Y até quando*).**

Mesmo que estas regras possam parecer diretas, até mesmo simples, segui-las exige enorme comprometimento e disciplina. Criar foco nunca é simples em qualquer organização. Só parece simples depois de realizado. Contudo, os resultados compensam o esforço. Na verdade, toda implementação bem-sucedida das 4DX começa quando os líderes assumem o difícil desafio de restringirem o foco da organização.

Neste capítulo, ampliaremos essas quatro regras e mostraremos, passo a passo, como traduzir a complexa agenda estratégica da organização em um conjunto de MCIs claras e bem definidas, com linhas de chegada nitidamente demarcadas. Por meio de exemplos reais, mostraremos também como traduzir estas MCIs até a linha de frente. O resultado: clareza em todos os níveis da organização e resultados fantásticos ao final do processo.

A TRADUÇÃO DA ESTRATÉGIA ORGANIZACIONAL EM MCIs: O CASO DE OPRYLAND

Quando nos reunimos com os líderes do Opryland Hotel em Nashville, estado do Tennessee pela primeira vez, o maior hotel para convenções dos Estados Unidos fora de Las Vegas, havia dezenas de prioridades urgentes, dentre elas:

- Apresentar novos programas de marketing e publicidade.
- Planejar uma expansão de 37 mil metros quadrados na sua propriedade com 2 mil quartos.
- Lançarem diversas iniciativas concebidas para melhorar a taxa de ocupação.
- Controlar despesas para melhorar o resultado financeiro.
- Engajarem-se em múltiplos programas novos para melhoria da satisfação de seus hóspedes.
- Renovar seus serviços para convenções.
- Identificar modos de ajudar seus hóspedes a circularem mais facilmente pelos 227 mil metros quadrados da propriedade.

Como a maioria dos líderes, tinham muitas coisas em mãos. Provavelmente você tem sua própria lista, e não importa com que frequência tenta simplificá-la. Essa lista estonteante de prioridades parece esmagadora. Queremos que você saiba que não está sozinho.

À medida que a equipe executiva do Opryland começou o processo das 4DX, a primeira etapa vital foi concentrar todo o hotel no que era crucialmente importante. Isso nunca acontece automaticamente, muito menos em grandes organizações. Um trabalho tem de ser feito, e este trabalho começa com a resposta à pergunta: "Se todas as outras áreas de nossa operação permanecessem no atual nível de desempenho, qual delas gostaríamos mais de melhorar?" Lembre-se de evitar a pergunta: "Qual a nossa prioridade mais importante?" Esse questionamento só levará a um debate interminável.

À proporção que cada membro da equipe executiva expressava suas ideias sobre a área que mais queriam melhorar, a satisfação dos hóspedes subiu para o topo da lista como a mais impactante. A principal razão disso é que a satisfação do hóspede literalmente impactava todos os outros aspectos do negócio, desde a receita até a participação no mercado. Além disso, era também um foco para o qual cada empregado do hotel poderia colaborar.

Quando o foco se tornou mais nítido, Arthur Keith, o gerente geral, recomendou melhoria na satisfação dos hóspedes como a MCI de mais alto nível do hotel. Seu papel nesse ponto do processo foi importante e oportuno. Os líderes devem estar abertos para escutarem e explorarem alternativas, mas também precisam entrar no momento certo para ajudar a equipe a alcançar uma decisão. O líder deve estar pronto a jogar em ambas as posições, primariamente participando da discussão, mas também pronto a defender um ponto de vista.

Ao selecionar uma MCI de alto nível para toda uma organização parece sempre que estamos comprando um novo par de sapatos. Você precisa andar com eles por instantes antes de decidir se estão bons. Não force a equipe a decidir muito rápido sobre uma MCI. Em vez disso, selecione a MCI que pareça correta e deixe os líderes experimentarem um pouco enquanto desenvolvem MCIs de apoio que assegurarão a sua realização. Eles terão sempre a oportunidade de selecionar uma MCI diferente para aplicação em toda a empresa se aquela não se mostrar adequada.

Uma MCI de alto nível é um sério compromisso organizacional. Assim, as equipes de liderança frequentemente se acham mais do que hesitantes ao fazerem uma escolha. É por isso que tantas organizações raramente conseguem um foco verdadeiro. Ao dar a sua equipe a liberdade de escolher e reconsiderar suas escolhas, você os libera para dar esse passo.

Antes de passarmos para a próxima etapa do processo do Opryland, vamos ver de onde surgem as MCIs organizacionais.

TRÊS FONTES DE MCIs ORGANIZACIONAIS

Notamos que quase toda equipe de liderança, independentemente do setor, do tamanho ou da geografia, escolhe a MCI de mais alto nível numa das três áreas: financeira, operacional ou de satisfação do cliente.

MCIs Financeiras são avaliadas em reais, quer sejam receitas de faturamento, lucro final ou algum indicador-chave intermediário. Surpreendentemente, menos de um terço dos nossos clientes escolhem uma MCI financeira como sua prioridade máxima, muito embora os resultados financeiros estejam quase sempre entre as prioridades mais altas.

As *MCIs operacionais* focam produção, qualidade, eficiência ou economias de escala. Inicialmente, a maioria das equipes de liderança se concentra aqui. Estas MCIs geralmente destacam indicadores operacionais importantes, tais como volume de produção, melhorias na qualidade, aumento da participação no mercado ou expansão em novas áreas.

As *MCIs de satisfação do cliente* dão ênfase ao preenchimento da lacuna entre o nível atual de desempenho e o nível que representa a excelência, quer sejam em relação aos clientes de um negócio, pacientes num hospital ou hóspedes num hotel. Ao contrário das MCIs financeiras e operacionais, esses indicadores dependem da percepção do cliente.

DA MISSÃO PARA A MCI

A MCI de nível mais alto na sua organização não é a sua declaração de missão. Também não é a sua visão, e geralmente também não representa toda a sua estratégia organizacional. A sua MCI de nível mais alto é um ponto de laser focal, ao qual você dedicará uma quantidade desproporcional de energia por demandar alteração no comportamento humano.

Esse diagrama o ajudará a ver a sua MCI no contexto da organização como um todo.

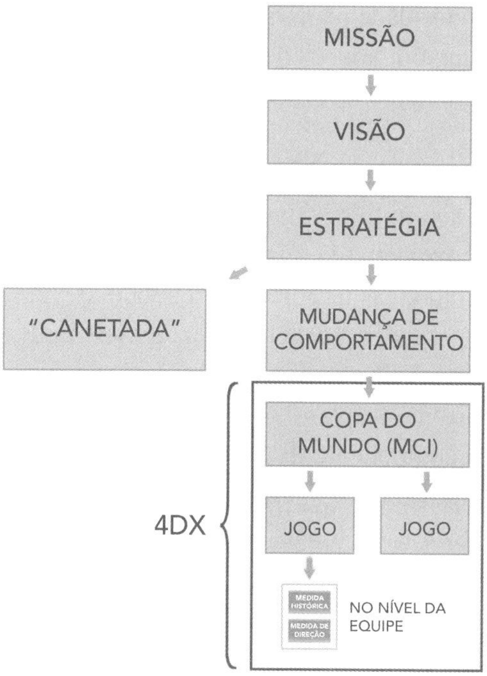

Se a sua organização for como a maioria, você tem uma missão definida ou declaração de propósito que esclarece *por que* ela existe. Uma vez que a missão tenha sido definida, muitos líderes articulam *como* será o sucesso num determinado momento, em geral cinco ou mais anos no futuro. Esta é a sua visão. Tanto a sua missão como a sua visão são *aspiração*, o que significa que são declarações ou ideias do que você quer que a sua organização se torne. Em seguida, você cria uma estratégia para mapear *como* a sua visão se tornará realidade. Acreditamos que, usualmente, há três componentes que levem a uma estratégia eficaz.

O primeiro componente é o que chamamos *canetada*. São iniciativas que se você tiver dinheiro e autoridade pode fazê-las acontecer apenas decidindo implementá-las. Em geral têm importância crítica, como foi o caso das iniciativas que já estavam em andamento no Opryland quando começaram o processo das 4DX.

O segundo componente é o redemoinho, que inclui tudo que os líderes devem gerenciar para se sentirem confiantes de que o dia de trabalho de suas equipes ocorreu eficazmente. Enquanto os líderes usam as 4DX para executar prioridades estratégicas importantes, também devem permanecer focados em dirigir as operações essenciais com eficiência. Esses elementos do negócio podem ser monitorados por meio de ferramentas como o *Balanced Scorecard* de Norton e Kaplan.

Isso nos leva ao terceiro componente da estratégia: iniciativas que demandam mudança no comportamento das pessoas para que ocorra uma implementação bem-sucedida. Este é, de longe, o maior desafio em qualquer estratégia e é o alvo primário das 4DX.

As 4DX se aplicam à MCI, aos principais jogos e às medidas históricas e de direção. Esta visão holística do seu mapa estratégico é útil porque mostra cada um dos seus imperativos estratégicos no seu devido lugar. Além disso, também reforça a importância crítica do redemoinho. Todavia, o mais importante é que o mapa o alerta contra o ofuscamento da importante fronteira em torno do território das 4DX. À medida que você começa a constatar a eficácia das 4DX na produção de resultados, ficará tentado a trazer mais e mais iniciativas para dentro dessa fronteira, e se o fizer, perderá o foco restrito que é a chave para a eficácia das 4DX.

Android – Barcode Scanner
iPhone – Red Laser

LINK: http://www.4dxbook.com/qr/StrategyMap

Escaneie a imagem acima para assistir ao vídeo que dá uma descrição mais detalhada do Mapa Estratégico.

TRADUÇÃO DA ESTRATÉGIA AMPLA PARA LINHAS DE CHEGADA ESPECÍFICAS

Tendo os líderes de Opryland escolhido a satisfação do cliente como a MCI de nível mais elevado, precisavam estabelecer a meta final que definiria o sucesso.

O sistema de avaliação da satisfação do cliente em Opryland monitorava apenas índices perfeitos, denominados pontuações *top box* de cinco numa escala de um a cinco. Este era um padrão muito exigente, muito além dos indicadores normais de satisfação do hóspede. Eles se perguntavam qual seria a pontuação top box mais alta que conseguiriam atingir. A pontuação top box do ano anterior foi de 42% (o que significava que 42% dos hóspedes deram a eles uma classificação de perfeição), enquanto o registro mais alto anterior foi de 45%. Após muitos debates, decidiram estabelecer uma medida histórica de 55%.

Tendo estabelecido a MCI de nível elevado, que algumas vezes chamamos *copa do mundo*, os líderes de Opryland estavam prontos para passarem para as MCIs de nível mais baixo que garantiriam a vitória, o que anteriormente denominamos *jogos*.

Estabelecida a *copa do mundo*, a definição dos jogos se torna a responsabilidade-chave do líder. A metáfora de copas do mundo e jogos é util por diversas razões: primeiro, porque idealmente, você só deve jogar um jogo de cada vez. Segundo, porque todas as MCIs de nível mais baixo (jogos) devem estar voltados para vencer a copa do mundo, ao invés de alcançar qualquer outra meta, afinal de contas, a única razão de se jogar é vencer a copa do mundo. Em terceiro lugar, você isola aquelas MCIs que são essenciais para o sucesso. Os líderes devem perguntar, "Qual o menor número de jogos necessário para vencer a copa do mundo?" O nível de energia de uma equipe sempre salta para um novo nível quando começamos a trabalhar esta pergunta, um resultado que vimos claramente em Opryland.

A equipe de liderança de Opryland jamais se empenhara nesta questão. Por quê? Porque jamais haviam se forçado para restringir o foco a uma única copa do mundo. Como a maioria das equipes de liderança, estavam engajados em tantos jogos, que nunca chegaram perto da definição dos jogos, e quando tentaram identificar os jogos necessários para vencer a copa do mundo da satisfação do hóspede, descobriram tantas possibilidades que o esforço foi quase esmagador. Cada líder listou dezenas de jogos possíveis, mas então perceberam que não estavam perguntando *quantos* jogos possíveis poderiam identificar: estávamos perguntando *qual o menor número* necessário para garantir o sucesso. Esta é uma pergunta que exige pensamento estratégico real por parte da equipe de liderança.

No final, os líderes de Opryland decidiram que três jogos críticos tinham de ser vencidos para aumentarem a satisfação dos hóspedes até uma pontuação *top box* de 55: a experiência de chegada, a solução de problemas e a qualidade da comida e da bebida.

Experiência de Chegada. Este jogo foi essencial. A pesquisa mostrara que as opiniões negativas sobre um hotel formadas nos primeiros 15 a 20 minutos eram quase impossíveis de serem mudadas. Quanto mais alta a qualidade dessa experiência, melhor a impressão global sobre o hotel.

Solução de Problemas. Os líderes sabiam que independentemente dos seus esforços, as coisas podem dar errado. A melhoria da satisfação do hóspede não é uma questão de *se* um problema ocorrer, mas sim o que você faz *quando* o problema ocorre. A resposta das equipes aos problemas com os hóspedes pode arruinar toda a experiência com o hotel. Eles queriam que as equipes tivessem um padrão internacional na solução de problemas.

Qualidade de Comida e Bebida. Opryland é uma propriedade tão grande que os hóspedes se sentem menos inclinados a irem a restaurantes fora do hotel. Além disso, a maioria dos restaurantes internos são considerados de refinada culinária e preços justos. Daí resulta que as expectativas dos hóspedes com relação à alimentação são excepcionalmente altas. O atendimento a tais expectativas aumentaria significativamente os índices de satisfação do cliente.

A equipe de liderança de Opryland acreditava que se pudessem energizar todo o hotel com base nestes três jogos críticos, mudariam todo o jogo. O êxito levaria à vitória na copa do mundo, e tão logo a concretizassem provavelmente conseguiriam atingir a pontuação *top box* de 55. Este é o verdadeiro poder de uma equipe de liderança que define o menor número possível de jogos, permitir avaliar se a copa do mundo *pode ser vencida*.

No entanto, a escolha dos jogos era apenas metade do trabalho. Agora, precisavam estabelecer uma linha de chegada – *de X para Y até quando* – para cada jogo. Precisavam não apenas de uma pontuação máxima atingível para cada jogo, mas também se assegurar de que as pontuações ajudariam a vencer a copa do mundo.

Se o jogo não vencer a copa do mundo, você não terá criado uma estratégia ou jogo capazes de vencer.

Lembre-se do princípio-chave da alavancagem: a alavanca precisa se movimentar muito para que a rocha se mova um pouco.

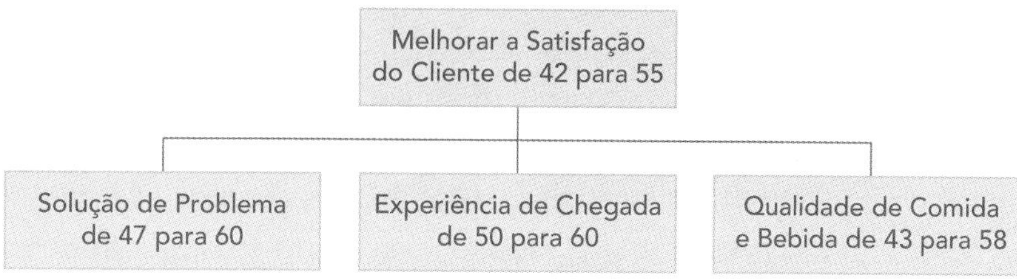

Jogos cuidadosamente definidos que venceriam a copa do mundo de Opryland para maior satisfação do cliente.

A equipe de liderança de Opryland levou um dia inteiro definindo a copa do mundo e os jogos e estabelecendo as metas para cada um deles. Quando o dia terminou, Danny Jones, o chefe da qualidade e de satisfação do hóspede, disse: "Agora que terminamos parece tão simples; algo que poderíamos ter escrito num guardanapo durante o almoço." Ele estava certo, mas também sabia que a simplicidade e a clareza do plano seriam as chaves para a sua eficácia.

Os pensamentos de Danny ecoaram no discurso de Arthur Keith, o gerente geral: "Este foi o dia mais valioso que já passamos juntos como equipe de liderança. Pela primeira vez pudemos articular, em algumas poucas frases, a direção e as apostas estratégicas do hotel como um todo."

Embora o entusiasmo da equipe de liderança de Opryland tenha sido um forte endosso, o impacto real desse trabalho foi visto nas equipes. Em Opryland, 75 diferentes equipes operacionais em todo o hotel eram agora capazes de alavancar a clareza e a direção que a equipe de liderança fornecera escolhendo suas próprias MCIs, que garantiriam a vitória em cada um dos três jogos (esse processo foi descrito na Seção 2 – "Implentação das 4DX com a sua equipe" Implementação da Disciplina 2: Atue nas medidas de direção).

Por exemplo, o jogo por uma melhor experiência de chegada estava em grande parte nas mãos da equipe da recepção, cuja MCI era melhorar a velocidade do *check-in*. Contudo, esse jogo não era para ser vencido por eles apenas. A equipe responsável pelos quartos dos hóspedes tinha uma MCI intimamente alinhada com a deles para aumentar a disponibilidade de quartos, e assim atender às necessidades de *check-in* antecipado, essencial para agilizar o processo.

A equipe que mais chamou a nossa atenção foi a dos carregadores de malas. Há anos essa equipe se esforçava para distribuir as malas mais rapidamente. Contudo, como se utilizavam de sistemas antiquados e tinham uma propriedade com 227 mil metros quadrados para cobrir, ainda estavam atingindo um tempo médio de distribuição de 106 minutos por hóspede. É isso mesmo: os hóspedes tinham de esperar 1h46 minutos por suas bagagens. Os carregadores de malas sabiam que mesmo se o quarto estivesse disponível e o *check-in* fosse feito rapidamente, o fracasso na agilidade da entrega arruinaria o índice da experiência na chegada. Eles escolheram uma MCI para reduzir o tempo de distribuição das malas de 106 minutos para 20 minutos. Após alguns poucos meses de intenso foco neste MCI, a equipe excedeu a meta reduzindo o tempo de entrega para 12 minutos.

O gráfico ilustra a arquitetura das 4DX que acabamos de descrever para a vitória do jogo "experiência de chegada" dentro do contexto da copa do mundo do hotel para obter a satisfação do cliente.

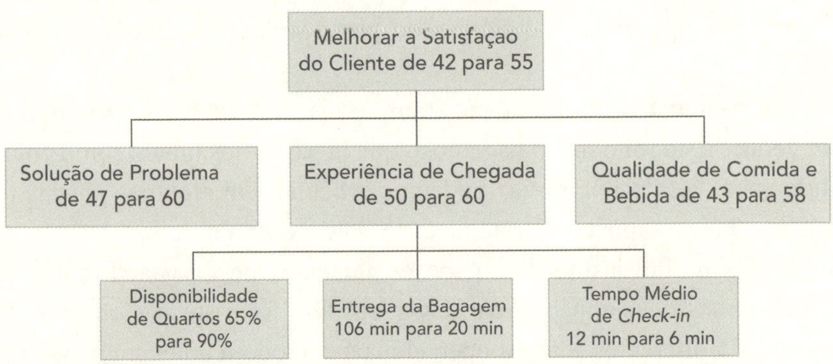

É importante lembrar que cada uma destas equipes ainda gasta a maior parte de seu tempo no redemoinho, isto é, gerenciando o hotel, atendendo os hóspedes, tomando ações face a dezenas de desafios inesperados a cada dia. Contudo, agora, o jogo mudou. Cada equipe tem sua meta crucialmente importante na qual se focam em meio as suas responsabilidades diárias, e como a MCI da equipe tinha uma linha de chegada, não apenas se responsabilizaram por ela, como quiseram conquistá-la.

Para cada MCI, cada equipe também definiu medidas de direção, criou um placar envolvente e se reuniu semanalmente para assumir compromissos que fariam os placares evoluírem, conforme descrito na Seção 2. Quando você consegue fazer com que 75 equipes trabalhem em direção à mesma meta global, você realiza algo surpreendente.

E foi isso o que aconteceu. Após nove meses, Opryland não apenas alcançou uma pontuação *top box* de satisfação dos hóspedes de 55%, mas ultrapassou sua meta e atingiu 61%. Lembre-se de que jamais haviam alcançado antes um índice superior a 45%. Já alcançaram uma melhoria líquida de quase 50% em nove meses. Embora seja a propriedade mais antiga de Gaylord, hoje Opryland está na frente de qualquer outro hotel da região em matéria de satisfação do cliente. Embora otimistas, não teríamos antecipado que esse nível de melhoria poderia ter sido realizado tão rapidamente.

Para nós, o caso de Opryland serve como um lembrete poderoso sobre o potencial e incontrolável talento que surge, até mesmo nas organizações mais bem administradas, quando se passa de uma vaga intenção estratégica para um conjunto de linhas de chegada.

Android – Barcode Scanner
iPhone – Red Laser

LINK: http://www.4dxbook.com/qr/Opryland

Escaneie a imagem acima para assistir ao vídeo sobre o estudo de caso do Opryland.

DE: VAGA INTENÇÃO ESTRATÉGICA

PARA: LINHAS DE CHEGADA ESPECÍFICAS

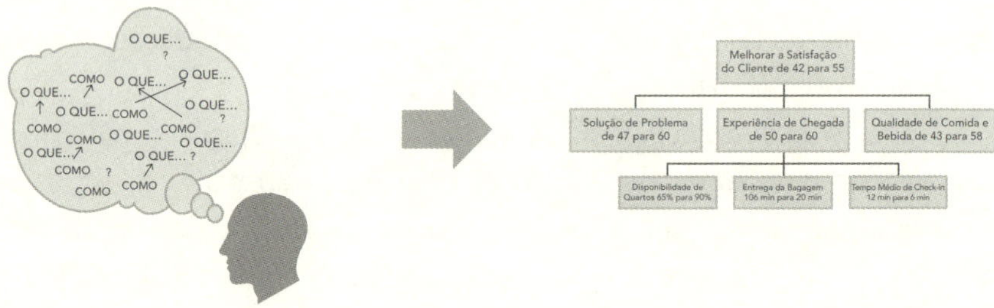

Há um número excessivo de metas organizacionais nebulosas e imprecisas que levam as pessoas a se perguntarem "o que" esperam que eu faça e "como" devo proceder. As pessoas precisam de linhas de chegada que não causem erros, de modo que saibam exatamente o que é o sucesso.

TRADUÇÃO DAS MCIs EM ORGANIZAÇÕES FUNCIONALMENTE SIMILARES

As 75 equipes de Opryland tinham diversas funções que incluíam engenheiros, arrumadeiras, recepcionistas, carregadores de malas e equipes dos restaurantes, assim como serviços de apoio de finanças, contabilidade e recursos humanos.

Outras organizações, como as cadeias varejistas, fábricas ou equipes de vendas, consistem em muitas unidades similares que realizam as mesmas funções. Os mesmos princípios das 4DX se aplicam a elas. Contudo, em organizações com múltiplas unidades, as MCIs são traduzidas para a linha de frente de forma bastante diferente como veremos.

Considere a nossa experiência de implementação das 4DX com um grande varejista que possui centenas de lojas. Assim como em Opryland, a MCI global também estava focada na melhoria da experiência dos clientes, mas tratava-se de aumentar a LTR (Likelihood to Recommend – Probabilidade de Recomendar), um índice de lealdade do consumidor concebido pelo estrategista Fred Reichheld. A pesquisa que fizeram mostrara uma forte correlação entre a lucratividade de suas lojas e a probabilidade de as pessoas a recomendarem para seus amigos. Com o estabelecimento desta MCI, a equipe de liderança passou um dia de muito trabalho definindo o número mínimo de jogos para vencerem a copa do mundo e finalmente isolaram os três que eram mais críticos:

- **Melhorar o engajamento com cliente** era o curso essencial para aumentar a intenção de recomendar a loja. Esse jogo focava primariamente se seus colaboradores estavam prontos e ansiosos para ajudar os clientes a encontrar o que precisavam assim que entravam na loja.
- **Reduzir as faltas no estoque** era também um fator crítico. Se o cliente queria um produto que já estava esgotado, não só perdiam a venda, como haveria menor chance de ele recomendar a loja para outras pessoas.
- **Agilizar o *check-out*** poderia fazer uma enorme diferença. No mundo frenético do varejo, a liberação dos clientes exerce uma influência desproporcional. Se a última coisa que os clientes lembram sobre a loja é um fechamento de conta frustrante, isto influenciará a percepção de toda a experiência de compra.

Talvez você pense que os jogos escolhidos eram óbvios, mas assim como no caso de Opryland, a equipe de liderança, com membros que passaram muitas décadas nesse setor, avaliou dezenas de possíveis jogos antes de definirem esses três. Na verdade, extraíram simplicidade de uma complexidade enorme. Consumiu tempo, imensa energia e certa luta antes de chegarem a este simples mas poderoso plano. (Quando iniciar esse processo, lembre-se de que quanto mais perto você está mais complexo será, e, frequentemente, mais difícil de restringir o seu foco.)

No final, essa estrutura de copa do mundo e jogo parece simples? Sim, e essa simplicidade é uma das chaves da implementação bem-sucedida. Lembre-se, o maior desafio não está no desenvolvimento do plano: está na mudança de comportamento das equipes da linha de frente que precisam executá-lo e, ao mesmo tempo, no gerenciamento das demandas do redemoinho que não cessam jamais.

Agora, vamos ver como essa organização de várias unidades apresentou a MCI para as linhas de frente. Em nome da simplicidade, descreveremos como uma região da empresa traduziu as MCIs para os distritos, e como cada distrito fez a tradução para as lojas. Embora diferentes das unidades funcionalmente diversas de Opryland, todas essas unidades realizavam as mesmas funções. Portanto, todas adotaram os mesmos MCIs e jogos. Ainda assim, tiveram flexibilidade para definir as linhas de chegada.

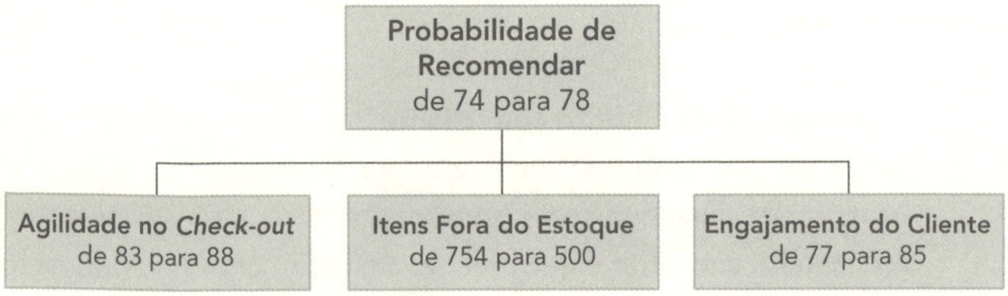

Jogos selecionados para aumentar a probabilidade de os clientes recomendarem a loja para outras pessoas

A região escolheu metas *de X para Y até quando* que eram específicas da região. Em seguida, os líderes distritais, que ajudaram a desenvolver a estrutura da copa do mundo e o jogo global, estabeleceram metas *de X para Y até quando* para representarem as metas de desempenho de cada distrito.

O líder da região não impôs as metas aos distritos. Os líderes distritais assumiram essa responsabilidade. Os líderes regionais estavam livres para solicitarem ajustes se não concordassem com os números. Essencialmente, o líder da região assegurou que os distritos definissem um jogo vitorioso para a região.

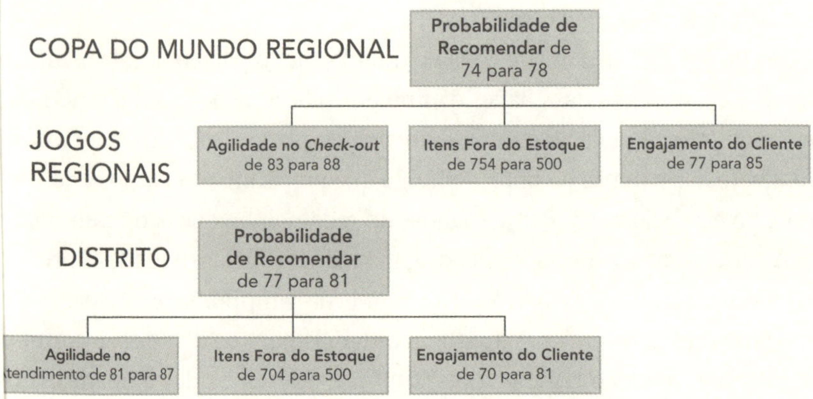

As MCIs de cada loja eram as mesmas dos MCIs distritais, mas as medidas do tipo *de X para Y até quando* eram específicas. Contudo, nesse nível houve um adaptação. Com a supervisão do líder distrital, as lojas tiveram a opção de escolher os jogos que representassem suas melhores oportunidades. Se já fossem exemplares em itens fora do estoque ou no engajamento do cliente, poderiam direcionar o foco para outro jogo. Assim, conseguiram alcançar duas coisas. Os líderes das lojas que podiam escolher seus próprios jogos naturalmente se comprometiam com eles, e também podiam focar o jogo que fosse mais importante para eles.

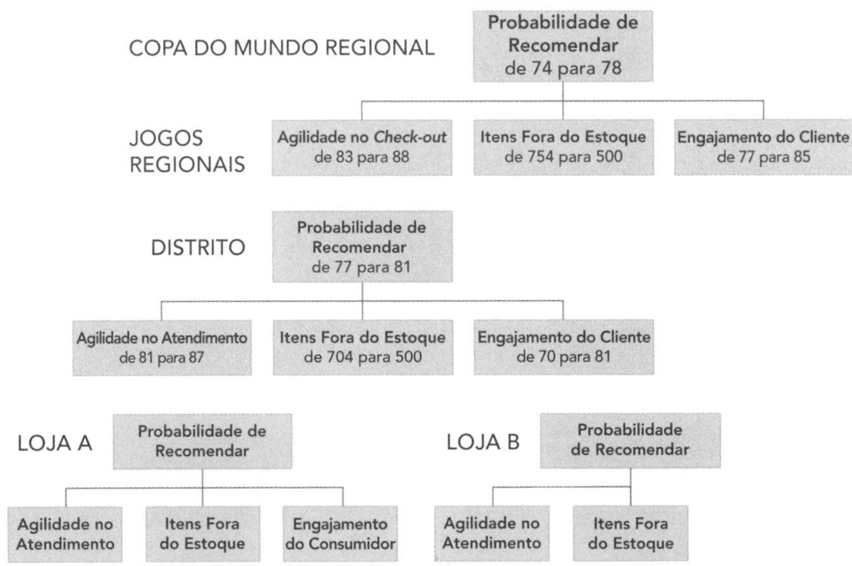

UMA ESTRATÉGIA CLARA E EXECUTÁVEL

Neste capítulo, descrevemos um processo intenso, mas rápido, para se atingir um resultado profundamente simples. Em Opryland, com suas diferentes equipes, e na cadeia varejista, com equipes semelhantes, MCIs de alto nível foram definidas em um dia. O resultado foi uma estratégia clara e simples, mas o mais importante: podia ser *executada*.

Lembre-se de que, para uma organização, as 4DX não são dedicadas às iniciativas que você pode resolver com uma "canetada" nem para definir todos os indicadores de monitoramento para o bem-estar cotidiano da operação – o redemoinho. Elas se destinam à alavancagem de mudanças de comportamento que precisam acontecer. Considerando-se que tão poucos líderes e organizações têm esse tipo de disciplina, sua capacidade de dirigir o foco de toda a organização para o que é *crucialmente importante* pode se tornar sua maior vantagem competitiva.

Implementação das 4DX em toda a organização

O capítulo que você está prestes a ler foi o mais desafiador para redigirmos. Nossa intenção era descrever um método comprovado de implementação das 4DX, não apenas com a sua equipe, mas também com múltiplas equipes em uma grande organização. Passamos vários anos desenvolvendo este método.

Nos nossos primeiros três anos de trabalho implementando as 4DX com os nossos clientes, conseguimos refinar as disciplinas até o ponto em que sabíamos que estavam corretas, não apenas em princípio, mas também na prática, para produzirem resultados relevantes. Porém, a implementação das 4DX por toda uma empresa nos fez coçar a cabeça.

Desde o começo, nossos clientes abraçaram os conceitos rapidamente, e em quase todas as implementações vimos bolsões de sucesso que chamamos de *fogueiras*. Um grupo de engenheiros aeroespaciais, uma loja varejista individual aqui e ali, uma equipe de desenvolvedores de *software* e uma fábrica foram alguns dos bolsões de excelência que encontramos e que quase sempre tinham líderes que capturaram a visão do que as 4DX poderiam significar para a equipe e para eles pessoalmente. Isso os levou a produzir grandes resultados. Todavia, nos escapava como replicar esse sucesso por toda uma organização de grande porte, como transformar as fogueiras em incêndios generalizados.

Sabíamos que o nosso processo de implementação precisava do mesmo nível de refinamento que aplicáramos nas disciplinas propriamente ditas, mas primeiro precisávamos entender por que não estava funcionando.

O QUE NÃO FUNCIONA?

Por mais de 30 anos, a FranklinCovey tem sido uma das organizações de treinamento mais bem-sucedidas do mundo. Dado esse legado, seria inevitável que oferecêssemos as 4 Disciplinas como uma solução de treinamento. Isto foi um erro.

Como Bernard Barch supostamente disse, **"se tudo que você tem é um martelo, tudo lhe parecerá um prego".** Treinamento conduzido por facilitadores era o que sabíamos fazer, e fazíamos bem. Nas nossas primeiras propostas, arrebatamos dezenas de líderes para fora do redemoinho por alguns dias para ensinar a eles os conceitos das 4DX, e eles validaram o treinamento como altamente relevante e engajador. Ao final de cada sessão, os líderes expressavam verdadeiro entusiasmo pelo que haviam aprendido. Contudo, se fazia necessário para nós, e para eles, aprender que abraçar um conceito não é o mesmo que aplicá-lo.

O problema é que o redemoinho está esperando por você assim que a sessão de treinamento acaba. No momento em que você é capturado pela pilha de assuntos que surgiram enquanto você estava em treinamento, a excitação e a energia que sentiu com os novos conceitos geralmente se dissipam.

É também difícil implementar novos conceitos quando as pessoas com quem você trabalha não têm o mesmo entendimento que você, especialmente se tais conceitos são contraintuitivos. Você pode se ver tentando implementar uma disciplina pela qual ninguém se sente atraído e que flui contra as tendências naturais da sua equipe.

Finalmente, mesmo embora as 4 Disciplinas sejam fáceis de entender, no final, são ainda *disciplinas,* e é necessário muito trabalho para torná-las uma parte integrante da operação e da cultura da organização.

Dr. Atul Gawande expressa esse desafio muito bem: "Disciplina é uma coisa difícil – mais difícil do que lealdade e habilidade, e talvez até mesmo do que altruísmo. Somos criaturas falhas e inconstantes por natureza. Não conseguimos ficar sem petiscar entre as refeições. Não somos criados para a disciplina. Somos criados para a novidade e a excitação, e não para atenção cuidadosa aos detalhes. Disciplina é algo em que precisamos trabalhar."[29]

Apesar das mudanças, frequentemente encontramos líderes poderosos que adotaram as 4DX e produziram resultados extraordinários. Contudo, foram apenas alguns dos líderes que treinamos. Percebemos que capacitar uma organização inteira para produzir resultados em larga escala requereria um sistema de implementação que assegurasse um incêndio generalizado de sucesso organizacional.

O QUE FUNCIONA REALMENTE?

Enquanto estudávamos os líderes e as equipes onde fôramos bem-sucedidos, começamos a desenvolver um sistema de implementação das 4 Disciplinas muito diferente. Os aspectos-chave de nossa abordagem são:

As 4 Disciplinas têm de ser implementadas como processo, e não como evento. Neste capítulo, apresentaremos seis passos diferentes para lançar as 4 Disciplinas por toda a organização. Esses seis passos se aplicam quer você esteja implementando as 4DX na sua equipe ou em um segmento mais amplo da empresa.

As 4 Disciplinas têm de ser implementadas com equipes intactas. Em vez de trabalhar com líderes isolados de diversas partes de uma organização, trabalhamos com todos os líderes necessários para alcançar a meta global crucialmente importante. Este é um ponto crítico porque a realização da sua MCI global quase sempre exige esforços combinados de múltiplas equipes. Contudo, isto não significa que você deva apresentar as 4 Disciplinas de uma só vez em toda a empresa. Nas grandes organizações, tem sido mais eficaz trabalhar com 10 ou no máximo 20 equipes de cada vez. Se a MCI global for aumentar a receita, por exemplo, podemos começar com 10 gerentes de vendas e suas equipes, ou 10 lojas varejistas, ou até mesmo 10 departamentos de uma grande operação de produção. Quando as equipes iniciais começam a ter sucesso, o interesse em outras partes da organização é estimulado e facilita a continuidade da implementação.

As 4 Disciplinas têm de ser implementadas pelo líder. Nossa maior inovação aconteceu quando reparamos que o método mais bem-sucedido de implementar as 4 Disciplinas era por meio dos líderes mais próximos da linha de frente. Em vez de delegar a um dos nossos consultores a introdução e o lançamento das disciplinas, mudamos o processo e os equipamos e certificamos os líderes para apresentar as 4DX a suas equipes. A partir deste momento, faremos referência a esse processo como *certificação do líder*.

Há diversas razões para que esta alteração tenha feito uma diferença significativa nos nossos resultados.

- Quando você está aprendendo algo que sabe que terá de ensinar, aprende verdadeiramente. Na realidade, o modo mais poderoso de aprender qualquer coisa é ensinar para os outros, um princípio que vimos em funcionamento em primeira mão em centenas de implementações.
- Quando você ensina alguma coisa, automaticamente se torna seu defensor. Quando um dos nossos consultores ensinava o processo, o líder estava nas laterais, mas a partir do momento que ele/ela levava as 4 Disciplinas para a equipe, tinha de se comprometer inteiramente. Em outras palavras, quando você está promovendo as disciplinas, você tem de estar totalmente envolvido com elas, ou então, como você sabe, não funcionarão.
- Se você promove as 4 Disciplinas, se responsabiliza por vivenciá-las. Nenhum líder confiável introduziria as disciplinas e depois as violaria conscientemente deixando consistentemente de fazer o seu acompanhamento.
- Quando você introduz as 4 Disciplinas, gera um nível diferente de resposta por parte da equipe por causa da sua credibilidade. Quando as disciplinas vêm de um consultor, de um instrutor interno ou até mesmo de um líder sênior dentro da organização, há uma tendência de a maioria das equipes esperarem para ver se é real. Usualmente, a pessoa que observam primeiro é você, o líder, e se *você* é quem está ensinando, promovendo e lançando o processo, imediatamente percebem que é real.

Quando descrevemos esse método de implementação em nossos programas, os líderes imediatamente captam os benefícios, mas alguns se preocupam com suas próprias competências para o comunicarem efetivamente e lançarem tantas mudanças. Sem dúvida, um lançamento bem-sucedido requer preparação cuidadosa, mas queremos que saiba que já vimos milhares de líderes, em todos os níveis de competência e experiência, criarem excelentes lançamentos.

ESCANEIE COM O SEU SMART PHONE

Android – Barcode Scanner
iPhone – Red Laser

LINK: http://www.4dxbook.com/qr/LCP

Escaneie a imagem acima para assistir a um breve vídeo que descreve o Processo de Certificação do Líder.

PROCESSO DE IMPLEMENTAÇÃO DAS 4DX

O processo de implementação em seis etapas que se segue não apenas leva a resultados, mas também, e o que é mais importante, à adoção de um "sistema operacional" para alcançar as suas metas empresariais mais relevantes várias vezes.

Como a maioria dos nossos clientes prefere a velocidade e a eficiência do lançamento de várias equipes simultaneamente, apresentaremos uma visão geral de como o processo de implementação funciona com dez ou mais equipes de uma só vez. Neste processo de múltiplas equipes, que usamos para certificar líderes nas 4DX, os líderes trabalham juntos por alguns dias a fim de delinearem MCIs e medidas de direção, e em seguida, compartilham os resultados com suas equipes para obter confirmação e adoção.

Etapa 1: Esclareça a MCI geral. Se você estiver liderando múltiplas equipes, isto significa determinar a sua meta global crucialmente importante. O processo específico para fazer isto está descrito na Seção 3 – "Implementação das 4DX na sua organização" – Focando a organização no crucialmente importante.

Etapa 2: Conceba as MCIs da equipe e as medidas de direção. Em geral, essa etapa leva dois dias. Os líderes aprendem detalhadamente os conceitos das 4DX por meio da análise de vídeos sobre estudos de casos e trabalhos com exemplos do mundo real, tudo programado para dar a cada líder sólido conhecimento nas 4 Disciplinas e seu modo de aplicação.

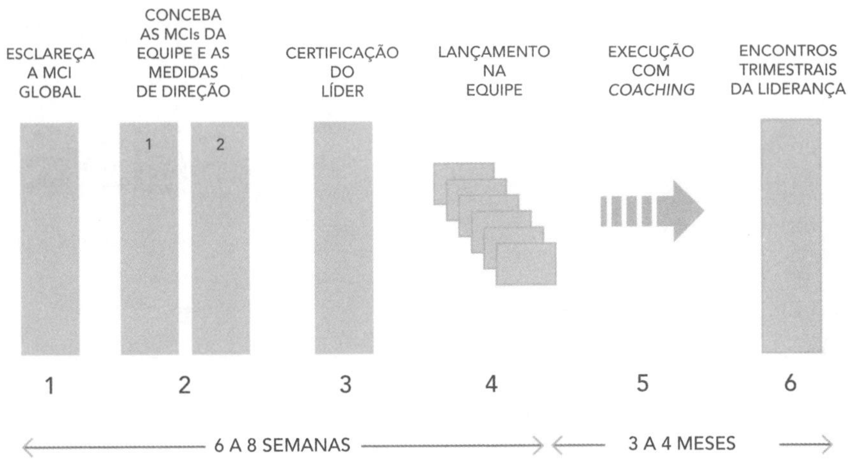

Este diagrama representa as seis etapas da implementação das 4DX, juntamente com um cronograma recomendado para o processo.

A seguir, segundo o processo descrito na Seção 2: "Implementação das 4DX com a sua equipe" – Implementação da Disciplina 1*:* Foque no crucialmente importante, cada líder escolhe um MCI para a sua equipe que representará a maior contribuição para a MCI global. Os líderes seniores desempenham um papel crítico neste ponto porque, no fim, são eles que decidem se a combinação das MCIs das equipes levarão à realização da MCI global. Os líderes seniores poderão oferecer aconselhamento ou até mesmo vetarem a MCI de uma equipe, mas não podem impor a MCI a uma equipe – apenas o líder da equipe pode escolhê-lo.

Quando as MCIs da equipe estiverem estabelecidas, os líderes atacam a parte mais desafiadora das 4DX: definir medidas de direção para as MCIs. Como vimos na Implementação da Disciplina 2, poucos líderes já fizeram esse tipo de trabalho anteriormente. Definir medidas de direção preditivas e influenciávies é uma tarefa complexa que geralmente demanda múltiplas tentativas.

Quando todas as MCIs da equipe e medidas de direção estiverem definidas, cada líder terá uma linha de visão clara da MCI global até a contribuição da sua equipe. É um poderoso e geralmente inusitado momento de clareza. Lembre-se de que a MCI da equipe e as medidas de direção não são finais até que sejam validados pela equipe durante uma sessão de lançamento, que veremos na Etapa 4. Você vai ter de enfrentar dificuldades para conseguir total comprometimento dos membros da equipe que não tiverem oportunidade de contribuir. Lembre-se: "Sem envolvimento não há comprometimento."

Etapa 3: Certificação do líder. Nesta etapa crítica, que usualmente requer um dia inteiro, os líderes aprendem como apresentar as 4DX a suas equipes.

- **Projeto do placar.** Os líderes não somente aprendem como construir placares eficientes, mas também como facilitar o envolvimento da equipe.
- **Competências para a reunião de MCI.** Os líderes aprendem competências-chave antes de fazerem uma primeira reunião de MCI, especialmente como tornar os membros da equipe responsáveis perante seus parceiros. Alguns líderes sentem muita dificuldade nas suas primeiras tentativas de reuniões de MCI reais. Assim, praticamos fazendo simulações dessas sessões com outros líderes.
- **Preparação para a reunião de lançamento.** O estágio final e mais importante da certificação do líder é a preparação para a reunião de lançamento para a equipe. O sucesso da reunião de lançamento é essencial para o sucesso da MCI.

Os líderes são preparados para passarem para suas equipes, desde o início, uma compreensão de alto nível sobre as 4DX. Eles praticam entre si usando os vídeos de treinamento, os manuais e apresentações em *slides*. Além disso, aprendem a comunicar claramente a MCI global e também a MCI tentativa da equipe e suas medidas de direção, e em seguida, a facilitar o *feedback* significativo por parte da equipe e a fazer quaisquer análises necessárias.

Quando a Etapa 3 é concluída, os líderes se acham certificados para apresentar as 4DX a suas equipes. Essa certificação também marca o término das sessões de trabalho com outros líderes.

Etapa 4: Lançamento para a equipe. Os líderes agendam e conduzem uma reunião de lançamento para a equipe que em geral dura cerca de duas horas. A um panorama geral das 4DX, de aproximadamente 45 minutos, segue-se uma análise da MCI global e da MCI tentativa para a equipe e das medidas de direção. A seguir, a equipe dá o seu *feedback* e finaliza a MCI da equipe e as suas medidas.

Nesta sessão, eles também projetam o placar da equipe e assumem responsabilidade por sua realização. A reunião termina com um treino preparatório para as reuniões de MCI reais que terão início na semana seguinte. Esta sessão de treino dá ao líder a oportunidade de debater o formato e as regras básicas que entrarão em vigor quando a equipe começar a busca pela conquista da sua MCI. Especialmente no caso de equipes inexperientes ou relutantes, um bom treinamento é a participação em reuniões de MCI ou reuniões da liderança de equipes mais maduras, conforme recomendação de LeAnn Talbot, da Comcast. Os veteranos nas 4DX poderão responder perguntas sobre o processo.

Etapa 5: Execução com *coaching*. As Etapas de 1 a 4 representam a fase de lançamento da implementação das 4 Disciplinas, e embora sejam críticas, são apenas o plano para uma partida que ainda será jogada. A Etapa 5 representa o início do jogo.

Agora, os líderes e suas equipes começam o processo semanal de estimularem a evolução das medidas de direção para alcançarem a MCI da equipe, um processo que requer disciplina e responsabilização. Semana após semana, a equipe evolui e amadurece, assumindo compromissos cada vez mais impactantes e melhorando a realização das reuniões de MCI. À medida que as medidas de direção começam a evoluir, a equipe nota que seus esforços focados estão, de fato, fazendo as medidas históricas evoluírem também, e a cada avanço constatam que estão vencendo.

A experiência nos mostra que os líderes sempre precisam de cerca de três meses de orientação para estimularem novos comportamentos e se deparam com desafios inesperados. Os *coaches* das 4DX ajudam os líderes com relação à adoção do processo das disciplinas, ao sucesso das medidas de direção e à preparação para as reuniões trimestrais da liderança. Nossos experientes consultores aplicam o *coach* com os líderes ao mesmo tempo que desenvolvem *coaches* internos fortes para a organização, uma função descrita com mais detalhes nas seções que se seguem.

Etapa 6: Encontros trimestrais da liderança. A reunião da liderança é uma reunião na qual os líderes relatam aos seus líderes seniores o progresso e os resultados na presença dos seus pares. Um trimestre geralmente é tempo suficiente para que se veja não apenas a evolução das medidas de direção, mas também o impacto delas nas medidas históricas. Quanto mais seniores forem os líderes que atenderem a primeira reunião da liderança, maior o senso de urgência para que se produzam resultados, o que é importante para tornar a MCI da equipe e suas medidas de direção um jogo de apostas altas.

Para muitos, será a primeira vez que encontrarão os líderes seniores, será a primeira vez que constatarão como suas ideias contribuíram para as metas da empresa, e a primeira vez a serem reconhecidos por suas contribuições. Como Alex Covington, da Nash Finch, observou, é uma experiência muito diferente de receber ordens em "placas de pedra" e ser responsabilizado por metas que você não entende.

Quando o governador da Geórgia, Sonny Perdue, compareceu à primeira reunião de líderes de cinco agências do governo estadual, prestou atenção às explicações dadas sobre as MCIs das suas equipes e seus resultados. A energia na sala era enorme, não apenas porque o governador estava presente, mas principalmente porque os líderes que faziam os seus relatos podiam ver que estavam fazendo a diferença.

Ao final da reunião, o governador Perdue se levantou para proferir uma espontânea mensagem de fechamento e falou: "Quando deixar o governo, não quero estátuas ou prédios com o meu nome. Quero que meu legado sejam os empregados deste estado." Quando se voltava para sair, deu uma instrução nítida para um membro da sua equipe: "Quero que cada líder do estado seja submetido a este processo."

Como as reuniões trimestrais de líderes combinam o poder da responsabilização com a oportunidade de reconhecimento, se transformam em força propulsora para a implementação das 4DX pelo líder – uma reunião de cúpula está sempre algumas semanas à frente.

O PODEROSO PAPEL DE UM *COACH* INTERNO

Descobrimos que a designação de um *coach* interno para as 4DX faz uma grande diferença para o sucesso da implementação. Em geral dizemos que se a realização de uma meta crucialmente importante é como dirigir um carro de Fórmula 1, o *coach* para as 4DX é o mecânico-chefe.

Como um mecânico, o *coach* para as 4DX atua sob duas perspectivas. Primeiro, ajuda nos reparos dos enguiços operacionais das 4DX. O *coach* orienta os líderes resistentes com dificuldades, que precisam de aconselhamento sobre a qualidade das medidas de direção ou no estabelecimento da cadência de responsabilidade. Além disso, o *coach* ajuda na manutenção preventiva, assegurando que as equipes abracem o processo e identifiquem precocemente indícios de que a equipe esteja se tornando uma presa do redemoinho.

Recomendamos muito que duas pessoas compartilhem esta função de modo a compensar conflitos de agenda ou *turnover* antecipado. Os *coaches* internos beneficiam a organização das seguintes formas:

- **Capacidade de resposta.** Quando se nomeia e treina pessoas para essa posição, a organização cria um recurso de conhecimento significativo e apoio imediato para os líderes das 4DX na linha de frente. Torna-se desnecessário trazer recursos de fora.
- **Independência.** Quanto mais experientes e capacitados forem os *coaches* internos, menor será a necessidade de orientação externa contínua.
- **Continuidade.** À proporção que novos líderes são contratados ou promovidos, o *coach* interno poderá desempenhar um papel importante na rápida orientação deles em relação ao processo das 4DX.

Embora o *coach* interno não seja uma posição de tempo integral, a seleção das pessoas certas para a posição é crítica. Um *coach* forte em 4DX deverá possuir sólidos conhecimentos em administração, boa capacidade de comunicação e competência para desenvolver e sustentar bons relacionamentos no trabalho. A eficácia de um *coach* ocorre mais por poder de influência do que por autoridade formal.

Com o passar dos anos, temos visto excelentes *coaches* serem recrutados em diversas áreas: operacional, gerencial, programas de liderança acelerada, garantia da qualidade e Belts em Seis Sigma e Lean Manufacturing.

Além de qualquer outra característica, dois traços são comuns aos melhores *coaches*: interesse e competência para a função. Os *coaches* muito interessados mas sem competência além das suas responsabilidades do redemoinho podem ser apaixonados pelas 4DX, mas não conseguem investir tempo e energia para assegurar o sucesso de sua implementação. Aqueles com competência, mas sem interesse, podem realmente retardar a implementação das 4DX e a realização dos resultados. Como um dos nossos clientes disse recentemente: "Se estiverem disponíveis demais, provavelmente não são assim tão bons."

A experiência nos mostra que as implementações altamente bem-sucedidas das 4DX tiveram o apoio de um *coach* eficaz. Embora a realização das suas metas crucialmente importantes demande esforços dos líderes e de suas equipes, o *coach* voltado para as 4DX é essencial para o êxito da implementação e da manutenção dos resultados excepcionais.

CUIDADO

Finalmente, esteja atento a três pontos de falha em potencial. Caso você se depare com qualquer uma dessas situações, será melhor adiar a implementação das 4DX até que tenha se resolvido.

- **Ausência de uma meta que seja realmente importante.** As 4DX são um processo poderoso para a realização das suas metas mais importantes, mas é um meio para um fim, e não o fim propriamente dito. Quanto mais importante for a MCI global, mais comprometida ficará a organização e seus líderes para alcançá-la, e como resultado mais rapidamente abraçarão as disciplinas. Sem esse foco, as disciplinas não serão tão eficazes.
- **Falta de comprometimento do líder sênior.** Se o líder sênior não estiver comprometido por inteiro com as 4DX, a organização jamais se comprometerá de modo pleno. Não estamos nos referindo necessariamente ao CEO, mas ao líder sênior responsável pela iniciativa. Não importa qual parte da organização esteja envolvida, a implementação das 4 Disciplinas exige total comprometimento. Se as 4DX forem vistas como opção para líderes que estejam interessados, a sua implementação fracassará antes de começar.
- **Certificação de líderes no nível errado.** É crítico certificar aqueles líderes que realmente sejam responsáveis pela transmissão e pela alavancagem do processo das 4DX. Você não conseguirá vencer sem eles. Se certificar líderes em níveis altos demais, o plano do jogo nunca alcançará a equipe da linha de frente que produz os resultados em função das medidas de direção. Por outro lado, se certificar líderes de nível muito baixo, frequentemente não terão a experiência necessária para criar a melhor MCI e as medidas de direção para a equipe nem a autoridade necessária para manterem a equipe responsabilizada pelos resultados.

Uma orientação útil é certificar o nível mais baixo de liderança que trabalhe em horário integral acima da linha de frente. Por exemplo, num supermercado, o gerente da padaria estaria num nível muito baixo porque os que ocupam essa posição geralmente trabalham como colaboradores individuais e não seriam considerados líderes de tempo integral. O gerente da loja, um nível acima, seria o ideal. Em contraste, o gerente de uma planta produtiva talvez esteja num nível alto demais, e os supervisores de turnos talvez sejam o nível certo.

Leve em consideração também o tempo que o líder poderá arbitrariamente dedicar às 4DX. Líderes que controlam suas próprias agendas em geral podem liderar uma MCI da equipe. É também essencial que cada membro da equipe tenha tempo suficiente para assumir, programar e cumprir os compromissos semanais.

Neste capítulo descrevemos, em linhas gerais, o processo em que temos trabalhado e as questões com as quais temos nos deparado centenas de vezes na implementação das 4DX. Tentamos oferecer o benefício de nossas tentativas e de nossos erros.

A implementação das 4 Disciplinas em 10 ou mais equipes simultaneamente, como fazemos em alguma parte do mundo quase todos os dias, envolve um certo número de considerações cuidadosas. Todavia, no final, a capacidade de focar múltiplas equipes na alavancagem consistente das medidas de direção objetivando uma meta crítica é profundamente poderosa. É a chave para a produção de resultados extraordinários e para alcançar a melhoria do desempenho e da eficiência da organização como um todo.

Perguntas mais frequentes sobre as 4DX

Aqui você encontrará respostas para as perguntas que as pessoas fazem com mais frequência sobre a implementação das 4DX. Agrupamos essas perguntas sob esses tópicos:

- Como promover adoção e comprometimento com as 4DX.
- Como manter as 4DX.
- Dicas e armadilhas relativas às 4DX.

Também respondemos perguntas sobre a aplicação das 4DX a certos tipos diferenciados de equipes (embora os tópicos discutidos devam interessar a todos os leitores).

- Equipes de produção.
- Equipes científicas e que trabalham com alta tecnologia.
- Equipes de vendas.
- Equipes governamentais e militares.

Promoção de Adoção e Comprometimento com as 4DX

Quais são os erros mais comuns cometidos pelos líderes na implementação das 4DX?

Os dois principais erros cometidos pelos líderes nesse processo são a falta de participação e a falta de paciência.

Primeiro os líderes, em geral inconscientemente, presumem que o sucesso das 4DX repousa naqueles indivíduos que passaram pela certificação gerencial. Apesar de o papel dos gerentes certificados ser importantíssimo para o sucesso da MCI e da medida de direção, o envolvimento ativo dos líderes a quem os líderes certificados se reportam é mandatório. Os líderes realizam as reuniões de MCI com seus subordinados diretos, aberta e ativamente, reconhecendo as contribuições dos gerentes certificados e dos membros de suas equipes no processo, reforçam os princípios das 4DX e liberam caminho para o sucesso da MCI e da evolução das medidas de direção.

Em segundo lugar, todos os líderes são movidos por resultados, de modo que querem resultados o mais rapidamente possível. Contudo, com frequência ignoram o fato de que o sucesso da MCI depende do desempenho consistente, contínuo, em função das medidas de direção relevantes. Se medidas de direção adequadas tiverem sido desenvolvidas, e se as equipes estiverem se desempenhando com base nessas medidas, a medida histórica associada à MCI deve evoluir, a menos que circunstâncias externas tornem a realização da MCI impossível. Todavia, isso leva tempo. Em vez de desistir do processo, o líder precisa reforçá-lo pacientemente.

Como lidar com os resistentes numa equipe?

Antes de mais nada, precisamos compreender por que eles estão resistindo. Tendo definido isso, você pode formular uma solução.

Alguns resistentes têm preocupações não articuladas sobre questões fora das 4DX. Eles apenas precisam ser ouvidos.

Com mais frequência, contudo, você encontra resistentes cujas atitudes não mudarão ao serem ouvidos. Podem ser céticos sobre mudanças, sobre novas ideias, são impetuosamente independentes ou estão convencidos de que as 4DX são uma sobrecarga burocrática excessiva em vez de um sistema operacional.

Se continuarem a resistir, você precisará solicitar apoio deles como membros de uma equipe que é maior do que eles. Em geral, começam a ver os resultados do resto da equipe e então (algumas vezes relutante e silenciosamente) se alinham com o restante.

Quais os desafios mais comuns na operação semanal das 4DX? Como você lida com eles?

Com frequência, as equipes enfrentam três desafios: desempenhar consistentemente com base nas medidas de direção, manter o placar atualizado e comparecer às reuniões de MCI com regularidade.

Primeiro, os membros da equipe precisam desconectar mentalmente as MCIs das medidas de direção, o que significa que precisam focar no desempenho consistente e bem-sucedido das medidas de direção antes de verem as medidas históricas evoluindo. É como ir para a ginástica todos os dias: você precisa exercitar a paciência antes de ver as mudanças resultantes do exercício. Se os membros da equipe são esporádicos sobre seus desempenhos em função das suas medidas, não verão o impacto sobre as medidas históricas.

Em segundo lugar, os membros da equipe podem achar que manter um placar atualizado é desnecessário e trabalhoso. A menos que o placar seja atualizado, ninguém conhece a pontuação, não podem ver se as medidas de direção estão afetando as medidas históricas. Além disso, as reuniões de MCI perdem a influência se os resultados do trabalho em equipe não ficarem visíveis.

Em terceiro lugar, quando as reuniões de MCI começam a ser adiadas ou canceladas o interesse da equipe se dissipa. Sem reuniões de MCI regulares, as pessoas perdem o foco e não se sentem mais responsáveis por seus compromissos. A reunião de MCI deve ser sagrada. Os membros da equipe devem contribuir para a qualidade da reunião assumindo compromissos que impactem as medidas de direção e o sucesso das MCIs.

Temos tantos programas na ordem do dia; como superamos nosso ceticismo e abraçamos as 4 Disciplinas?

Muitas organizações estão aflitas com os novos programas que estão em foco num dia e são esquecidos no dia seguinte. Assim, os líderes que procuram a próxima varinha de condão acabam levando ceticismo para o ambiente de trabalho. Como Stephen Covey gostava de dizer: "As palavras não serão suficientes para tirar você de uma situação na qual seu próprio comportamento o colocou!" Então, ao implementar as 4DX num ambiente cético e descrente, comece devagar, com apenas uma meta crucialmente importante que de fato fará a diferença na vida das pessoas, isto é, para os empregados e para a qualidade da vida profissional deles.

Depois de estabelecer apenas uma meta ambiciosa e crítica, seja altamente diligente na criação de placares e em suas atualizações consistentes, e realize as reuniões de MCI semanais para provar à equipe que, juntos, podem alcançar um nível de sucesso jamais alcançado antes.

Esforce-se pela consistência do processo e por uma vitória rápida. Assim que a equipe constatar que pode obter melhores resultados a partir das 4DX, você poder ter êxito em metas ainda mais ambiciosas para o futuro.

As 4DX precisam começar pelo topo da organização?

Não, na verdade, não precisam. É muito comum as 4DX começarem pelo meio. Há algumas vantagens óbvias se o CEO estiver envolvido desde o início, mas muitos líderes seniores ou até mesmo gerentes de pequenas equipes lançaram o processo com sucesso. Pode ser iniciado confortavelmente em qualquer nível e se desenvolver.

Embora o ideal fosse que todos os membros de uma organização se alinhassem com as 4DX para alavancar resultados, isso não é imprescindível. No entanto, um líder que patrocine as 4DX precisa se responsabilizar por medidas históricas que sejam significativas para a alta gerência. Se as 4DX tiverem de se desenvolver dentro da organização, os líderes seniores têm de se envolver com os resultados iniciais.

E se meu chefe estiver sempre estipulando novas metas para mim?

Recebemos esta pergunta muitas vezes, e sob diferentes formas. Em suma, a questão é a seguinte: a maioria das pessoas não tem como controlar a quantidade de metas que são arremessados na direção delas, mas *podem* controlar quais destas metas escolherão para alavancar com as 4DX, isto é, aquela minoria considerada crucialmente importante.

Como vocês implementam as 4DX em uma organização matricial?

A metodologia das 4DX não requer nem sugere a reorganização de qualquer empresa, seja matricial ou de outro tipo qualquer. Só é necessário haver uma harmonização entre cooperação e responsabilização.

Por exemplo, uma empresa com uma MCI para aumentar a participação no mercado pode depender de uma organização de vendas matricial que opere numa geografia múltipla: nos Estados Unidos e no Canadá, nas Américas Central e do Sul, na Europa, no Oriente Médio e na África, na região Ásia-Pacífico, e assim por diante. O sucesso da MCI dependerá do desempenho cooperativo destas organizações de vendas matriciais geograficamente dispersas. Uma equipe multifuncional envolvida na certificação de gestores assegurará que todos que contribuam para a MCI permaneçam nela focados.

A estrutura organizacional é geralmente irrelevante na designação da equipe correta para apoiar uma MCI em particular, a qual pode compreender pessoas com diferentes conjuntos de competências, originárias de diferentes partes da organização.

Se eu estou numa posição de apoio – tal com o RH, finanças ou TI – como faço para selecionar uma MCI?

Sempre constatamos que é muito mais fácil, e mais eficaz, para as organizações de apoio escolherem suas MCIs depois que a linha de frente (vendas, produção e operações) tenha escolhido as suas respectivas MCIs.

Por exemplo, se a MCI da equipe de vendas é passar de forma bem-sucedida para vendas consultivas, a função de RH pode estabelecer uma MCI que assegure que todo vendedor receba um excelente treinamento no novo modelo. Se a MCI da empresa é passar agressivamente para mídia social, o departamento de TI, com seu conhecimento ímpar, não deveria estabelecer uma MCI para providenciar a melhor infraestrutura possível para o êxito na mídia social?

Minha equipe trabalha em diversos turnos, de modo que nunca estamos todos juntos. Como devo realizar as reuniões de MCI semanais para responsabilização?

A palavra-chave na pergunta é *responsabilização.* O propósito primário das reuniões de MCI é manter uma cadência de responsabilidade com todos os membros da equipe.

A responsabilidade se compõe de duas partes. Na primeira, os membros da equipe se responsabilizam mutuamente para cumprirem os seus compromissos pessoais (apenas um ou dois por semana) assumidos. Na segunda, igualmente ou, quem sabe, mais importante, cada membro precisa sentir a satisfação pessoal e a vitória pontual de ter feito o que disse que faria e relatar o fato. É uma forma sutil de reconhecimento que cada participante recebe, a cada semana, quando relatam sobre os seus compromissos.

Portanto, todo esforço deve ser feito para dar a cada membro uma chance de participar de uma reunião de MCI ou de prestar conta dos compromissos de alguma forma.

No caso de divisão de turnos, o líder poderá realizar diversas reuniões de MCI de modo a envolver todos os membros da equipe. Se um membro da equipe trabalha no turno da noite e o líder raramente o vê, uma ligação telefônica semanal pode propiciar a oportunidade de responsabilização pessoal e *feedback* sobre como a equipe está se saindo.

Como nos asseguramos de que a mensagem da nossa MCI está percorrendo todo o caminho pela organização até aqueles da linha de frente?

Um dos melhores métodos para abordar a conscientização sobre a meta é a repetição. Se os líderes e o *coach* interno para as 4DX estabelecerem uma prática regular de perguntar a cada colaborador: “Qual é a nossa MCI?” ou “Quais as medidas de direção que você está focando?”, a mensagem se espalhará rapidamente, e cada vez mais colaboradores aprenderão e saberão a resposta.

Como conduzimos uma reunião de MCI semanal com membros da equipe que raramente estão no mesmo lugar ao mesmo tempo, e cujo redemoinho é muito forte para que possam lidar com a questão?

Lembre-se de que os membros de uma equipe só precisarão de 20 a 30 minutos para uma reunião de MCI por semana, e aqueles que participam de uma preleção de MCI, de apenas 5 a 7 minutos por semana. Assim, não se trata de um investimento de tempo significativo.

Você pode realizar uma reunião de MCI momentos antes ou após outra reunião já existente, ou quando um número maior puder participar, e depois se reunir individualmente com aqueles que não puderam comparecer.

Não se esqueça de que essa disciplina-chave alavanca o foco e a responsabilização pela MCI: todo membro da equipe deve participar da reunião de prestação de contas em torno do placar, toda semana.

Como convencer um gerente que se opõe a adotar plenamente as 4DX?

O líder é o melhor recurso para ajudar neste problema que deve ser levantado pelo *coach* como um obstáculo a ser removido. Muito frequentemente, uma conversa particular com o gerente é suficiente para resolver o problema.

Solicite a todos os gerentes para relatarem sobre a adoção do processo.

- Resultados semanais das medidas históricas da equipe.
- Resultados semanais das medidas de direção da equipe.
- Reunião de MCI realizada e percentual de frequência.
- Percentual de compromissos realizados pela equipe.
- Compromisso pessoal da semana anterior e resultados.
- Compromisso pessoal para a próxima semana.

Quando gerentes relutantes são publicamente declarados responsáveis por esses resultados, e quando eles ouvem outros gerentes relatarem casos de sucesso, quase sempre cederão.

Sustentabilidade das 4DX

Quais os melhores tipos de reconhecimento para mantermos nossas equipes engajadas?

Os tipos de reconhecimento que têm maior impacto incluem:

- **Reconhecimento público de desempenho *individual*.** Todos querem ser reconhecidos por suas contribuições, especialmente à frente dos seus pares. Recompensas do tipo Líder de Execução da Semana ou Colaborador com Melhor Desempenho da Semana são muito apreciados. Assegure-se apenas de que os critérios para a vitória sejam justos e aplicados de modo consistente.
- **Reconhecimento público pelo desempenho da equipe.** Uma recompensa semanal ou mensal para a equipe, como Líderes em Medidas de Direção, também pode alavancar mudanças reais de comportamento.
- **Reconhecimento público pelo *lançamento da execução*.** Um troféu para o lançamento mais rápido, pelo melhor placar ou pela melhor reunião de MCI pode ajudar a manter comportamentos que promovem resultados.
- **Celebração *significativa*.** Como dissemos, é essencial reservar tempo para celebrar de forma significativa o desempenho da equipe de modo a mantê-la engajada. O preço da pizza ou do sorvete será compensado pela resposta a uma pequena celebração associada a uma mensagem significativa do líder.

Como continuo a ter ideias sobre novos compromissos a cada semana?

Um líder não deve nunca perder por falta de novos compromissos porque a disciplina da execução da equipe sempre poderá ser melhorada. Basicamente, a disciplina de trabalhar com o sistema distingue um líder de um colaborador individual. Embora isso possa parecer desafiador à primeira vista, logo se tornará uma parte emocionante da sua posição quando você constatar o impacto que pode ter.

Enquanto colaboradores individuais assumem compromissos para mover as medidas de direção, os compromissos mais eficazes que um líder pode fazer alavancarão e melhorarão as competências da equipe. Assim, em vez de assumir compromissos diretos com as medidas de direção, o líder se compromete em viabilizar a evolução das medidas de direção por toda a equipe.

Como um de nossos clientes diz: "Os líderes não são pagos pelo que fazem. Os líderes são pagos pelo que eles fazem os outros fazerem."

Se você estiver se esforçando para conseguir ideias, procure fazer algo em uma destas áreas:

- **Treinamento.** Haverá sempre membros na equipe que precisam ser treinados ou reengajados nas melhores práticas da equipe. Escolha um membro da equipe e treine ou aplique o *coaching* numa competência específica durante a semana seguinte. Esse comprometimento também poderá mantê-lo no topo do jogo.
- **Promova o engajamento da equipe para melhor desempenho.** Uma das práticas mais poderosas dos líderes de alta execução é o engajamento da equipe num diálogo de mão dupla sobre desempenho da equipe e suas ideias para melhorá-lo. Ao ouvir e depois implementar as ideias deles, o líder não apenas melhora o desempenho, como também aumenta o engajamento. Desse modo, a equipe atua melhor e cada indivíduo se sente valorizado e respeitado, o que dá mais ênfase e acrescenta entusiasmo ao desempenho.
- **Reconhecimento e modelagem.** Identifique os colaboradores com melhor desempenho e revele-os perante os seus pares. Todo mundo quer seguir o exemplo dos vencedores. O reconhecimento modela a equipe nos comportamentos e níveis de desempenho que o líder valoriza. Recrute os colaboradores com melhor desempenho para aplicar o *coaching* nos outros.

Como líder sênior, o que de mais importante eu posso fazer para manter as 4DX?

A mais importante contribuição que um líder sênior pode dar é permanecer focado na meta crucialmente importante e resistir à sedução da sua próxima grande ideia. Lembre-se, o número de boas ideias será sempre maior do que a capacidade para executá-las. O seu foco se torna o foco da empresa.

Segundo, assegure-se de que você está servindo de exemplo para o processo. Com o tempo, o seu modo de agir, não apenas suas palavras, terão uma enorme influência sobre as equipes que lidera.

Terceiro, siga as sugestões oferecidas ao longo deste livro para reconhecimento de desempenho destacado, tanto dos indivíduos como das equipes.

Ao longo do ano passado, fizemos tudo certo. Criamos MCIs e medidas, e executamos criteriosamente semana após semana, mas não estávamos vendo resultados. E agora?

Lembre-se de que uma MCI é como uma aposta estratégica. Ao estabelecer uma MCI, você está apostando num novo produto ou serviço, ou numa nova abordagem para um problema. Depois aposta na execução: define as atividades críticas e medidas de direção e realiza essas atividades incansavelmente, confiante de que a sua aposta estratégica vai dar bons resultados.

Contudo, algumas vezes isso não acontece. Uma estratégia brilhante não existe até que funcione realmente. Ela não é um novo carro magnífico até que venda como pão quente no mercado. Não é um modo brilhante de melhorar o rendimento escolar até que a escola ultrapasse os níveis de aprendizagem anteriores. Você está fazendo uma aposta. Obviamente, deverá ser uma aposta consciente, mas ainda assim será uma aposta.

Uma companhia de seguros fez uma aposta estratégica sobre um novo tipo de apólice de seguro dirigida a um novo mercado. Eles conceberam a abordagem em detalhes e reuniram a força de vendas para obterem total engajamento em ações críticas voltadas para a realização da meta. Trabalharam sistematicamente, fazendo as medidas de direção evoluírem nos placares a cada semana, de acordo com o planejamento. No entanto, passados seis meses, as medidas históricas não haviam progredido. Bem, durante este tempo, um concorrente importante implementou um produto de baixo custo e o alavancou no mercado por um meio eletrônico. O concorrente fizera uma aposta estratégica muito melhor.

Assim, embora mantendo sua confiança e entusiasmo, estabeleça as suas MCIs com humildade e consciência. Faça as melhores apostas estratégicas que puder, mas mantenha um dos olhos nos placares e o outro por cima do ombro.

Fizemos um rápido progresso com a nossa MCI, e agora parece provável que nossa equipe a superará. Devemos aumentar a meta? Antes de mais nada, parabéns. É sempre emocionante quando uma equipe percebe que vai atingir ou exceder a sua MCI.

Quando isso acontece, a primeira reação de um líder é sempre aperfeiçoar a meta. Se por um lado a intenção dessa decisão seja boa (levar a equipe a um desempenho superior), por outro pode desiludir a equipe. A menos que a alteração seja tratada com muita cautela, a equipe perderá o senso de realização e se desengajará da nova meta mais alta. Consequentemente, reengajar a equipe será mais difícil do que o lançamento inicial das 4DX.

Eis aqui os três cenários mais prováveis e como lidar com eles:

- **A meta foi estabelecida muito baixa e a equipe já superou ou em breve a superará.** Nesse caso, o correto a fazer é parabenizar a equipe pelo desempenho e então assumir total responsabilidade pelo estabelecimento incorreto da meta. Se possível, engajar a equipe no estabelecimento de uma nova MCI num nível desafiador, mas ainda assim realista.
- **A meta foi estabelecida corretamente, mas a equipe excedeu as expectativas do líder e a atingiu precocemente.** Nesse caso, parabenize e recompense a equipe pelo desempenho excepcional e declare a realização bem-sucedida da MCI. Em seguida, estabeleça uma nova MCI para o período restante com uma nova meta de X para Y. A menos que você celebre o sucesso da equipe, seus membros concluirão que estão participando de uma corrida cuja linha de chegada está sempre se movendo mais rapidamente do que eles podem correr e perderão o engajamento. Portanto, celebre o sucesso deles e depois envolva a equipe no estabelecimento da extensão da meta.
- **A sua meta foi estabelecida corretamente, mas você se beneficiou de circunstâncias inesperadas.** Declare a realização da MCI e passe para uma nova MCI sem demora. Do contrário, a sua equipe hesitará na adoção das 4DX. Lembre-se de que o seu fim em mente não é apenas alcançar a MCI, mas construir uma equipe de alto desempenho.

Dicas e armadilhas do processo das 4DX

Como você sabe quando está na hora de mudar uma medida de direção?

É arriscado alterar uma medida de direção rápido demais. A maioria das equipes começa pela busca de uma nova medida de direção quando alcança um patamar no placar. Se o líder reagir cedo demais, toda a energia da medida de direção se perderá e a equipe voltará para o ponto de partida, ao passo que dar mais tempo à medida de direção original talvez faça toda a diferença.

Antes de abandonar a medida de direção, pense sobre estas questões:

- A medida de direção está provocando alteração na medida histórica? Se positivo, cuidado para não mudar alguma coisa que esteja funcionando.
- A medida histórica está evoluindo suficientemente? Se não, você poderia considerar um aumento no padrão do desempenho da sua medida de direção antes de modificá-la. Lembre-se de que o deslocamento da alavanca tem de ser grande para um pequeno deslocamento da rocha.
- O placar da medida de direção é preciso? Se não for, a equipe pode ficar com uma falsa ideia do valor da medida de direção.
- A equipe alcançou a medida de direção em menos de 12 semanas consecutivas? De acordo com a nossa experiência, este é o tempo mínimo necessário para uma equipe formar um hábito. Do contrário, não saberão qual desempenho consistente desenvolver.
- O desempenho da equipe permanecerá se removermos a medida de direção do placar? Se a resposta for negativa, provavelmente será melhor manter o foco na medida de direção até que se torne um hábito, desde que a medida de direção faça a MCI evoluir.

Lembre-se de que o objetivo das 4DX é estabelecer um novo padrão de consistência e excelência em alguma área da operação da equipe, e depois sustentá-lo suficientemente até que se torne um hábito.

E se a medida de direção estiver evoluindo, mas o mesmo não estiver acontecendo com a medida histórica?

Isto não é incomum, especialmente quando se usa as 4DX pela primeira vez. Há três explicações possíveis:

- Frequentemente, é apenas uma questão de tempo. Não podemos lhe dizer quantas vezes presenciamos uma defasagem entre as medidas de direção e históricas.
- Talvez a medida de direção da equipe não esteja progredindo de modo consistente. Com toda a energia investida na nova medida de direção, as pessoas tendem (consciente ou inconscientemente) a jogar um pouco com o sistema. Assegure-se de que as avaliações sejam precisas e que as pessoas não estejam apenas mostrando para você o que você deseja ver. (É por essa razão que somos muito cautelosos na tentativa de qualquer tipo de compensação relacionada com as medidas de direção.)
- A medida de direção não é preditiva. Esta é a sua última hipótese apresentada porque em geral é a primeira conclusão para a qual as pessoas se voltam. Se a medida de direção de fato não estiver provocando uma evolução na medida histórica, está na hora de reexaminar as suas suposições. Já vimos organizações manterem opiniões por muito tempo sem serem questionadas ou testadas. Outra possibilidade é que as condições externas tenham se alterado tão radicalmente que as medidas de direção não se apliquem mais.

Como saber se você tem uma boa medida de direção?

Primeiro, precisamos de uma medida de direção que seja preditiva, o que significa dizer que ela seja não apenas correlacionada, mas que tenha relação direta de causa e efeito; não simplesmente necessária, mas que seja suficiente para mover a medida histórica de X para Y dentro de um cronograma.

Observe estas duas medidas de direção contrastantes para uma MCI de aumento das vendas:

A. Os representantes de vendas farão um número X de visitas por semana para um cliente.
B. Os representantes de vendas farão um número X de visitas por semana para avançarem – no relacionamento com determinado cliente – um ou mais níveis no ciclo de vendas conforme definido pelo nosso modelo de desempenho de vendas.

A opção A se correlaciona com a MCI e é necessária para sua realização, mas em comparação com a opção B, não é suficientemente específica para provocar aumento nas vendas.

Em segundo lugar, precisamos da frequência certa. Estamos atuando na medida de direção com a frequência necessária? Esta é a coisa certa a ser feita, mas precisamos apenas fazer um pouco mais (ou menos)? Três visitas a um cliente é o número adequado? Quatro? O único meio de sabermos é testando a medida de direção.

Durante anos, as grandes indústrias farmacêuticas colocavam enormes forças de venda em campo porque acreditavam que quanto mais os médicos fossem visitados, mais prescreveriam os seus produtos. Os médicos logo ficaram entediados com o fluxo de visitantes, e muitos baniam os representantes de seus consultórios. A frequência da medida de direção estava completamente errada.

Em terceiro lugar, precisamos de uma medida de direção que motive desempenho de alta qualidade. Estamos colocando nossos maiores e melhores esforços na medida de direção? Se sou um representante de vendas, não estou apenas fazendo visitas, mas fazendo excelentes visitas conforme definido pela equipe?

Algumas empresas farmacêuticas finalmente perguntaram aos médicos aborrecidos como poderiam ajudá-los. Os médicos responderam: "Ajude-nos a aprender os aspectos científicos que estão por trás dos seus produtos." Como resultado, as principais indústrias adotaram um novo modelo de vendas. Agora, muitos representantes de vendas são cientistas pesquisadores com a missão de transmitir informações em vez de empurrar produtos. A medida de direção para o sucesso das vendas no setor foi radicalmente alterada.

Você terá uma boa medida de direção se for preditiva e quando usada na frequência certa e com qualidade, o que lhe permitirá constatar a evolução da MCI ao longo do tempo.

Como devemos alinhar a compensação para apoiar as 4DX?

Não há resposta para esta pergunta.

Se a sua cultura organizacional e o seu plano de compensação recompensar o desempenho em função de metas claramente articuladas em todos os níveis, então a compensação alinhada com a realização das MCIs seria ao mesmo tempo adequada e esperada. Este plano reforçará adicionalmente a importância das 4DX como um sistema operacional para o alcance dos resultados.

Se o seu plano de compensação atual não estiver alinhado ao desempenho, a compensação pela realização das MCIs ainda pode ser uma prática saudável. No entanto, observe que o propósito do sistema de compensação não deve ser a obtenção dos *comportamentos* certos das pessoas erradas, mas recompensar as *pessoas* certas em primeiro lugar, e mantê-las com você. Esta é a lição que Jim Collins aprendeu com a sua pesquisa para *Empresas feitas para vencer: Good to Great* (Elsevier, 2001). Pagar pelo desempenho associado às MCIs funciona, desde que você tenha as pessoas certas na equipe.

As 4DX podem apoiar nosso sistema de gestão de desempenho?

Depende do sistema.

As 4DX apoiam um sistema que enfatize o desempenho de metas e medidas específicas dentro de um cronograma estabelecido. Planos de desenvolvimento pessoal podem ser alinhados para a realização de MCIs, por exemplo, se a MCI demandar que as pessoas desenvolvam certas habilidades novas.

Em alguns casos, nossos clientes substituíram as análises de desempenho anual por reuniões de MCI por acharem que são mais imediatas e úteis para estimar o desempenho dos membros da equipe. Outros adaptaram as análises de desempenho para avaliar a contribuição de um indivíduo às MCIs. Há ainda aqueles que continuam a fazer as análises de desempenho tradicionais além do sistema de prestação de contas das 4DX.

Tenho tido problemas para determinar se estamos assumindo compromissos semanais de qualidade. Poderiam me informar o que define um bom compromisso?

Um compromisso de alta qualidade tem três características:

- **Específico.** Não defina compromissos do tipo "Vou focar nas vendas cruzadas". Em vez disso, estimule a especificidade, como "Vou aplicar o *coaching* voltado para vendas cruzadas de nossos vinhos de melhor qualidade em três membros da equipe".
- **Alinhado.** Assegure-se de que *cada um* dos compromissos esteja alinhado com a MCI. Não aceite um compromisso que pertença ao redemoinho. Nas reuniões de MCI semanais, cada membro deverá responder a seguinte pergunta: "O que eu poderia pessoalmente fazer esta semana para provocar o maior impacto na nossa MCI?" Essa pergunta deve gerar um fluxo semanal de novas e melhores respostas que se harmonizem com as prioridades mutantes da equipe.

- **No tempo certo.** Garanta o cumprimento do compromisso na semana seguinte. Atente para compromissos que se estendam por várias semanas. Cuidado com a resposta "Estou progredindo".

Há algo que possamos fazer para promover um maior desempenho numa medida de direção antes que a alteremos?

Sim. Primeiro, tenha sabedoria para perceber que o desempenho que fomenta os seus resultados iniciais não funcionarão no mesmo nível indefinidamente. O importante aqui é fazer ajustes cuidadosos que continuarão a estimular o desempenho.

Considere essas ideias para ajustar as medidas de direção.

- **Aumente a régua.** Se a equipe tem uma medida de direção de 90%, desafie-os a alcançarem 95%. Geralmente, um pequeno aumento produz um resultado desproporcional e mantém a equipe na busca de um padrão mais alto.
- **Aumente a qualidade.** Se a equipe estiver alcançando seu padrão de desempenho na medida de direção, como por exemplo 10 conversas sobre vendas cruzadas por pessoa, então focalize no aumento da *qualidade* das vendas cruzadas. Crie um roteiro baseado nas melhores práticas, faça uma simulação durante a reunião ou reconheça aqueles que se destacam na qualidade e os convide para atuarem com *coaching* junto aos outros membros da equipe.
- **Crie um vínculo.** Se uma medida de direção tiver sido inteiramente abraçada pela equipe, você obterá resultados adicionais associando-os a um comportamento adicional intimamente vinculado. Num ambiente varejista, isto poderia significar associar o comportamento de saudar cada cliente dentro de 10 segundos e acompanhá-lo até o produto que desejam. Essa ligeira extensão no comportamento da medida de direção poderá produzir resultados significativos e é muito menos perturbadora do que estabelecer e implementar uma nova medida de direção.

O que devemos fazer quando um líder está de férias? Devemos cancelar a reunião/preleção de MCI?

Não. Consistência e prestação de contas são as alavancas mais poderosas do desempenho. Quando a cadência das reuniões de MCIs é interrompida, a energia da equipe se perde. Até mesmo na ausência do líder, o desempenho da equipe deve continuar.

Se o líder se ausentar:

1. **Selecione uma pessoa para liderar a reunião** – um supervisor ou um membro sênior da equipe. Em algumas equipes a liderança é cumprida em rodízio.
2. **Prepare-os para o sucesso na sua ausência** – reserve um tempo para comunicar a importância dessa responsabilidade e analise a reunião de MCI com eles.
3. **Recapitule e faça perguntas quando retornar** – solicite uma revisão da sessão com o líder substituto assim que você voltar. Dedique um tempo para agradecer e parabenizá-lo por esta importante responsabilidade.

É uma boa ideia ter mais de um *coach*?

Certamente é uma boa ideia. Dois ou mais *coaches* podem compartilhar o volume de trabalho envolvido na aplicação de *coaching* aos líderes, servir de *backup* ou até mesmo substituir algum dos *coaches* que seja transferido para novas responsabilidades.

Se você lançar mão de um segundo *coach*, assegure-se de reter o primeiro, de modo que o aconselhamento e o *coaching* se mantenham consistentes.

Equipes de Produção

As 4DX podem ser usadas como apoio para metodologias tais como Lean Manufacturing e Seis Sigma?

Sim. Um dos maiores fabricantes de tapetes do mundo usou uma forma customizada das 4DX para dirigir algumas equipes de *green-* e *black-belts*. As equipes com as 4DX reduziram o tempo de conclusão de seus projetos em quase 50%.

Eles descobriram que os atrasos nos projetos se deviam à falta de envolvimento pelos membros da equipe presos na armadilha do redemoinho. O trabalho com Seis Sigma estava sendo postergado pelos *black-belts* e os projetos estavam ficando travados. Ao conduzirem os projetos Seis Sigma com placares 4DX visíveis e manterem as reuniões de MCI semanais para "comerem um elefante, uma mordida de cada vez", não apenas o tempo de finalização foi cortado quase pela metade, como também os membros da equipe se divertiram muito ao vencer o jogo.

As 4DX podem também assegurar a adoção das mudanças em processos, resultantes do projeto Seis Sigma. Nesse caso, as 4DX são usadas para provocar uma mudança do comportamento, que foi programado para ser adotado.

Equipes científicas e que trabalham com alta tecnologia

Seria possível nos fornecer lições ou recomendações para liderança de uma equipe de pessoas altamente técnicas (que em geral são céticas) por meio das 4DX?

A maioria das pessoas que atuam em áreas técnicas está ligada a avaliação de risco, identificação de falhas e inovação para conseguir soluções viáveis. Elas trabalham sob pressão para entregar o serviço dentro do orçamento, exceder as expectativas e exigências variáveis por parte dos clientes, e antecipar necessidades futuras – tudo sob a ameaça de serem terceirizadas. Apreciam desafios e constroem suas carreiras analisando problemas solucionando-os criativamente.

Se tentar impor as 4DX sobre elas, como se não fossem importantes, não se submeterão. Ao contrário de outros grupos, tendem a resistir mais na Disciplina 1. A ideia de traçar uma linha na areia estabelecendo MCIs e medidas de direção é sempre muito frustrante para elas, porque conseguem ver todas as coisas que podem dar errado. Descobrimos que se gastarmos um tempo com elas neste ponto e as deixarmos trabalhar nele, e lembrarmos a elas a meta maior, chegarão lá.

A boa notícia é que tendo passado pela Disciplina 1 se destacam nas Disciplinas 2 e 3, o ponto forte delas, à semelhança de um quebra-cabeça.

Como aplicamos as 4DX aos processos criativos ou intuitivos como P&D?

Já vimos as 4DX serem aplicadas a muitas equipes desse tipo, desde grupos P&D em indústrias farmacêuticas até equipes de jornalistas. Há sempre a hesitação inicial: "O que fazemos não pode ser realmente gerenciado com algo como uma medida de direção." Todavia, nunca constatamos isto. O processo das 4DX testa a criatividade, desafiando-os a imaginar, naquilo que fazem, o que é ao mesmo tempo influenciável e preditivo. Você nunca pode dizer às pessoas criativas quais devem ser as medidas de direção delas, mas ficaria surpreso em saber o que elas sugerem.

Que tipos de medidas de direção produzem os melhores resultados para esses tipos de equipes?

Descobrimos que medidas de direção poderosas tendem a surgir nos pontos de contato ou de transferência num ambiente técnico ou criativo. Por exemplo:

- Aumento de interação e comunicação antecipada no processo de desenvolvimento.
- Compartilhamento de conhecimento com outros.
- Verificações intermediárias no processo.
- Discussões com o *stakeholder* para avaliar as necessidades em constante mudança durante o desenvolvimento do trabalho.

Equipes de Vendas

Como as 4DX podem nos ajudar a executar nosso novo processo de vendas?

As 4DX são extremamente eficazes para ajudar as pessoas a abraçarem um novo processo de vendas porque permitem o foco em aspectos específicos de alta alavancagem do processo e realmente envolve os participantes antes de se perseguir outro foco. O diagrama que aparece na Seção 2 – "Implementação das 4DX com a sua equipe" – Implementação da Disciplina 2*:* Atue nas medidas de direção ilustra bem isso.

Vendas é um processo tão intuitivo para a maioria dos profissionais, que implantar um processo nunca os faz se sentirem confortáveis. Da primeira vez não funciona bem, eles sempre abandonam o processo e retornam ao que acham que funciona melhor para eles. O problema é que geralmente tentam comer o elefante todo de uma só vez. As 4DX não apenas fornecem um veículo para o *coaching* e a prestação de contas, mas também ajudam o pessoal de vendas a se darem bem com o processo com uma mordida de cada vez.

Como fazer para que o pessoal de vendas se comprometa com uma reunião semanal?

A menos que a equipe de vendas seja mantida consistentemente responsabilizada, os colaboradores com desempenho intermediário não vão entrar no jogo. O pessoal de vendas, em especial, precisa da estrutura que as 4DX propiciam. O processo promove o compartilhamento de *insights* sobre o que funciona, o que é essencial numa profissão em que todo mundo acredita que está fazendo a coisa certa.

A maioria das equipes de vendas já não tem alguma forma de medida de direção?

A experiência nos mostra que, embora a maioria das equipes de vendas avaliem aspectos de seu *pipeline* de vendas, os indicadores de vendas existentes não funcionam como medidas de direção viáveis porque não são diretamente influenciáveis pela equipe.

Os gerentes de vendas estão sempre focados nas medidas que darão a eles a melhor previsão de vendas, mas estas geralmente não estão sob influência da força de vendas. Uma medida de direção preditiva, mas não influenciável, não fornece à equipe de vendas a alavancagem que necessitam.

De todas as pessoas, os gerentes de vendas são os que estão mais intensamente focados nas medidas históricas: volume trimestral, pedidos semanais e receitas anuais. Muito frequentemente, a ideia que têm de gerenciamento é chamar os membros da equipe por telefone e perguntarem pelos números. Portanto, de todas as pessoas, eles são os mais carentes de medidas de direção eficazes. Munidos delas, os gerentes de vendas podem realmente fazer a diferença: podem aplicar *coaching*, treinar, aplicar *mentoring* visando comportamentos que promovam os resultados.

Governo e equipes militares

As 4DX agregam valor numa cultura militar que já se baseia num alto grau de disciplina e execução?

Os militares já escreveram o livro sobre a arte da execução, isto é, em combate. Eles sabem como vencer batalhas e se manterem focados apesar da obscuridade da guerra (o redemoinho), mas o *posto militar*, fora de combate, se acha sobrecarregado de regras burocráticas, restrições de recursos e exigências familiares. Eles são estimulados a servir em dezenas de tarefas meramente urgentes, enquanto desconsideram metas de fato importantes, tais como prontidão da equipe ou desenvolvimento pessoal. Muitos dos nossos clientes militares em geral dizem: "É irônico que uma unidade em combate possa produzir milagres, e que a mesma equipe em tempos de paz se torne desengajada."

As 4DX constituem um sistema eficaz para reengajamento de militares. São pessoas que querem servir, são orientados para missões, o conceito da meta crucialmente importante os energiza, e a responsabilização é uma característica deles.

Como estabelecer MCIs numa organização governamental com muitos interessados externos gerando demandas em diferentes direções?

As operações governamentais nem sempre parecem ser criadas para maximizar resultados. Em todas as situações há uma tendência de aversão ao risco. Há pouco tempo um dos nossos clientes comentou: "Nosso governo é programado para dificultar muito as mudanças e recompensa o comportamento que você poderia chamar *bom o suficiente para o governo.*" Geralmente, o sistema de freios e contrapesos em vigor torna o estabelecimento de MCIs quase impossível. Líderes apaixonados podem ter planos estratégicos visionários e anunciá-los nas prefeituras, mas uma mudança de comportamento sustentável é incrivelmente difícil quando os funcionários voltam para o trabalho diário e enfrentam o redemoinho.

No serviço público, os líderes gastam muito mais tempo promovendo a MCI com os interessados, especialmente os funcionários. O envolvimento na definição das MCIs ajuda a engajar suas mentes e seus corações. Engajados, e com a oportunidade de aperfeiçoar e validar a intenção do líder, então as MCIs precisam ser compartilhadas com os clientes que recebem os serviços. O trabalho é muito maior, e há risco em ser tão audacioso, mas é uma fórmula que produz resultados incríveis, como vimos no caso de B.J. Walker e o estado da Geórgia.

Como a implementação das 4DX pode aumentar o engajamento do funcionário?

As 4DX são um sistema não apenas para a realização de grandes metas, mas também para aumentar o engajamento e a satisfação do empregado.

Em geral, o engajamento do funcionário é avaliado por meio de enquetes sobre o ambiente de trabalho, sobre a liderança e a cultura. Vejamos como os princípios das 4DX afetam esses indicadores típicos de engajamento dos empregados:

Categoria da Pesquisa	Perguntas da Pesquisa	Princípio das 4DX
Metas Mensuráveis	Sei o que esperam de mim no trabalho.	Metas crucialmente importantes e medidas de direção criam uma expectativa clara de resultados que podem ser mensurados.
	Eu compreendo como meus esforços contribuem para o sucesso geral.	Os compromissos semanais claramente conectam os esforços individuais às metas organizacionais.
Mentoring e *Coaching*	A organização estimula o meu desenvolvimento pessoal e profissional.	A responsabilização na reunião de MCI fornece *feedback* regular e frequente sobre o desempenho.
	Recebo *feedback* oportuno e construtivo.	
Comunicação	A liderança comunica e explica decisões importantes.	Na seleção e comunicação das MCIs, os líderes discutem e esclarecem o que é mais importante para a organização.
	A organização valoriza a minha opinião.	Por meio do envolvimento da equipe no estabelecimentos das MCIs e da cadência semanal de responsabilidade, a voz de cada membro da equipe é sempre ouvida.
	Sei o que está acontecendo na organização porque a liderança me mantém informado.	A realização das reuniões de MCI e das reuniões de liderança comunica e celebra o desempenho da equipe.
Bom Ambiente de Trabalho	Gosto de vir trabalhar.	Pertencer a uma equipe com mentalidade vencedora e uma cultura de responsabilização levanta o moral e o prazer pelo trabalho.
	Regularmente sou reconhecido ou elogiado por minhas contribuições.	As reuniões de MCI e os relatórios fornecem muitas oportunidades de alto reconhecimento pelo desempenho individual e da equipe.
	Sou tratado com justiça no trabalho.	Todo indivíduo pode constatar que todos são responsabilizados de maneira igual e justa pela realização dos compromissos assumidos.

Categoria da Pesquisa	Perguntas da Pesquisa	Princípio das 4DX
Prestação de Contas Individual e da Equipe	Na minha equipe, os indivíduos são responsabilizados pelos resultados.	Todos os indivíduos são envolvidos na prestação de contas dos compromissos semanais nas reuniões de MCIs.
	A liderança cumpre suas promessas.	Os líderes são os primeiros a se pronunciarem numa reunião de MCI e relatam honestamente os resultados de seus compromissos. Os líderes são tão responsáveis quanto qualquer outro membro da equipe.
Oportunidade e Progresso	Disponho dos recursos para fazer um bom trabalho.	Nas reuniões de MCI semanais, os membros da equipe podem solicitar aos líderes e pares para liberarem o caminho que tem um obstáculo ou problema, o que garante a cada indivíduo a possibilidade de ser bem-sucedido.
	Como a equipe está alinhada em torno de uma MCI e acompanhando medidas de direção com responsabilidade compartilhada, a cooperação e sinergia da equipe são maximizadas.	
Confiança	Confio nos líderes de nossa organização.	Responsabilidade compartilhada, compromissos compartilhados e comunicação aberta criam um clima de confiança.

As 4DX em casa

Mudar é difícil.

Se alguma vez tentou perder peso, melhorar o seu casamento, parar de fumar ou beber, começar um novo relacionamento, desenvolver um passatempo ou terminar um curso superior no qual vem batalhando há oito anos, sabe do que estamos falando.

Neste capítulo, queremos mostrar rapidamente como esses princípios da execução em equipe também podem ser usados para ajudar cada pessoa a mudar a própria vida e a realizar algumas importantes metas pessoais ou familiares.

Acontece o tempo todo. As pessoas nos abordam após uma sessão de trabalho com as 4DX, olham ao redor para se assegurarem de que ninguém está escutando e sussurram: "Vocês acham que as 4DX podem funcionar na minha vida pessoal?"

Nossa resposta? Com certeza! Embora a nossa proposta inicial não tenha sido um modo melhor de realizar metas pessoais, descobrimos que as 4DX são uma metodologia profunda para realização de qualquer meta, de qualquer tipo, quer no trabalho ou em casa. Não surpreendentemente, os princípios de foco, alavancagem, engajamento e responsabilização que reforçam cada uma das disciplinas parecem funcionar em qualquer nível, seja organizacional, de equipe ou pessoal.

Veja o exemplo de Jeffrey Downs, um colega nosso. Depois de ajudar inúmeras organizações a aplicar as 4DX, Jeffrey não conseguiu resistir a compartilhar os *insights* que estava tendo com a sua mulher, Jami. Por iniciativa própria, Jami decidiu aplicá-los a uma questão muito pessoal.

• • •

Quando meu marido, Jeff, me mostrou as 4 Disciplinas da Execução, percebi que poderia usar aqueles princípios na minha vida pessoal. Eu tinha uma vida complexa, mas agora que estava grávida do nosso sétimo filho, sabia que teria de abrir mão do meu trabalho. A fim de acompanhar o ritmo das mudanças e me manter em forma, teria que fazer algo diferente.

Tive de pensar muito, gastar muita energia, para decidir sobre a minha meta crucialmente importante, embora agora ele pareça óbvio demais. "Não ganhar mais de 16 quilos até 9 de outubro."

Naturalmente, sabia que os dois modos de alcançar minha meta eram por meio da alimentação e de exercícios. Nossa família tinha uma dieta saudável, logo não estava muito preocupada com a comida. Ao contrário, me preocupei com a parte dos exercícios físicos e escolhi uma medida de direção: "Andar 10 mil passos por dia." Certamente havia muitas outras coisas nas quais poderia ter me concentrado. Contudo, com o redemoinho de seis crianças e um marido que está na estrada três dias por semana, esta foi a medida de direção que achei mais desafiadora, mas factível para realizar a minha MCI.

O que ocorreu nos nove meses que se seguiram foi notável. Não me preocupava mais com o meu peso. Eu me concentrava na caminhada que fazia ao deixar o carro no estacionamento do supermercado que ficava bem distante, em levar as crianças para o colégio a pé em vez de usar o carro, ou em levantar cedo para caminhar com amigos ou com meu marido. Aproveitava todas as oportunidades para andar.

Idealizar um placar foi mais desafiador do que imaginava. Inicialmente, tentei lançar meu progresso num gráfico, mas era difícil demais encontrar tempo para fazê-lo consistentemente no computador. O que resultou de todas as tentativas foi um placar que pendurei no espelho do meu banheiro e que tinha quatro colunas: o dia, o número de passos que teria de dar naquele dia, o número real de passos que dera naquele dia e o número total de passos. Num rápido olhar eu conseguia dizer onde estava, onde deveria estar e se estava vencendo ou perdendo.

A chave para o meu placar não era onde me encontrava, mas sim onde deveria estar. Isto distinguiu esse placar de qualquer outro que já mantivera. Anteriormente, eu apenas monitorava onde estava. Agora, monitoro onde estou em comparação com o ponto em que deveria estar, e isto criou um jogo.

Toda a família entrou no jogo. As crianças me perguntavam se fizera os meus 10 mil passos, minha filha mais velha passou a andar comigo quando estava cansada, meu marido se tornou meu parceiro de prestação de contas e juntos analisávamos o placar e eu assumia compromissos sobre o que faria na semana seguinte para manter as caminhadas.

Algo surpreendente aconteceu durante tudo isso de forma completamente inesperada. Quando soube que estava grávida pela sétima vez, uma das minhas preocupações era que o meu tempo com as outras crianças ficaria comprometido. Pensava e orava muito sobre isso e não sabia como tal preocupação seria resolvida. No entanto, ao me concentrar na simples tarefa de caminhar, uma atividade da qual todos estavam informados e poderiam participar, na verdade, meus relacionamentos com meus outros filhos e com meu marido se fortaleceram. Do meu filho que começara a andar até os adolescentes, todos poderiam andar comigo, e como resultado, me aproximei ainda mais deles.

Por exemplo, muitas vezes minha filha mais velha e eu caminhamos e conversamos. Conversávamos sobre as dificuldades que ela estava tendo com os amigos, que colégio ela queria frequentar e como seu namorado a tratava. Com meus outro filhos, aprendi sobre suas alegrias e dificuldades, o que pensavam por terem uma família grande e como se sentiam sobre um novo bebê. Com minha filha mais nova, estabeleci um forte vínculo do qual me orgulho muito até hoje.

Quando conversava com meu marido sobre as 4 Disciplinas, ele sempre se referia aos *benefícios secundários* de segui-las, mas eu nunca reparara o quanto esses benefícios seriam significativos na minha vida. No final, consegui alcançar minha meta crucialmente importante ganhando menos de 16 quilos. No processo caminhei 1.751.250 passos. O mais importante é que fortaleci meus relacionamentos familiares e no dia 4 de outubro dei à luz um saudável menino.

• • •

Ao ler esta incrível história, esperamos que você tenha tido os mesmos *insights* que tivemos.

Primeiro, Jami foi inteligente ao restringir seu foco a apenas uma medida de direção. Para realizar a sua MCI de não ganhar mais de 16 quilos, ela sabia que precisava se concentrar na dieta e nos exercícios. Porém, como Jami praticava uma dieta saudável, não era necessário ficar atenta ao que comia. Assim, por que monitorar este aspecto? Só acrescentaria complexidade. Em vez disso, ela escolheu se concentrar num único e diferente comportamento novo que, acreditava, faria a diferença: andar 10 mil passos por dia. Temos aqui uma boa lição. Em alguns casos, a melhor coisa é focar na única coisa (medida de direção) que precisamos fazer de forma diferente e que fará toda a diferença, em lugar de nos focarmos em muitas coisas.

Prosseguindo, o ingrediente-chave do seu placar era a coluna "onde eu deveria estar". Se você não sabe onde deveria estar num dado momento, fica difícil dizer se você está vencendo ou perdendo. Saber onde está em relação a onde deveria estar é um dos aspectos-chave de um placar envolvente. Assim como Jami também constatou, descobrir o placar certo, um placar que seja motivador, simples e de fácil atualização, não é fácil. Na nossa experiência, é nesse ponto que as pessoas ficam travadas. Elas propõem uma boa MCI, definem uma ou duas medidas de direção e depois não conseguem afixar o placar, e em consequência, tudo desmorona. Não deixe que isto aconteça com você.

Finalmente, a prestação pública de contas de Jami foi poderosa. O marido era o parceiro oficial na responsabilização, mas os filhos estavam também totalmente envolvidos. Sempre que você estabelece uma meta pessoal, suas chances de sucesso aumentam quando você envolve outras pessoas na sua meta e faz com que elas cobrem a sua responsabilidade.

Um dos nossos clientes contou a tocante história do filho de cinco anos que não conseguia superar o problema de urinar na cama. A família já tentara muitas coisas, mas o problema persistia. "Ele acordava à noite e não ia ao banheiro", disse o pai.

"Depois de ir a um treinamento nas 4DX, tive uma ideia. Naquela noite, à mesa do jantar, meu filho e eu começamos a conversar sobre como o ajudaríamos a vencer a noite sem molhar a cama. Faríamos um calendário para cada dia da semana, inicialmente por um mês. Colocamos o calendário na geladeira de modo que sua mãe e seus irmãos pudessem ver os resultados.

Todas as manhãs, depois que meu filho descia para o café da manhã, ele dizia se estava molhado ou seco. Tínhamos um lápis de cera verde e outro vermelho. Desenhávamos uma carinha risonha verde ou uma carinha vermelha com as sobrancelhas franzidas, dependendo de como se saíra na noite anterior. Claro que na primeira vez que ele desenhou uma carinha feliz, toda a família fez daquilo um grande evento, com cumprimentos do tipo 'toca aqui!' e tudo o mais. Depois de uma semana completa de carinhas verdes, fizemos uma comemoração especial na sorveteria, e dali a 30 dias ele já estava dormindo a noite toda sequinho!

Parece tão simples, mas o fato de meu filho ter afixado um placar e relatado toda manhã para a família, numa cadência de responsabilidade, tornou aquilo tão importante para ele, que passou a levar o assunto a sério."

Mostramos a seguir um placar engraçado criado por um dos nossos clientes que queria perder 36 quilos num período de seis meses, antes da formatura do filho na escola secundária. Suas medidas de direção:

- Andar oito quilômetros por dia.
- Não comer nada depois das oito horas da noite.
- Ingestão máxima de 2.500 calorias por dia.

- Caminhada diária de oito quilômetros para que entre na roupa da última moda.

sem 13	sem 14	sem 15	sem 16	sem 17	sem 18	sem 19	sem 20	sem 21	sem 22	sem 23	sem 24
42,0	37,5	45,5	44,2	39,5	35,2	40,0	36,5	37,5	45,5	49,5	52,3

- Não comer nada depois das oito da noite para garantir nenhum ganho de peso.

sem 13	sem 14	sem 15	sem 16	sem 17	sem 18	sem 19	sem 20	sem 21	sem 22	sem 23	sem 24
√	√	√	√	√	√	√	√	√	√	√	√

- 2.500 calorias por dia e observar o peso diminuir.

sem 13	sem 14	sem 15	sem 16	sem 17	sem 18	sem 19	sem 20	sem 21	sem 22	sem 23	sem 24
√	√	√	√	√	√	√	√	√	√	√	√

90 ATÉ A FORMATURA

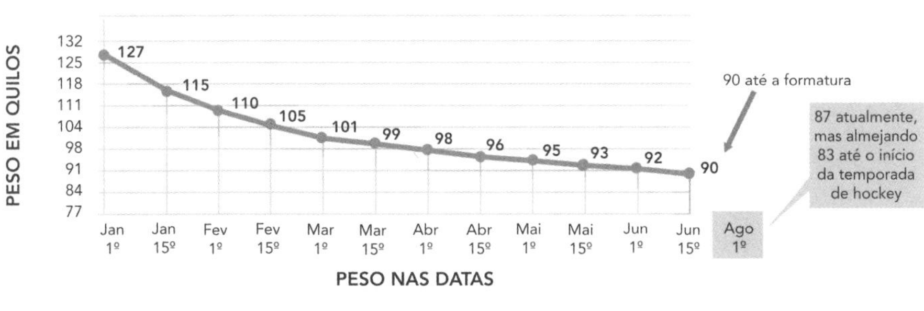

Ele alcançou a sua meta e depois estabeleceu outra MCI para reduzir ainda mais sete quilos antes da sessão de hóquei que ele adorava, de modo que pudesse sair para jogar com seus filhos.

Com certeza, as 4DX são mais do que apenas contornar uma situação difícil. Elas têm a ver com as suas metas e aspirações mais elevadas.

Um dos nossos colegas estabelece três MCIs para si próprio no início de cada ano – uma meta profissional, uma meta familiar e uma meta pessoal. Ele identifica cuidadosamente as medidas de direção, monitora seu placar e passa 30 minutos por semana avaliando seu progresso nos compromissos anteriores e estabelecendo novos compromissos para a semana seguinte. Essa prática permite que ele se mantenha equilibrado e realize muita coisa.

Sabemos de pessoas que usaram as 4DX para concretizar todos os tipos de metas de vida: correr numa maratona, concluir um curso, aprender um novo esporte e até mesmo reunir duas famílias. Alguns das MCIs que ouvimos são profundamente pessoais.

Outro colega tem muitos netos jovens. Ele tem uma MCI pessoal muito profunda de que eles todos saibam que ele os ama e que podem se voltar para ele sempre que precisarem. Com certeza, a medida histórica é difícil de ser definida. Quando perguntam, ele ri: "Posso dizer se estou vencendo se correm para mim e me abraçam em vez de fugirem de mim."

Sua medida de direção, porém, é muito clara. "Tenho uma política pessoal estrita de passar certo tempo com cada um deles toda semana." Aos fins de semana, ele pode estar no museu dos dinossauros, no parque ou assistindo-os a jogar futebol. Todos os anos ele os leva para comprar abóboras para o Halloween e ao parque de diversões e à Festa da Renascença no verão. Ele nunca perde as festas de aniversário, e algumas vezes aparece ao anoitecer para ler uma ou duas histórias antes de irem dormir.

Sua aposta estratégica é que, ao dar atenção cuidadosa a esta medida de direção, colherá dividendos para sempre. "A medida histórica se desloca, você precisava vê-la evoluindo!", ele diz. "Toda vez que me veem, berram e dão risadinhas, e se jogam para cima de mim. Você acha que alguma coisa neste mundo é mais crucialmente importante para mim do que isso?"

Outro amigo nosso, casado e com filhos, conta como trabalhou numa MCI pessoal para melhorar a cultura de sua família durante um ano inteiro, mas sentia que fizera pouco progresso. Ele tinha diversas medidas de direção, mas nenhuma delas parecia estar funcionando. Num momento de discernimento, admitiu que o único e melhor modo de ele melhorar o sentimento na sua casa, a cultura, era "amarem a mãe deles". Em outras palavras, ele precisava se empenhar mais para mostrar às crianças o quanto ele amava a sua esposa, a mãe deles, por meio de gentilezas, suavidade e pequenos atos de atenção. Assim, esta única medida se tornou o foco dele, e como relata, imediatamente fez toda a diferença. "O amor que sentimos um pelo outro como mãe e pai, parecia transmitir bons sentimentos para as crianças e para a casa em geral, e solucionar um grande número de desafios diários que nossa família estava enfrentando."

Assim, muitas das coisas crucialmente importantes na nossa vida nunca recebem a atenção que deveríamos dar a elas porque não são urgentes. Cuidar de nossa saúde, ajudar nossas crianças, desenvolver a educação, fortalecer nosso casamento são coisas que tendemos a deixar em segundo plano em função do redemoinho de urgências que exigem nossa atenção a todo instante.

De acordo com dr. Ray Levey, fundador do Global Medical Forum, 80% do nosso orçamento com a saúde é consumido por cinco aspectos comportamentais: fumo, bebida, excessos alimentares, estresse e falta de exercícios físicos. A causa da maioria das doenças, ele diz, é muito bem conhecida, e em grande parte, comportamental. Mudando esses cinco comportamentos, eliminaríamos nossa crise da saúde.

Mesmo depois de ataques cardíacos e de derrames cerebrais com risco de vida, as pessoas geralmente não mudam seus comportamentos. "Esse assunto tem sido estudado insistentemente. Alguma conexão está nos escapando. Embora saibam que tiveram uma doença grave e que deveriam mudar o estilo de vida, por alguma razão não conseguem."[30]

Android – Barcode Scanner
iPhone – Red Laser

LINK: http://www.4dxbook.com/qr/GoalSetting

Escaneie a imagem acima para assistir a um vídeo sobre as 4DX e estabelecimento de metas pessoais.

Será que a conexão que falta é um sistema operacional para a mudança do comportamento humano, um sistema como as 4DX?

Se pensamos que as 4DX podem ser aplicadas a sua vida pessoal? Nossa resposta é um vibrante "sim"! Na verdade, achamos que os princípios neste livro podem ajudá-lo a alcançar qualquer grande propósito que você tenha em mente.

O que fazer agora?

Agora que você terminou de ler *As 4 disciplinas da execução*, sua mente talvez esteja girando. Se você for como a maioria das pessoas, grande parte do sistema operacional das 4DX não faz parte do seu DNA. Para elas, é contraintuitivo gerenciar as coisas desse modo. Para algumas, as 4DX parecem simples demais, para outras, excessivamente complexas.

Ao mesmo tempo, acreditamos que você se beneficiará imensamente da experiência com as 4DX. Na verdade, acreditamos que uma vez que entenda as 4 Disciplinas da Execução, nunca mais liderará do mesmo modo novamente. Anos de tentativas e erros nos convenceram de que a arte da execução se reduz ao punhado de princípios e práticas constantes deste livro.

Na verdade, desejamos que sua mente *esteja* girando: com inúmeras possibilidades!

A pergunta é: o que fazer agora?

Convidamos você a tentar fazer algumas reflexões (não tomarão muito do seu tempo):

Disciplina 1: Foque no crucialmente importante

Se você ainda não tiver feito isto, tente esboçar uma meta crucialmente importante e uma medida histórica para a sua equipe do trabalho. Faça estas perguntas a você mesmo: “Se alcançássemos aquela MCI, o que representaria para a minha equipe? Para a empresa? Para mim?”

Disciplina 2: Atue nas medidas de direção

Tente esboçar medidas de direção que conduzam à realização da sua MCI e se questione: "Como este novo entendimento sobre as medidas de direção mudará o modo como trabalhamos?"

Disciplina 3: Mantenha um placar envolvente

Mantenha um placar envolvente com MCI, medidas históricas e medidas de direção. Pergunte-se: "Que diferença faria se focássemos nossos melhores esforços nos números desse placar? Que impacto teria na equipe? E nos resultados do negócio?"

Disciplina 4: Crie uma cadência de responsabilidade

Visualize a sua equipe realizando uma reunião de MCI em torno de um placar. Pergunte-se: "Como as reuniões de MCI consistentes e frequentes mudarão o modo de trabalharmos? Como nosso foco e engajamento mudarão?"

Finalmente ...

Visualize o dia do seu relato sobre a realização da sua própria meta crucialmente importante para os seus líderes. Como esse dia seria para a sua equipe? E para você?

Agora, imagine que esse dia nunca chegue, que você esqueça tudo que leu neste livro. Considere passar todo o seu futuro no meio do inexorável redemoinho, em que tudo é sempre urgente e as prioridades verdadeiramente importantes são sempre postergadas.

O grande cientista da gestão Peter Drucker observou: "Já vi muitas pessoas que são ótimas em realizar coisas sem importância. Têm um impressionante histórico de realizações em assuntos triviais."[31]

Contudo, você não quer ser impressionantemente trivial. Você quer fazer uma diferença real, dar uma contribuição de alto valor, de alto impacto. As 4 Disciplinas da Execução podem ajudá-lo a chegar lá.

Se quiser, estamos prontos para ajudá-lo nesta caminhada, seja ela qual for.

Mas lembre-se de que a realização da sua meta crucialmente importante não é o único objetivo. As 4DX lhe dão o conhecimento e as competências necessárias para fazer algo muito mais importante no longo prazo: reacender a paixão na sua equipe, colocar foco e disciplina nos seus esforços e, essencialmente, ajudá-los a ver que são *vencedores*.

Você não terá outra oportunidade para deixar um legado maior do que este na sua vida profissional. Ao instilar este senso de vitória nas pessoas com quem trabalha, não apenas estimulará um novo nível de desempenho na sua organização, como também proverá a estas pessoas as competências e a confiança de que necessitam para se tornarem vencedores em todas as fases da vida como trabalhadores, pais e mães, ou como líderes em suas comunidades. Este é um legado *imensurável*.

Glossário

"Aposta estratégica". Hipótese de que certas atividades de alto impacto produzirão a realização de uma meta. Essa hipótese deve ser comprovada pela execução (veja medida de direção).

Cadência de Responsabilidade. Ciclo recorrente de planejamento e responsabilização por resultados. A execução disciplinada de MCIs exige uma cadência, um ritmo de planejamento, realização e prestação de contas. Esse ciclo assume a forma de uma reunião de MCI no mínimo semanal.

Campeão. Patrocinador do processo das 4 Disciplinas na organização.

Certificação de Gestores. Processo no qual os gestores adquirem habilidade documentada para liderarem uma equipe com a finalidade de alcançarem uma MCI por meio da implementação das 4 Disciplinas da Execução.

***Coach*.** Pessoa com conhecimento abrangente nas 4 Disciplinas que atua como recurso para os gestores ao implementarem as 4 Disciplinas nas suas equipes.

Compromisso. No contexto das 4 Disciplinas, a contribuição semanal de um membro da equipe para alcance de uma MCI.

"Copa do Mundo". No contexto das 4 Disciplinas, é um sinônimo para a MCI de nível organizacional mais elevado. Compare com "jogo" (veja entrada). Também chamada de "MCI global".

***Dashboard*.** Conjunto de placares, por meio do qual os principais líderes da organização podem facilmente avaliar o progresso dos indicadores organizacionais importantes e a adesão às 4 Disciplinas. Um exemplo é my4dx.com (veja entrada).

De X para Y até Quando. Fórmula para expressar as medidas históricas que monitoram a evolução de um ponto "X" atual até um ponto "Y" num certo intervalo de tempo. Esta fórmula é essencial para a compreensão exata do que significa "vencer", alcançar a MCI.

Disciplina. Regime consistente que leva à liberdade de ação. Sem disciplina consistente, a equipe perde a capacidade de realizar MCIs com precisão e excelência, perdendo assim sua influência e o escopo da ação.

Disciplina 1: Foque no Crucialmente Importante. Prática de definição de metas cruciais e estreitamento do foco da equipe em tais metas. As equipes de trabalho que praticam a Disciplina 1 têm total clareza de algumas poucas MCIs e medidas de direção (veja entrada) para tais objetivos.

Disciplina 2: Atue nas Medidas de Direção. Prática de consistentemente atuar e monitorar os resultados daquelas atividades que propiciam alta alavancagem e conduzem à realização das MCIs. As equipes de trabalho que praticam a Disciplina 2 têm clareza com relação às medidas de direção (veja entrada) para suas metas e as monitoram cuidadosamente.

Disciplina 3: Mantenha um Placar Envolvente. Prática de monitorar visivelmente os indicadores de sucesso relevantes para uma meta. As equipes de trabalho que praticam a Disciplina 3 estão continuamente preocupadas com a evolução dos indicadores no placar.

Disciplina 4: Crie uma Cadência de Responsabilidade. Prática regular e frequente de planejar e relatar as atividades que pretendem fazer as MCIs evoluírem no placar. As equipes de trabalho que praticam a Disciplina 4 assumem compromissos individuais e coletivos e prestam contas de tais compromissos em reuniões de MCI semanais.

Encontro dos Campeões. Relato periódico para o gestor sênior sobre o progresso das MCIs, propiciando à equipe uma oportunidade de ter seu trabalho reconhecido e celebrado pelo sucesso.

Equipe. Grupo de pessoas designadas especificamente para a realização de uma MCI. Uma equipe pode ou não se achar alinhada com o organograma da empresa.

Estratégia. Plano ou método para realização da missão da organização ou da equipe. Uma MCI é um objetivo essencial para a realização da estratégia da organização.

Estratégia de Mudança Comportamental. Estratégia que demanda um novo e diferente comportamento de uma ou de muitas pessoas. Por causa da dificuldade de mudar o comportamento humano, geralmente, este tipo de estratégia é muito mais difícil de ser executada do que uma estratégia do tipo "canetada" (veja entrada).

"Estratégia do tipo "Canetada". Estratégia que os líderes executam simplesmente por uma ordem ou autorização e que geralmente não demanda novas ações de muitas pessoas, ao contrário das estratégias por mudança de comportamento, que exigem que as pessoas tomem ações novas e diferentes.

Execução. A disciplina de fazer as coisas conforme prometido – dentro do tempo, do orçamento e com qualidade. Aquilo para o que os "executivos" são contratados!

"Jogo". No contexto das 4 Disciplinas, um MCI conducente ou de apoio para uma equipe de nível mais baixo. O princípio é identificar o menor número possível de "jogos" para vencer a "copa do mundo".

Lacuna da Execução. Lacuna entre o estabelecimento de uma estratégia ou meta e sua verdadeira concretização. Esta lacuna é expressa nos seguintes termos: *de X para Y até quando* (veja medida histórica).

"Liberar o Caminho". Assumir a responsabilidade de resolver um problema ou obstáculo para que a MCI seja alcançada. Ajudar um outro membro da equipe a realizar um objetivo. Uma das finalidades da reunião de MCI com a equipe é planejar como "liberar caminho" para a execução.

Linha de Visão. Relacionamento entre as metas e cada nível da organização. Por exemplo, a conexão entre as tarefas diárias de um trabalhador da linha de frente e a estratégia global da organização. As equipes de uma organização com boa execução têm, em todos os níveis, uma clara linha de visão.

Medida de Direção. Medida de uma ação planejada e tomada como meio para a realização de uma MCI. Ao contrário das medidas históricas, as medidas de direção são influenciáveis pela equipe e preditivas no alcance da meta. Boas medidas de direção são as atividades de alta alavancagem nas quais uma equipe pode se engajar para assegurar a execução da MCI. Portanto, as medidas de direção constituem as "apostas estratégicas" que, quando feitas, concretizam a meta com excelência. Assim, um dos propósitos do processo de execução é testar as medidas de direção para se determinar, tão rapidamente quanto possível, se são uma boa aposta.

Medida Histórica. É uma avaliação da meta ou de realização da MCI. Um indicador histórico de desempenho, por exemplo, receita ao final do ano, índices de qualidade, índices de satisfação do cliente. As medidas históricas são tipicamente fáceis de medir, porém são difíceis de influenciar diretamente. Uma medida histórica é sempre expressa como *de X para Y até quando.*

Meta Importante. Meta com consequência e valor significativos. Compare com meta crucialmente importante.

Meta. Qualquer meta expressa em termos de medidas históricas (veja entrada) que representa uma melhoria no desempenho da organização.

Missão. Propósito ou razão da existência de uma equipe ou da organização. Frequentemente, a MCI é um objetivo essencial para a realização da missão ou estratégia da organização (veja entrada).

My4DX.com. Ferramenta *on-line* para gerenciar (1) a adesão às 4 Disciplinas em toda a organização e (2) a realização das MCIs organizacionais e da equipe.

Placar. Mecanismo para monitorar o progresso das medidas de direção e medidas históricas para uma MCI. O placar deve estar visível a todos os membros da equipe e precisa ser atualizado consistente e regularmente. Um placar é "envolvente" se indicar com rapidez e clareza se a equipe está vencendo ou não, motivando assim a ação.

Projeto. Um empreendimento planejado que envolve etapas definidas, metas intermediárias e tarefas. Um projeto pode ser assumido a fim de *alcançar* uma MCI, mas o projeto propriamente dito não é uma MCI.

4DX. Abreviação para as 4 Disciplinas da Execução.

4 Disciplinas da Execução. Padrão organizado de conduta que leva à realização de uma meta organizacional com excelência. As 4 Disciplinas se baseiam em profundas pesquisas e trabalho de campo, assim como nos princípios fundamentais do comportamento humano; são propriedade da FranklinCovey Co.

"Redemoinho". Metáfora que estabelece uma analogia com a enorme quantidade de tempo e energia necessária para manter a organização em seu nível de desempenho atual. O "redemoinho" é a principal ameaça para a execução das MCIs. Portanto, as tarefas recorrentes do trabalho em equipe têm por objetivo abrir caminho por meio do redemoinho de demandas no tempo de todos.

Responsabilização. Capacidade de relatar progresso ou falta de progresso por meio de números.

Sessão de Trabalho com Gestores. Uma sessão na qual os gestores são orientados nas 4 Disciplinas da Execução e esboçam MCIs e medidas para as suas respectivas equipes.

Sessão de Trabalho da Equipe. Sessão de trabalho na qual a equipe finaliza seus objetivos, avalia-os e se compromete com a manutenção da cadência de responsabilização dos seus objetivos.

"Vencer o Bode". Ponto no qual um indicador de desempenho num placar "atinge o alvo", isto é, a meta de acordo com o plano. A expressão se originou num placar criado por um praticante das 4DX que usava um bode para representar um indicador de desempenho.

Notas

O VERDADEIRO PROBLEMA DA EXECUÇÃO

1. Patrick Litre, Alan Bird, Gib Carey, Paul Meehan. "Results Delivery: Busting Three Common Myths of Change Management", Insights, Bain & Company, 12 de janeiro de 2011. http://www.bain.com/publications/articles/results-delivery-busting-3-common-change-management-myths.aspx.

2. Veja Rafael Aguayo. *Dr. Deming: The American Who Taught the Japanese About Quality* (Nova York: Simon & Schuster, 1991), pp. 57–63.

3. Tim Harford. "Trial, Error, and the God Complex", TED.com, 20 de julho de 2011, http://www.ted.com/talks/tim_harford.html.

DISCIPLINA 1: FOQUE NO CRUCIALMENTE IMPORTANTE

5. Citação em John Naish. "Is Multitasking Bad for Your Brain?" *Mail Online,* 11 de agosto de 2009. http://www.dailymail.co.uk/health/article-1205669/Is-multi -tasking-bad-brain-Experts-reveal-hidden-perils-juggling-jobs.html.

6. Citação em Don Tapscott. *Grown Up Digital* (Nova York: McGraw-Hill, 2009), pp. 108–9.

7. "Brand of the Decade: Apple". *AdWeek Media*, 2010, http://www.bestofthe2000s.com/brand-of-the-decade.html; "Marketer of the Decade: Apple", *Advertising Age,* 18 de outubro de 2010; Adam Lashinsky, "The Decade of Steve", *Fortune,* 23 de novembro de 2009, http://money.cnn.com/magazines/fortune/fortune_archive/2009/11/23/toc.html.

8. Dan Frommer. "Apple COO Tim Cook", *Business Insider*, 23 de fevereiro de 2010, http://www.businessinsider.com/live-apple-coo-tim-cook-at-the-goldman-tech-conference-2010–2.

9. Citação em Steven J. Dick. "Why We Explore", http://www.nasa.gov/exploration/whyweexplore/Why_We_29.html.

10. "Text of President John F. Kennedy's Rice Moon Speech",

12 de setembro de 1962. http://er.jsc.nasa.gov/seh/ricetalk.htm.

11. Citação em "Steve Jobs' Magic Kingdom". *Bloomberg Businessweek*, 6 de fevereiro de 2006. http://www.businessweek.com/magazine/content/06_06/b3970001.htm.

DISCIPLINA 2: ATUE NAS MEDIDAS DE DIREÇÃO

12. Citação em Aguayo. *Dr. Deming,* 18.

13. Richard Koch. *The 80/20 Principle: The Secret to Achieving More with Less* (Nova York: Crown Business, 1999), 94.

14. Keith H. Hammonds. "How to Play Beane Ball", *Fast Company*, 19 de dezembro de 2007, http://www.fastcompany.com/magazine/70/beane.html; Michael Lewis, *Moneyball: The Art of Winning an Unfair Game* (Nova York: W.W. Norton, 2004), pp. 62–63, pp. 119–137.

15. John Schamel. "How the Pilot's Checklist Came About", 31 de janeiro de 2011, http://www.atchistory.org/History/checklst.htm.

DISCIPLINA 3: MANTENHA UM PLACAR ENVOLVENTE

16. Teresa M. Amabile e Steven J. Kramer. "The Power of Small Wins", *Harvard Business Review,* maio de 2011.

DISCIPLINA 4: CRIE UMA CADÊNCIA DE RESPONSABILIDADE

17. Veja Jon Krakauer. *Into Thin Air: A Personal Account of the Mt. Everest Disaster* (Nova York: Anchor Books, 1998), pp. 333–344.

18. Veja "Everest". FranklinCovey video, 2008.

19. Jack Welch e Suzy Welch. *Winning* (Nova York: Harper Collins, 2005), 67.

20. De Atul Gawande. *Better: A Surgeon's Notes on Performance* (Nova York: Metropolitan Books, 2007).

21. Patrick Lencioni. *The Three Signs of a Miserable Job* (San Francisco: Jossey-Bass, 2007), 136–7.

22. Edward M. Hallowell. *Crazy Busy* (Nova York: Random House Digital, 2007), 183.

23. Suzanne Robins. "Effectiveness of Weight Watchers Diet", Livestrong.com, 23 de dezembro de 2010. http://www.livestrong.com/article/341703-effectiveness-of-weight-watchers-diet/

O QUE ESPERAR

24. M.C. Vos, *et al.*, "5 years of experience implementing a methicillin resistant *Staphylococcus aureus* search and destroy policy at the largest university medical center in the Netherlands", *Infection Control and Hospital Epidemiology,* 30 de outubro de 2009. http://www.ncbi.nlm.nih.gov/pubmed/19712031.

IMPLEMENTAÇÃO DA DISCIPLINA 1: FOQUE NO CRUCIALMENTE IMPORTANTE

25. Citação em Clayton M. Christensen. "What Customers Want from Your Products", *Working Knowledge,* Harvard Business School, 16 de janeiro de 2006. http://hbswk.hbs.edu/item/5170.html

IMPLEMENTAÇÃO DA DISCIPLINA 2: ATUE NAS MEDIDAS DE DIREÇÃO

26. Jim Collins. "Turning Goals into Results: The Power of Catalytic Mechanisms", *Harvard Business Review,* julho-agosto de 1999, 73.

IMPLEMENTAÇÃO DA DISCIPLINA 4: CRIE UMA CADÊNCIA DE RESPONSABILIDADE

27. John Case. "Keeping Score", *Inc. Magazine,* 1º de junho de 1998. http://www.inc.com/magazine/19980601/945.html

28. Eric Matson. "The Discipline of High-Tech Leaders", *Fast Company,* 1997.

IMPLEMENTAÇÃO DAS 4DX EM TODA A ORGANIZAÇÃO

29. Atul Gawande. *The Checklist Manifesto: How to Get Things Right* (Nova York: Metropolitan Books, 2009), 183.

AS 4DX EM CASA

30. Quoted in Alan Deutschman. "Change or Die", *Fast Company,* maio de 2005, 53.

O QUE FAZER AGORA?

31. Quoted in Rich Karlgaard. "Peter Drucker on Leadership", *Forbes,* 19 de novembro de 2004. http://www.forbes.com/2004/11/19/cz_rk_1119drucker.htm

Índice Remissivo

A

Acidentes, 98
Adoção, 107
Alavancagem, 51
Alderson, Sandy, 55
Anonimato, 90
Aposta estratégica, 299
Apple, 27
Aprenda com sucessos e fracassos, 80
Aspiração, 235
Atividades 80/20, 52
Atualizar o placar, 161
Atue nas medidas de direção, 11
Automação, 202
Azar, Alex, 3

B

Bain & Company, 4
Barch, Bernard, 248
Beane, Billy, 55, 56
Benefícios secundários, 289
Bethesda Marriott, 1
Bom ambiente de trabalho, 285
Brainstorming, 115, 116

C

Cadência
  criação da, 84
  de responsabilidade, 12, 13, 75, 169, 299
Campeão, 299
Canetada, 3, 236
Capacidade de resposta, 256
Captação do jogo, 194
Case, John, 169
Celebração significativa, 271
Centro de Fibrose Cística do Centro Médico Fairview da Universidade de Minnesota, 87
Certificação de Gestores, 299
Certificação do líder, 250, 253
Ceticismo, 267
Checklist de pré-voo, 59
Clareza de metas, 5, 105
Coach, 254, 299
  interno, 255
Coaching, 285
Collins, Jim, 278
Comcast's Freedom Region, 218
Compensação, 277
Comprometimento com a meta
  falta de, 5
Compromisso(s), 86
  alinhado com a evolução do placar, 179
  de alta qualidade, 278
  de alto impacto, 177, 180
  de baixo impacto, 180
  específico, 179

incondicionais, 182
no tempo certo, 179
semanais, 88
Comunicação, 285
Condutas poderosas, 135
Confiança, 286
Consistência, 279
Construa o placar, 161
Continuidade, 256
Contrassenso, 17
Cook, Tim, 27
Cooper, Stephen, 173
Copa do mundo, 237, 299
Córtex pré-frontal, 24
Covey, Stephen R., 15, 28, 267
Covington, Alec, 207
Criação
da cadência, 12, 84
de uma cultura inovadora, 94
CRM (Customer Relationship Management), 3
Cultura inovadora
criação de uma, 94
Curva normal, 112

D

Dashboard, 299
De baixo para cima, 117
De cima para baixo, 117
De X para Y até quando, 299
Declaração de missão, 234
Deming, W. Edwards, 5, 48
Demonstre respeito, 182
Desafio do líder, 25
Desempenho, 143
encoraje o, 183
Disciplina
da responsabilidade, 169
das alavancas, 11
do engajamento, 12, 63, 153
do foco, 10
Dixon, Jim, 103
Downs, Jeffrey, 287

E

Encontro dos campeões, 300
Encoraje o desempenho, 183
Engajamento, 12, 39, 63, 153, 272
da equipe, 72
do funcionário, 284
Equipe(s), 300
científicas, 281
de produção, 280
de vendas, 282
intactas, 249
militares, 283
Erasmus Medical Center, 113
Erros mais comuns, 265
Escolha um tema, 155
Estágios da mudança, 105
Estratégia, 300
de "canetadas", 4, 300
de mudança comportamental, 4, 300
organizacional, 232
Evento, 249
Execução, 76, 301
com *coaching*, 254

F

Faber-Castell, 259
Fáceis de dizer, difíceis de fazer, 17
Ferramenta(s)
Agenda para a Reunião de MCI, 190
Construtor de Medidas de Direção, 150
Construtor de Placar, 167
Construtora de MCIs, 130
Ferrari, Emerson, 262
Fibrose cística, 87
Foco, 10, 21
da organização, 32
em um único indicador, 29
no crucialmente importante, 10
permanecer no, 82
restringir o, 22
Fortune 500, 9
Furacão Katrina, 64

G

Gawande, Atul, 248
Gaylord Entertainment, 94
Gestão do relacionamento com o cliente, 3
Global Medical Forum, 293
Governo, 283

Gráfico
  Andon, 157
  de barras, 156
Grafman, Jordan, 24
Grissen, Dave, 213

H

Hábito, 110
Hallowell, Edward, 94
Harford, Tim, 9
Harris Interactive, 9
Harvard Business Review, 73, 74
Herzberg, Frederick, 73
Hilger, Brian, 1
Hill, Major Pete, 58

I

Ideias principais, 140
Impacto de uma MCI, 120
Impossibilidade de avaliação, 90
Incidentes perioperatórios, 105
Independência, 256
Indicador de resultado, 28, 133
Interruptor do jogo, 39
Iphone, 27
Irrelevância, 90

J

Jobs, Steve, 41
Jogos, 237, 301
Jones, Danny, 239
Just-in-time, 98

K

Keith, Arthur, 233, 239
Kennedy, John F., 37
Koch, Richard, 52
Krakauer, Jon, 77

L

Lacuna da execução, 301
Lançamento, 106
  para a equipe, 253
Lean Manufacturing, 280
Lei de Parkinson, 89
Lencioni, Patrick, 90
Levey, Ray, 293
Liberar o caminho, 301
Líder
  desafio do, 25
Lilly, Eli, 2
Linha de visão, 301
Linha-meta, 164
Linhas de tendência, 155
Loja, 334, 103
LTR (*Likelihood to Recommend* – Probabilidade de Recomendar), 242

M

Major League Baseball, 54, 56
Mantenha um placar, 12, 153
Mark McChesney, 90
Marriott International, 213
Marriott, J. Willard, 214
MCI (meta crucialmente importante) , 10, 24, 29
  de satisfação do cliente, 234
  defina a, 125
  financeiras, 234
  identificação, 30
  operacionais, 234
  realizável, 127
McNeil, James 96
Medição
  da equipe, 144
  diária, 144
  individual, 144
  semanal, 144
Medida de direção, 11, 44, 45, 301
  acompanhamento dos dados sobre, 56
  contraintuitivas, 134
  contraintuitivas, 47
  defina as, 143
  definição de, 49, 50
  difíceis de serem monitoradas, 134
  e engajamento, 59
  hora de mudar uma, 275
  influenciável, 45
  monitoramento da, 143
  preditiva, 45
  simples, 134

Medida histórica, 11, 44, 45, 301
 defina a, 126
Mentoring, 285
Meta(s), 301
 crucialmente importante, 10, 24, 29
  de satisfação do cliente, 234
  defina a, 125
  financeiras, 234
  identificação, 30
  operacionais, 234
  realizável, 127
 importante, 301
 intermediárias, 148
 mensuráveis, 285
 organizacionais vagas, 40
Micare, 84
Miller, Earl, 23
Missão, 234, 301
Modelagem, 272
Modelos, 111
Moneyball: O homem que mudou o jogo, 56
Monitoramento da medida de direção, 143
Moral, 39
Mudança comportamental, 3
Multitarefas 24
My4DX.com, 302

N

NASA, 36
 metas, 37, 38
Nash Finch, 207
Nass, Clifford, 24
New York Yankees, 54
Nidetch, Jean, 99
Nomaco, 92, 93
Northrop Grumman, 64
NYC Board of Health, 99

O

Oakland Athletics, 54
Obtenção de ideias, 116
Oportunidade, 286
Opryland Hotel, 232
Organização
 governamental, 284
 matricial, 268
Os 7 Hábitos das Pessoas Altamente Eficazes (Covey), 15
Otimização, 108

P

Padrão
 qualitativo, 145
 quantitativo, 145
Pensamento comum, 25
Perdue, Sonny, 223, 255
Perguntas mais frequentes, 265
Permanecer no foco, 82
Placar, 65, 302
 atualizado, 161
 construa o 161
 de um técnico, 154
 dos jogadores, 67, 154
 características, 68
 personalizar o, 158
 projete o, 158
 revisar, 80, 171
Planejar, 80, 171
Poder das 4DX, 97
Possibilidades, 115, 137
Potenciais, 111
Prestação de contas, 80, 171, 279, 286
Princípio das 4DX, 25
Processo(s), 249
 criativos ou intuitivos, 281
 de implementação das 4DX, 251
Progresso, 286
Projete o placar, 158
Projeto, 302

Q

4 Disciplinas da Execução (4DX), 2, 9, 302
 de implementação das, 251
 princípio das, 25
Questões exploratórias, 118

R

Recompensa, 186
Reconhecimento, 271, 272

Redemoinho, 6, 302
Reforce a responsabilização, 183
Regra dos cinco segundos, 69
Reichheld, Fred, 242
Reporte os compromissos assumidos, 80
Resistência numa equipe, 266
Resistentes, 111
Responsabilidades pessoais, 177
Responsabilização, 5, 39, 68, 76, 269, 302
  reforce a, 183
  tipo específico de, 91
Restringir o foco, 22
Resultado(s) , 148
  do negócio, 129
  pontuais, 135
Reunião de MCI, 77, 170
  engajamento, 90
  por que realizar, 172
Reuniões breves, 185
Revisar o placar, 80, 171

S

Savannah Morning News, 61, 62
Search and Destroy (Investigar e Eliminar), 113
Seis Sigma, 92, 280
Sessão de Trabalho
  com Gestores, 302
  da Equipe, 302
Sicoob Norte do Paraná, 262
Simplicidade, 146
Sísifo, 103
Sistema
  de automação, 194
  de avaliação da satisfação, 237
  de gestão de desempenho, 278
  operacional, 18
Stuart, Jim, 4, 66
Sustentabilidade, 271

T

Tabacchi, Marcelo, 259
Talbot, Leann, 218
Tarboro, 92
Tarefa primária, 24
Teste as ideias principais, 123
Topo da organização, 268
Towne Park, 94
Trabalho de verdade, 8
Treinamento, 248, 272
3M Company, 138

V

Velocímetro, 155
Vencer o bode, 302
Vendas, 282
Verbo, 125, 146
Vida pessoal, 288
Vigilantes do Peso, 99
Vínculo, 279
Visibilidade, 68

W

Walker, B.J., 1, 3, 222
Walmart, 60
Weihenmayer, Erik, 77
Wood, Bete, 59

X

Young, Julian, 93
Younger Brothers Construction, 56

Também pela FranklinCovey Co.

A terceira alternativa
(Rio de Janeiro, Best Seller, 2012)

Os 7 hábitos das pessoas altamente eficazes
(Rio de Janeiro, Best Seller, 2005)

The Leader in Me

Primeiro o mais importante
(Rio de Janeiro, Campus/Elsevier, 2003)

Liderança baseada em princípios
(Rio de Janeiro, Campus/Elsevier, 2002)

O 8º hábito: Da eficácia à grandeza
(Rio de Janeiro, Campus/Elsevier, 2005)

Resultados previsíveis em tempos imprevisíveis
(São Paulo, Novo Século, 2011)

Grande trabalho, grande carreira
(São Paulo, Novo Século, 2011)

• • •

Também por Sean Covey

Os 7 hábitos dos adolescentes altamente eficazes
(Rio de Janeiro, Best Seller, 2009)

As 6 decisões mais importantes que você vai tomar na sua vida
(Rio de Janeiro, Best Seller, 2007)

Os 7 hábitos das crianças felizes
(Belo Horizonte, Sem Fronteiras, 2009)

Recursos oferecidos pela FranklinCovey

Certificação de gestores

A Certificação de Gestores é um programa abrangente que prepara os líderes para aplicarem as 4 Disciplinas e em seguida os orienta, por meio de sessões de trabalho intensivas, análises de qualidade e coaching *contínuo para produzirem uma implementação bem-sucedida. Esse processo é descrito na seção "Implementação das 4DX na sua organização".*

Sessões de Estratégia para a Execução

As Sessões de Estratégia para a Execução são sessões de trabalho com líderes do maior nível da organização, nas quais a meta crucialmente importante da organização é identificada, assim como as metas impulsionadoras que garantirão sua realização. Em geral essas sessões duram de um a dois dias e incluem o desenvolvimento de um plano tático completo para a implementação das 4 Disciplinas. Essas sessões são descritas no capítulo "Focando a Organização no Crucialmente Importante".

my4dx.com

A ferramenta my4dx.com é um software *projetado especificamente para automatizar as 4DX e dar apoio à total adoção das disciplinas. Ele possibilita a captura de resultados, estimula a responsabilização e sustenta o engajamento, assim como oferece ferramentas relevantes para relatórios e análises. Essas sessões são descritas no capítulo "Automação das 4DX".*

Palestras e Visão Geral das 4DX

Os autores são palestrantes muito procurados e formadores de opinião, que fazem palestras sob este tema central e panoramas executivos para audiências que variam de centenas a muitos milhares de pessoas. Suas mensagens engajadoras são apresentações de alta energia sobre as 4 Disciplinas ilustradas por meio de casos de organizações bem-sucedidas que implementaram as 4DX em todo o mundo.

Para mais informações sobre os recursos disponibilizados pela FranklinCovey, ligue para (11) 5105 4400 ou consulte os sites www.4dxbook.com e www.franklincovey.com.br.